『保育所・認定こども園のための処遇改善マニュアル』　追補

＜令和5年度の人勧分について＞

　令和6年3月8日、「公定価格に関するFAQ」第24版が示され、処遇改善に関する追加問が2問設けられました。本書の刊行はこのFAQの公表前であったため、これについて触れておりませんが、令和5年度の処遇改善を実施するにあたっては触れておく必要があるため、説明を補足いたします。
　なお、すでに本書に記載している内容の説明はできるだけ割愛していますので、ご了承ください。

1．「公定価格に関するFAQ」Q221（下線は筆者。表記は原文ママ。一部誤植と思われる部分は筆者が修正。）

【問】処遇改善等加算の起点賃金水準に含まれる「基準翌年度から加算当年度までの公定価格における人件費の改定分（以下、「人件費の改定分」という。）」の算式で算定した金額と「令和5年度当初予算の公定価格に基づいて計算した金額と令和5年度補正を反映した公定価格に基づいて計算した金額との差額（以下、「改定による影響額」という。）」を比較した場合、「人件費の改定分」の金額の方が大きいが、どのように対応すれば良いか。

【答】令和5年度補正予算による公定価格の増額分は令和5年人事院勧告に伴う人件費の増額であるため、基準年度が4年度である場合、改定による影響額を人件費の改定分として取り扱って差し支えありません。なお、基準年度が令和3年度の場合は、令和5年度の当該差額に、「6.4％（基準年度が令和3年度の場合の人件費改定分に係る改定率）／5.2％（基準年度が令和4年度の場合の人件費改定分に係る改定率）」の割合を乗じて算出した額を使用しても差し支えありません。また、基準年度が令和2年度以前の場合も、この考え方に準じて算定していただくことは差支えありません。この金額から法定福利費等の事業主負担分の増加分を除いたものを人件費の改定分としてください。
　また、上記の方法によるほか、事務負担が大きい場合には、人件費の改定分の＜算式1＞に0.9の調整率を乗じて算定して差支えありません。具体的には、以下の計算式となります。この金額から法定福利費等の事業主負担分＜算式2＞を除いたものを人件費の改定分としてください。
＜算式＞「加算当年度の加算Ⅰの加算額総額（増額改定を反映させた額）」×{「増額改定に係る改定率」÷「加算当年度に適用を受けた基礎分及び賃金改善要件分に係る加算率」}×0.9（調整率）
　なお、上記2つの算定方法を用いるに当たって、人件費の改定分（調整率を乗じる前）と改定による影響額を比べていただく必要はありません。
【例】※他の加算は適用しないとした場合
　保育所(20人定員、20％地域)、処遇Ⅰの加算率：15％
　各月の利用子ども数：4歳以上児（標準時間）20人
　（人勧反映前）基本分単価：126,460円　処遇改善等加算Ⅰ単価：4歳以上児（標準時間）：1,240円
　（人勧反映後）基本分単価：131,550円　処遇改善等加算Ⅰ単価：4歳以上児（標準時間）：1,290円
　①改定による影響額を用いた場合　単価の差額：(5,090＋(50×0.15×100))×20×12＝1,401,600円
　②人件費の改定分の算式に0.9の調整率を乗じて算定した場合
　　・4歳以上児（標準時間認定）：4,644,000×0.052÷0.15×0.9＝1,448,928円
　　※加算当年度の加算Ⅰの（増額改定を反映させた）加算額：1,290円×0.15×100×20人×12月＝4,644,000円

　令和5年度の当初単価と遡及改正単価の差異は人勧による影響額ですから、すべての条件を同じにして算定した「当初単価による委託費・施設型給付費の算定額」と「遡及改正単価による委託費・施設型給付費の算定額」の差額が、人勧分に相当します。しかしこの算定を行うためには多大な事務負担が予想されることから、増額改定に係る改定率と算式（「加算当年度の加算Ⅰの加算額総額（増額改定を反映させた額）」×{「増額改定に係る改定率」÷「加算当年度に適用を受けた基礎分及び賃金改善要件分に係る加算率」}）を示すことで事務作業の簡素化を図っています。この算式を使用することにより、令和5年度の場合、例えば加算Ⅰ加算率15％の施設では、加算Ⅰの加算額総額÷15×5.2を算定することで、実際の差額の近似値を算定することとされていました。
　ところが令和5年度は5.2％相当額が実際の差額を上回る施設が生じ、無視できない程度の乖離が生じたために、対応方法として5.2％相当額から1割を減じる計算式が示されたものと考えられます。
　結論として、人勧分として支給する必要がある最低限度の額は、次のような手順で求めます。

1．加算Ⅰの4.68％相当額（5.2％相当額×90％）を算出する（②の計算方法）
2．遡及改正単価による委託費・施設型給付費の年間総額（今年度の実収入額）を算出する
3．当初単価を適用した場合の委託費・施設型給付費の年間総額を算出する
4．「2の額－3の額」を算出する（①の計算方法）
5．1の額と4の額を比較し、小さい額が最低額となる
6．5の額から社会保険料等事業主負担額を控除して配分、支給する

多くの場合は1の額が最少額になることが想定され、2～5の手順を割愛して1の額をそのまま使用することも可能ですが、正確なところは施設ごとに計算してみなければわからないのが実情です。

　また、「当初単価による委託費・施設型給付費の算定額」と「遡及改正単価による委託費・施設型給付費の算定額」の差額を用いる場合（①の計算方法の場合）、加算Ⅱ・Ⅲは遡及改正単価による算定額を別途支給しますので、理論的には総額から加算Ⅱ・Ⅲを除外して算定する必要があるはずですが、その点については触れられていません。

2．「公定価格に関するＦＡＱ」Q2221（下線は筆者。表記は原文ママ。）

【問】「No.221」について、改定による影響額を用いた場合、処遇改善等加算Ⅰ・Ⅱ・Ⅲの新規事由がある場合の特定加算見込（実績）額はどのように算定すればいいでしょうか。

【答】令和5年度補正予算による公定価格の増額分には、処遇改善等加算のうちの特定加算額の増額分も含まれています。このため、当該増額分を（基準翌年度から加算当年度までの公定価格における人件費の改定分）と特定加算見込（実績）額で二重にカウントすることを防ぐため、この場合の特定加算見込（実績）額は、令和5年度補正予算反映前の処遇改善等加算の単価を用いて算定を行ってください。

　【実績報告書における記載例】※他の加算は適用しないとした場合
　保育所（20人定員、20％地域）、処遇Ⅰの加算率：15％、加算Ⅰ新規事由に係る加算率：2％
　各月の利用子ども数：4歳以上児（標準時間）20人
　（人勧反映前）基本分単価：126,460円　処遇改善等加算Ⅰ単価：4歳以上児（標準時間）：1,240円
　（人勧反映後）基本分単価：131,550円　処遇改善等加算Ⅰ単価：4歳以上児（標準時間）：1,290円
　単価の差額：（5,090＋（50×0.15×100））×20×12＝1,401,600円
　特定加算実績額：1,240×0.02×100×20×12＝595,200円
　別紙様式6
　（2）加算実績額
　　　②特定加算実績額：595,200円
　（3）賃金改善等実績総額
　　　⑨基準翌年度から加算当年度までの公定価格における人件費の改定分：1,401,600円
　　　　（※実際には、左記の金額から法定福利費等の増加分を除いた金額を記載）

　本来、加算Ⅰ新規事由による特定加算額は、遡及改正単価による加算Ⅰ総額をもとに割合で算定します。例えば上の例にあるように特定加算額の率が2％の場合には、遡及改正単価による加算Ⅰ総額を「加算率×100」で除して1％相当額を算出し、これに2を乗ずることで算定できます。

　一方【問】221では、人勧分を「当初単価による委託費・施設型給付費の算定額」と「遡及改正単価による委託費・施設型給付費の算定額」の差額とすることも認めています（【問】221の①の計算方法）。しかし人勧の増額改定は、基本単価のみならず、各種の人件費に係る加算や加算Ⅰ・Ⅱ・Ⅲにも影響します。例えば人勧の増額改定により、主任保育士専任加算は基本分だけでなく、その加算Ⅰの単価も増額されます。そのため総額の差額には加算Ⅰの増額分を含んだ額が計算され、人勧分として支給されることになります。

　加算Ⅰ新規事由がある場合には人勧分に加えて特定加算額が支給対象となりますが、人勧分には加算Ⅰの増額改定分も含まれるため、特定加算額を遡及改正単価から計算すると特定加算額に係る増額改定分が二重に計算されることになります。そこで人勧分の算定に「当初単価による委託費・施設型給付費の算定額」と「遡及改正単価による委託費・施設型給付費の算定額」の差額を適用した場合に限り、特定加算額の算定には当初単価を適用すべきことが示されたのが、この【問】222の趣旨です。

　なお人勧改定率に0.9を乗ずる計算方法は、現在のところ令和5年度のみについて述べられたものであることに、注意が必要です。

文責：松本　和也

は　じ　め　に

　我が国の極端な少子化は一層加速し、令和5年の出生数はついに70万人を割り込み、わが国における最多時の3分の1を大きく下回る状況になってきています。激しさを増す少子化に歯止めをかけようと、政府は様々な施策を講じてきました。令和5年6月13日に示された「こども未来戦略方針」に基づいて年末に示された素案では、保育施設における職員の配置基準について、4歳以上児に対する30：1の配置基準を令和6年度から25：1に変更することのほか、1歳児についても令和7年度以降に現行の6：1から5：1にすることを検討することが示されています。しかし現実問題としては、現場の保育に携わる職員が極端に不足している現状が劇的に改善されなければ、これらの児童処遇の向上のための方策も "絵に描いた餅" になってしまいます。この職員不足の現状を打破するための施策の一つが、平成25年度に開始されて以降、現在に引き継がれている「処遇改善制度」です。

　子育てに携わる職員は金銭的、体力的に労働環境が劣悪であるためになり手が不足している、ということは、長い間言われてきました。そのため金銭的な処遇条件を少しでも改善するための財源として平成25年度に開始されたのが、本書で取り扱う「処遇改善制度」です。施設の置かれた条件によっても異なりますが、例えば令和5年度の利用定員100名程度の施設であれば、恐らく総額で1,000万円程度、またはそれ以上の額が処遇改善のための財源として公費で措置されています。しかしこれほどの額を、職員に対する直接的な金銭的労働環境条件の向上のために措置されても、まだまだはっきりと目に見える効果は実感できていないというのが現状でしょう。

　この処遇改善制度は、制度的な財源等の変更のほか、考え方や計算方法が目まぐるしく変更されてきた歴史やその制度の複雑さなどの事情から、施設関係者のみならず、自治体の担当者の間でもなかなか理解が進んでいないことが多いようです。また内閣府やこども家庭庁の示す通知、事務連絡や関係資料から共通理解を得ることが困難であるために、自治体によって理解が異なるケースも少なくありません。それだけでなく、自治体によっては独自に処遇改善のための補助金を拠出している場合もあるため、その取扱い等が書類の記載方法等に影響することもあります。

　そこで本書では、次のような考え方を基本方針として、制度の解説を試みました。

> 1．内閣府またはこども家庭庁の示す通知、事務連絡、関係資料等に記載されていることは、可能な限り根拠通知等を引用して、当該記述等に基づいた内容を記載する。
> 2．現場の自治体ごとに異なる対応が見られる取扱いは、その点を記載のうえ、自治体との意思疎通について注意を喚起する。
> 3．どのような通知、事務連絡、関係資料を確認しても結論を得られる記述がない疑問点等については、「筆者の独り言」として問題提起する。

　このような事情から、本書における記述はあくまで、通知、事務連絡、関係資料等から判断するとこのように考えることが妥当であろう、という内容を前提として記述していることをまずご理解いただいた上でお読みいただくことが大切です。そのうえで、自治体のご担当者等との見解の相違が生じたときは、制度の主旨等を十分に勘案して相互理解を図ることをお勧めします。

　せっかく国が拠出してくれている「処遇改善のための財源」です。この貴重な「処遇改善のための財源」が、効果的に職員の方々の処遇の向上に充てられるようになることを念じつつ編纂した本書が、正しい運用のための一助となれば幸いです。

令和6年1月吉日

　　　　　　　　　　　　　　　　　　　　　　　　　　松　本　和　也

も　く　じ

第4章　処遇改善等加算Ⅲ

第5章　処遇改善等加算Ⅰと人勧分

第1章 処遇改善制度の全体像

第1節　処遇改善制度の歴史

1．平成25年度・平成26年度の保育士等処遇改善臨時特例事業

　我が国ではこれまで、子育て施設、特に保育所の数を増やして入所定員を拡大することに注力してきましたが、子育て支援の政策は今では国民の大きな関心事の一つであるとともに、近年の選挙でも最大の争点の一つとして注目されるようになっています。しかし、これまで莫大な予算をつけてハコは増やしてきたものの、現場で保育に従事する保育士等の不足はかなり深刻な事態に陥っています。例えば、100名の児童が利用できるだけの建物を整備しても、保育士が確保できないために70名しか受け入れられない、といった事態は、現在でもよく耳にします。

　このような状況を打破するために、平成25年度から始まったのが「保育士等処遇改善臨時特例事業」で、当時の安心こども基金に財源を積み増し、国の財源で全国の保育所職員の処遇を改善することによって、潜在保育士等の掘り起こしをしようというものでした。この事業は平成25年度・平成26年度に実施されましたが、平成27年度からの子ども・子育て支援制度の施行にあたっては、公定価格の中に「処遇改善等加算賃金改善要件分」として組み込まれることで存続しました。

　当時の「保育士等処遇改善臨時特例事業」は市町村事業として位置付けられていましたが、財源は全額国庫から拠出されていました。職員の平均勤続年数をもとに一定の計算式で算出された額が保育所に支弁され、全額を職員の処遇改善のために支給することが求められました。このときの保育所における加算率の平均は、当時の民改費の2.85％加算相当であったと報告されています。

　この制度では、法人役員を兼ねる施設職員（例えば、理事長兼施設長など）には支給できないなどの禁止規定はあったものの、支弁された資金を財源としてどのような職員にどのような基準で処遇改善を実施するかは各法人がそれぞれに判断することとされていました。そのため、保育所によって支給額や支給方法に違いがあっただけでなく、非常勤職員や調理員等に対する支給の有無などの考え方についても法人によって違いがありました。

　この制度では、個別財源の補助金として受け入れた資金を、法人の判断で職員に完全に配分支給する、いわば施設にとっては"完全スルー"の補助事業として実施されました。

2．平成27年度・平成28年度の処遇改善等加算賃金改善要件分

　子ども・子育て支援制度が始まって、保育士等処遇改善臨時特例事業が廃止されましたが、この財源は公定価格の中に完全に組み込まれることで存続しました。上記1でご紹介したように、平成25年度・平成26年度の補助金制度における平均加算率が当時の民改費の2.85％相当であったことから、平成27年度に子ども・子育て支援制度がスタートした際には、処遇改善等加算賃金改善要件分（現在の「処遇改善等加算Ⅰ」の賃金改善要件分。この当時は「処遇改善等加算Ⅱ」がまだなかったため、「Ⅰ」という呼称が存在していませんでした。）の加算率が一律3％に設定されたという経緯があります。

　また、平成27年度の子ども・子育て支援制度への移行を契機として、職員の平均勤続年数に新たに

「11年以上」のランクが追加され、このランクにおける処遇改善等加算賃金改善要件分のみ4%に設定され、勤続年数の長い職員を多く雇用する保育所等の人件費確保のための手当てが行われました。

　平成27年度以降の制度においては、この3%または4%の処遇改善等加算賃金改善要件分について、平成25年度・平成26年度の補助金と同様に全額を配分支給すべきものとして、位置づけられました。

3．平成29年度から始まった処遇改善等加算Ⅰの賃金改善要件分・処遇改善等加算Ⅱ

　平成29年度からの処遇改善等加算については、三つの改正が行われました。

　まず一つ目は「処遇改善等加算Ⅱ」（以下「加算Ⅱ」と言います。）が新設され、従前のものが「処遇改善等加算Ⅰ」（以下「加算Ⅰ」と言います。）として再編されたことです。

　二つ目は、加算Ⅰの賃金改善要件分（以下、加算Ⅰのうちの基礎分を「加算Ⅰ基礎分」、賃金改善要件分を「加算Ⅰ賃金改善分」と言います。）が「3%または4%」から「5%または6%」に増額された点です。これによって加算額も2%分増加するとともに、配分支給しなければならない額も増加することになりました。平成31年度にはさらに1%ずつ増額されて「6%または7%」になり、現在に至っています。

　三つ目は、加算Ⅰ賃金改善分について、法人役員を兼ねる職員にも支給可能となった点です。ただし、加算Ⅰ賃金改善分を財源として役員報酬等に充てることはできませんので、注意が必要です。

4．令和2年度からの基準年度の見直し

　加算Ⅰ・加算Ⅱに共通する見直しとして、賃金改善の比較対象となる基準年度について、従前の「子ども・子育て支援法による確認の効力が生じる年度の前年度（平成26年度以前からある事業所については、平成24年度）」から、「加算当年度（当該加算の適用を受けようとする年度）の前年度」に修正が行われました。

　これは、給与関係文書の保管や算定のための事務負担を軽減することを目的とした見直しで、賃金改善額を当該年度に新たに必要となる処遇改善に係る額だけに特化することで、制度自体をわかりやすくしようという意図によるものでした。現在では、特に加算Ⅰの支給にあたっては、支給を求められる額の算定に注意が必要です。

5．人事院勧告による改定

　人事院勧告（以下「人勧」と言います。）は例年8月に行われるもので、国家公務員の俸給額等について、人事院が民間企業等の給与動向の調査を行った結果をもとに、内閣等に勧告するものです。勧告を受けた内閣は勧告を実施するための法改正を行い、勧告を取り入れた国家公務員の新しい俸給表等はその年度の4月に遡って適用されます。

　保育所に対する委託費や認定こども園に対する施設型給付費は、施設運営に必要と考えられる平均的な所要額を国が積算して公定価格が定められています（これを「積み上げ方式」と言います。）が、積算される職員の人件費としては、人勧による国家公務員の俸給表や期末・勤勉手当などが基準とされているため、人勧の動向はそのまま公定価格の増減に直結します。また年度当初に公表される公定価格単価が年度内に改正されることがありますが（これを「遡及改正単価」と言います。）、これは8月に勧告される人勧の内容を公定価格に反映させるからで、国家公務員の俸給額と同様に、遡及改正単価は4月

に遡って適用されることになります。（詳しくは、拙著「保育所・認定こども園のための会計基準省令と資金運用ルールの実務ガイド」（実務出版）をご参照ください。）

　人勧による人件費改定分（以下「人勧分」と言います。）は、平成31年度までは長らくプラス改定が続いていましたが、令和２年度・３年度は新型コロナウイルス感染症の拡大によって民間企業の賃金が下落したため、マイナス改定となりました。人勧がプラス改定の場合は、増額分を反映した改正単価は当初単価よりも増額される（施設の収入が増える）ため、当該増額分を職員の賃金に反映させることを求めています。そして、増額分を算定するため、増額分相当額を加算Ⅰの加算率に置き換えた改定率を、これまで毎年内閣府が発表していました。（令和２年度は減額改定でしたので、減額率が示されました。）

	当該年度の人勧分増加率	平成24年度からの人勧分累積増加率
平成25年度	改定なし	－
平成26年度	2.0%	－ ※旧補助金制度のため
平成27年度	1.9%	3.9%
平成28年度	1.3%	5.2%
平成29年度	1.1%	6.3%
平成30年度	0.8%	7.1%
平成31年度	1.0%	8.1%
令和２年度 （制度変更）	▲0.3%	7.8%
令和３年度	▲0.9%	6.9%
令和４年度	2.1%	9.0%
令和５年度	5.2%	14.2%

　令和３年８月の人勧では0.9%相当の減額改定でしたが、この年は内閣が勧告実施に必要な法改正を行えなかったため、４月に遡及して国家公務員の俸給額が再計算されることもなく、公定価格の遡及改正単価も公表されませんでした。結局、この年の人勧分は、翌年の令和４年４月からの公定価格に反映されることになりました。

　また、令和５年８月７日の人勧では、過去５年に比べて約10倍という大幅なベースアップが行われ、テレワークを行う職員のための在宅勤務手当が新設されたほか、期末・勤勉手当も0.1ヶ月分の増額となり、4.50ヶ月分となりました。令和５年度の人勧を反映した遡及改正単価は12月６日にこども家庭庁より示され、人勧分の増額改定率は5.2%とされました。

　さて、平成25年度の「保育士等処遇改善臨時特例事業」開始以降、人勧分の増額改定率は、上表のように変動し、平成24年度以前から存在した保育所では、原則として平成24年度からの増加分の支給が求められてきました。しかし、令和２年度に改正された制度では、基準年度が前年度とされたため、例えば、令和５年度の場合は、令和４年度に比して、5.2%相当額を増額して支給することになります。この点の詳細については、第５章でご紹介します。

６．令和４年度の保育士・幼稚園教諭等処遇改善臨時特例事業と処遇改善等加算Ⅲ

　令和４年２月、さらなる保育士や幼稚園教諭等の処遇改善を実施するため、「保育士・幼稚園教諭等処遇改善臨時特例事業」が実施されました。この補助事業は、令和４年２月・３月の２か月分と、令和４年４月〜９月の６か月分に分類され、さらに後者は「賃金改善部分」と「国家公務員給与改定対応部分」に分類されていました。

	賃金改善部分	国家公務員給与改定対応部分
令和4年2月・3月	月額9,000円程度の賃金改善	－
令和4年4月～9月	月額9,000円程度の賃金改善	令和3年度人勧の 令和4年度適用差額への充当

　上記5で述べたとおり、令和3年8月の人勧分（0.9％相当の減額改定分）は、令和3年度には遡及が行われず、令和4年4月から適用が開始されました。これに合わせて公定価格単価も、令和3年度には遡及改正単価が出されず、令和4年4月から減額改定分が反映されました。そこで令和4年4月から9月までは、令和3年度減額改定分を穴埋めするため「国家公務員給与改定対応部分」が補助金として交付された結果、施設の収入が維持されて職員の給与にも影響を生じることはなかったわけです。

　令和4年10月からは、この補助金の賃金改善部分が新たに「処遇改善等加算Ⅲ」として公定価格に組み込まれました。さらに令和5年度からは、加算額の計算方法等にも所要の改正が施されて、新たな「処遇改善等加算Ⅲ」（以下「加算Ⅲ」と言います。）として再編成することになりました。

　以上のことから、現在の処遇改善のための財源は、次のような項目で公定価格の各加算額として位置付けられています。

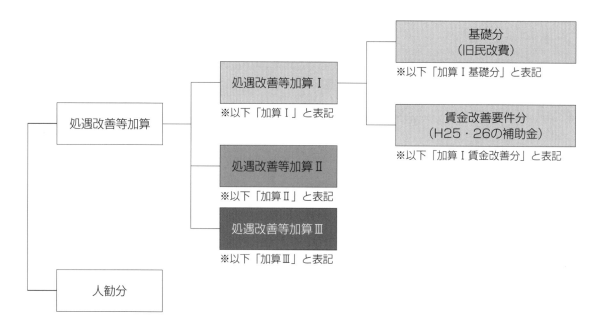

　また、処遇改善制度が始まった平成25年度以降の推移をまとめると、次の図のようにまとめることができます。

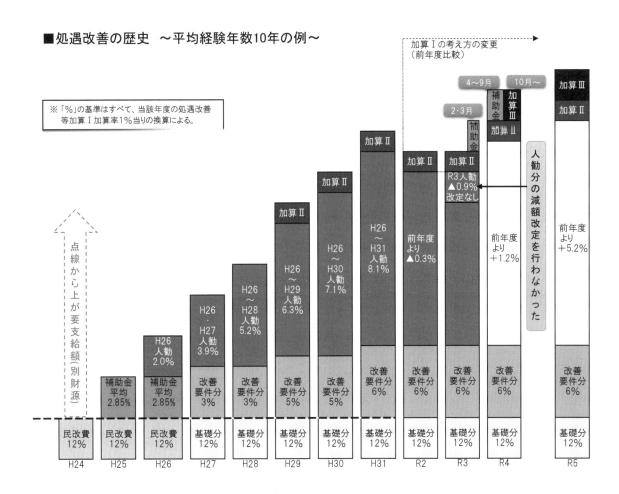

■処遇改善の歴史　〜平均経験年数10年の例〜

7．現状での通知等の整理

　令和5年6月7日に「施設型給付費等に係る処遇改善等加算について」（こ成保39号・5文科初第591号／以下「処遇改善通知」と言います。）が発出され、従前の処遇改善等加算に関する通知は廃止されました。現時点では、この通知が処遇改善制度の基本的な考え方を示したものですが、まだまだすべての疑問を解決に導くようなFAQなどは十分とは言えません。そのため、令和2年10月29日に内閣府から示された「施設型給付費等に係る処遇改善等加算Ⅰ及び処遇改善等加算Ⅱについて」というパワーポイントで作成された資料なども適宜活用しつつ、理解を深める必要があります。この資料は通知や事務連絡ではなく、Q&Aなどと同様の取扱いのものとして示され、通知の内容について図解で説明されたり、提出書類の記載方法などについて解説されたりしており、いわゆる取扱説明書のようなものになっているので、以下では「記載説明書」と呼ぶことにします。

　しかし、記載説明書の内容には参照すべき内容が非常に多いにもかかわらず、本稿執筆時点では通知改正に合わせた修正等が施されていないため、最新の処遇改善通知との齟齬が解消されていない状況です。

　また、この間にも処遇改善に関する他の通知やQ&Aなどが発出されたり更新されたりしていますので、これらの更新状況には常に注意しておく必要があります。これらのQ&Aなどの中には、重要な論点について記載されたものがありますので、施設長を初めとした経営に携わる方々には、制度の全体像を正しく理解していただくために、一連の通知やQ&Aに目を通していただくことを強くお勧めいたします。

とりあえず、本稿執筆時点での最新の状況を一覧にして整理しておくことにいたします。

名称	発翰番号等	発出日等	本書における略称	内容の概略
施設型給付費等に係る処遇改善等加算について	こ成保39・5文科初第591号	R5.6.7	処遇改善通知	処遇改善制度について定めた通知
施設型給付費等に係る処遇改善等加算Ⅰ及び処遇改善等加算Ⅱについて	－ ※内閣府HPでは「Q&A集」のページに掲載	R2.10.29	記載説明書	処遇改善制度の図解等の解説と提出書類の書き方の説明書（加算Ⅰ・加算Ⅱ） 処遇改善通知との不整合箇所あり（本稿執筆時点）
技能・経験に応じた追加的な処遇改善（処遇改善等加算Ⅱ）に関するよくあるご質問への回答	－ ※内閣府HPでは「Q&A集」のページに掲載	H29.5.29付 R3.9.13改正	加算ⅡQ&A	処遇改善等加算Ⅱに関するQ&A
技能・経験に応じた追加的な処遇改善（処遇改善等加算Ⅱ）に関するFAQ（よくある質問）ver.8	－	R5.10.30	加算Ⅱ追加FAQ	処遇改善等加算Ⅱ（上欄のよくあるご質問への回答と研修要件に係るFAQの内容を更新したFAQ
公定価格に関するFAQ（よくある質問）ver.23	－	R5.9.15	公定価格FAQ	処遇改善等加算Ⅰ・Ⅱの運用に関するQ&A
施設型給付費等に係る処遇改善等加算Ⅱに係る研修修了要件について	府子本第197号 元初幼教第8号 子保発0624第1号	R1.6.24付 R3.9.2改正	－	処遇改善等加算Ⅱの研修修了要件・適用時期等を定めた通知
処遇改善等加算Ⅱに係る研修実施体制の確保等について	事務連絡	R3.9.2	－	通知を補足し処遇改善等加算Ⅱの研修実施主体等を定めた事務連絡
処遇改善等加算Ⅱに係る研修受講歴一覧の参考様式について	事務連絡	R4.12.7	－	処遇改善等加算Ⅱの研修要件の受講歴確認の参考様式に関する事務連絡
「施設型給付費等に係る処遇改善等加算Ⅱに係る研修受講要件について」のFAQ（ver.3）	－	R3.9.13	－	研修終了要件等に関するQ&A

8．制度に潜む問題点

　処遇改善制度には、明らかに当初の制度の主旨に照らして疑問と考えられる点や、問題の残る点があります。その点を指摘しておこうと思います。

《第一の問題点》

　第一に、加算Ⅰ賃金改善分についてその全額を職員に支給することが確実でないことが挙げられます。処遇改善通知には、次のような記載が見られます。

> **処遇改善通知**///
>
> （必要部分を簡略化して記載。下線は筆者。以下同じ。）
>
> 第3 加算額に係る使途
>
> 1 基本的な考え方
>
> 　加算Ⅰの基礎分に係る加算額は、職員（非常勤職員及び法人の役員等を兼務している職員を含む。以下同じ。）の賃金（退職金及び法人の役員等としての報酬を除く。以下同じ。）の勤続年数等を基準として行う昇給等に適切に充てること。
>
> 　加算Ⅰの賃金改善要件分及び加算Ⅱ及び加算Ⅲに係る加算額は、その全額を職員の賃金の改善に確実に充てること。
>
> 　また、当該改善の前提として、国家公務員の給与改定に伴う公定価格における人件費の増額改定分に係る支給額についても、同様であること。

　第1段落は加算Ⅰ基礎分に関する記述です。加算Ⅰ基礎分は職員の平均経験年数によって加算率が決定し、年数が長くなればなるほど加算率が高くなります。処遇改善通知では、職員の平均経験年数の伸長を理由とした加算率増であることを理由に、増加額を昇給に充てることを求めています。しかし通知の文言からもわかるように、従前も現在も加算Ⅰ基礎分はもともと法人が定める昇給等に充てられてきたはずのものであり、上昇率分を処遇改善に充てることを強制してはいないと考えられます。

　次に、第2段落で述べられている加算Ⅰ賃金改善分、加算Ⅱ、加算Ⅲについては、加算額全額を賃金改善に充てることを求めています。この考え方を確実に履行するためには、以前の処遇改善制度のように加算額を全額執行することが求められて当然だと言えます。しかし現在の加算Ⅰ賃金改善分は、あくまで前年度の支給額との比較を行うことが求められているために、加算額との比較を行うことがなく、定められた様式ではこのことを確認することができなくなっています。

　このことは第5章で詳述しますが、制度の大前提として"全額支給"を求めているにもかかわらず、事実上それが強制されていない制度になってしまっています。恐らくこのことが、処遇改善制度を難解にしている最大の理由の一つでしょう。

《第二の問題点》

　第二の問題点は、過去の人勧分が確実に支給されていることが確認できなくなったことです。上記の通知文の第3段落が人勧分について述べている部分ですが、これについても全額支給を求めています。前述の通り、原則として平成24年度に存在していた保育所では平成25年度以降の人勧上昇率を累積で支給することを求めていました。しかし現在の制度では、原則として前年度からの人勧上昇分を勘案すればよいこととされており、以前の処遇改善制度が実施されていた頃の、法人による人勧上昇分の支給状況の違いは有耶無耶になってしまいました。令和2年の制度改正の理由の一つは、会計検査院が、以前の処遇改善制度において適切に支給されていない施設があったことを指摘したことにあったはずなのですが、その点が改善されないまま再スタートが切られたことは、大きな問題点だと言えそうです。

《第三の問題点》

　第三の問題点は、加算Ⅰ賃金改善分における処遇改善実施額の判定が、施設における総額なのか、個々の職員に着目した額なのかが不明確である点です。以前の処遇改善制度では、加算額総額を支給することが求められたことにより、年度によって加算額の変動や職員の異動を原因として、年度によって個々の職員の支給額が一定しない、という難点がありました。この点を解消し、個々の職員の支給額を確保する観点からこのような改正が行われたものと推察されますが、そのために逆に加算総額の確実な支給

が確認できなくなったと言えます。

《第四の問題点》

　第四の問題点は、個人別の賃金を把握するための書類記載方法など、明確でない点が複数あることです。この点については、第3章以降で詳述しますが、公表されている資料やQ&Aの中では、基本的な記載方法等については示されているものの、決して少なくないと思われる事例に関する点（例えば、産休に入った職員の取扱いなど）については、明確にされていないこともいくつか存在します。この点も現在の処遇改善制度を難解にしている、重要な理由の一つでしょう。

　実務的には他にも細かい点で様々な問題点がありますが、このような点を総括すれば、処遇改善制度の最大の問題点は、"制度が想像以上に難解"であることにあると言えます。そのために都道府県や市町村などの自治体の担当職員にとっても難解なものになってしまい、自治体によって取扱いが異なることも珍しくありません。

　これからご紹介していく処遇改善制度は、処遇改善通知やQ&Aなどを根拠とした、国の定める制度に基づくものです。しかし、自治体によってその解釈が異なっている場合や、自治体独自の補助金との関連などの理由から独自の様式を定めている場合などがあります。最終的には、自治体とよくご相談のうえで、書類作成にあたっていただくことが肝要です。

　次節以降では、加算Ⅰ賃金改善分、人勧分、加算Ⅱ、加算Ⅲについて、「共通事項→加算Ⅱ→加算Ⅲ→加算Ⅰ賃金改善分→人勧分」の順に、それぞれの項目を解説していきます。それでは、まず共通事項と加算額の計算方法を解説し、続いて、一番理解しやすいであろう加算Ⅱから先に説明することにいたします。

第2節　処遇改善の考え方

　第2節では、新しい処遇改善制度のポイントや計算方法などを、具体的に説明します。しかしこの制度は、現状ではとても難解であるばかりでなく、明確にされていない内容が少なくありません。内閣府も様々なFAQを追加して発するなどして、その明確化に努めていましたが、制度の所管が令和5年度からこども家庭庁に移管されたこともあって、未だすべてが明らかになっているとは言えません。そのため以降の説明の中では、断定できないこともありますが、制度の主旨に照らしてどう考えるのが妥当なのか、という視点を大切にしつつ、説明していこうと思います。

　またそのような部分については「筆者の独り言」として問題提起していますので、読者の皆様にもご一緒にお考えいただければ幸いです。

1．現在の処遇改善制度

　処遇改善制度の対象として、職員に支給することを求められるものは、次の四つです。中でもアからウの三つのものについては、平成31年度まで実施されていた従前の処遇改善制度（以下「旧処遇改善制度」と言います。）を踏襲しています。

> ア．加算Ⅰ賃金改善分の加算額
> イ．人勧分（プラス改定の増額分・マイナス改定の減額分）
> ウ．加算Ⅱの加算額
> エ．加算Ⅲの加算額

　旧処遇改善制度では、アからウの三つの額を算定し、社会保険料等の事業主負担分を控除して職員に支給することとされていましたが、現在の加算Ⅲも同じ考え方をします。つまり、"比較の対象となる年度（これを「基準年度」と言います。）の支給額に上記四つの額を加算して支給する"というのが基本的な考え方です。簡単に言えば、基準年度に300万円の賃金を支払った職員には、300万円に定期昇給分を増額し、さらに上記の四つの額を上乗せして支給するという考え方です。

　この考え方の基本は、"処遇改善のために加算された全額を支給する"という、いわば平成25・26年度の保育士等処遇改善臨時特例事業と同じものです。つまり、加算を受ければそれを余すところなく全額を支給し、逆に加算を受けなければ支給の必要はないという、極めて合理的でわかりやすい考え方でした。例えば、アの加算額が500万円、イの額が100万円、ウの加算額が200万円なら、基準年度の全職員の賃金に定期昇給分を増額し、ア・イ・ウの合計額800万円を加えて支払うという考え方です。

　ただし、アからエの4項目それぞれについて、考え方の違いや留意点等がありますので、それらについては第2章以降でそれぞれ詳述します。

2．処遇改善を行う方法

　処遇改善を実施する対象職員は、施設職員であれば原則として制限はありません。

公定価格FAQ

Q86 処遇改善等加算がなされるのは保育士や幼稚園教諭だけなのでしょうか。

A) 保育士や幼稚園教諭だけでなく、事務職員や調理員等も対象となります。また、処遇改善は非常勤職員も対象となります。

ただし、施設職員でない役員に対する報酬に充てることはできませんし、職員の退職金や将来の退職金のための資金留保に充てることもできません。また、加算Ⅱは制度の主旨に鑑み、施設長に対して支給することはできないこととされています。

実際の支給形態については、加算Ⅰ賃金改善分や人勧分については、基本給や手当、賞与あるいは一時金等のうちから、支給方法を法人が選択して実施します。一般的には、年度末の一時金で支給することが事務的負担が最も少なく、資金確保にも問題が生じないものと思われますが、法人の実情に応じて選択することができます。一方、加算Ⅱは原則として月額手当等で支給することが求められています。

また支給配分を決める際には、恣意的な配分にならないように留意する必要があるとともに、配分の方針等についても職員の理解を得るように説明を行う必要があります。

処遇改善通知

第3 加算額に係る使途

2 賃金の改善の方法

処遇改善等加算による賃金の改善に当たっては、第1の1の目的に鑑み、その方針をあらかじめ職員に周知し、改善を行う賃金の項目以外の賃金の項目（業績等に応じて変動するものを除く。）の水準を低下させないことを前提に行うとともに、対象者や賃金改善額が恣意的に偏ることなく、改善が必要な職種の職員に対して重点的に講じられるよう留意すること。（以下略）

なお、下線を付した「業績に応じて変動するもの」は、これまで法人の業績を指すものと解釈されていたケースがありましたが、そうではないことが最新の公定価格FAQに追加されました。

公定価格FAQ

Q182 処遇改善等加算通知第3の2において、「処遇改善等加算による賃金の改善に当たっては、（中略）改善を行う賃金の項目以外の賃金の項目（業績等に応じて変動するものを除く。）の水準を低下させないこと」とされているが、「業績等に応じて変動するもの」とは具体的に何を指すのでしょうか。

A) 処遇改善等加算通知第3の2に記載の「業績等」とは、事業者の業績等ではなく、職員個人の業績等を指し、「業績等に応じて変動するもの」とは、事業者の給与規定等に基づき、職員個人の業績等に応じて変動することとされている賞与等を指します。

したがって、事業者の業績等の低下を理由として、賃金の水準を低下させることはできません。

この制度による処遇改善は、法人における定期昇給とは別に行われるものですので、処遇改善を行う一方で手当を削ったり、給与水準を引き下げたりすることは認められていません。実際に処遇改善を行った額は、処遇改善後の賃金等総額と処遇改善前の賃金総額等との差額で求められ、その額が定められた額を超えている必要があります。

３．処遇改善制度全体に共通した考え方

⑴　起点賃金水準

①　比較する起点賃金水準

　処遇改善が確実に行われていることを確認するためには、処遇改善実施前と処遇改善実施後の賃金の支払額を比較する必要があります。比較すべき処遇改善実施前の賃金水準を「**起点賃金水準**」と言います。このとき重要なことは、例えば比較すべき年度が令和４年度であった場合、起点賃金水準は〝○○さんに令和４年度に支払った額〟ではなく、〝○○さんが今年と同じ条件だったとき令和４年度に支払うべきだった額〟を指すということです。処遇改善通知には、次のように記載されています。

処遇改善通知

第4　加算Ⅰの要件

2　賃金改善要件

⑴サ　特定の年度における「賃金水準」とは、加算当年度の職員について、雇用形態、職種、勤続年数、職責等が加算当年度と同等の条件の下で、当該特定の年度に適用されていた賃金の算定方法により算定される賃金の水準をいう。

　したがって、例えば、基準年度から継続して勤務する職員に係る水準は、単に基準年度に支払った賃金を指すものではなく、短時間勤務から常勤への変更、補助者から保育士への変更、勤続年数の伸び、役職の昇格、職務分担の増加（重点的に改善していた職員の退職に伴うものなど）等を考慮し、加算当年度における条件と同等の条件の下で算定されたものとする必要がある。

　例えば令和３年４月に入職した「保育教諭Aさん」がいるとします。Aさんは令和５年度には３年目の保育教諭です。ここで比較しなければならないのは、

（Aさんの令和４年度の賃金総額）と（Aさんの令和５年度の賃金総額）

ではありません。この比較で得られる差額の中には、勤続することによって得られる定期昇給分が含まれていますが、定期昇給は処遇改善とは言えないからです。したがって比較する必要があるのは、今年３年目の保育士であるAさんがそのまま令和４年度にタイムスリップした場合の賃金総額と、令和５年度の賃金総額です。言い方を換えると、令和４年度に使用していた給与表の３年目の額と、令和５年度の３年目の額を比較するわけです。比較するのは、

（Aさんが令和４年に３年目だった場合の賃金総額）と（Aさんの令和５年度の賃金総額）

です。つまり、令和５年度現在で在籍している全職員に対し、令和４年度に適用していた給与表等を適用して得られる賃金総額を計算すれば、これが「処遇改善前の起点賃金水準の額」です。したがって、令和４年度に在職していた職員が令和５年度にすでに退職している場合には、その職員分は考慮する必要がなく、令和５年度に在籍している職員の分について同様の計算をすればよいわけです。

　令和５年度に新たに入職した職員についても、現在在職している職員に令和４年度の給与表等を適用した場合にいくらになるかを計算すればよいわけですから、当該職員が令和４年度に入職した場合の額とすればよく、考え方は同じです。

　結局この例の場合、令和4年度と5年度の給与表や賞与月数に変更がなければ、起点賃金水準と令和5年度の賃金総額は同額です。

②　起点賃金水準を算出するための簡便な計算式

　起点賃金水準は、職員ごとに算出した額を足し上げて総額を求める必要があります。特に後述する加算Ⅰ賃金改善分に関する作成書類等においては、個々の職員について記載する欄があるからです。しかし、起点賃金水準の総額を求めるためのこれらの事務負担を軽減するため、簡便な計算方法も示されています。

公定価格FAQ////

Q173　「平成28年度における処遇改善等加算の取扱いについて」（平成28年6月17日3府省連名事務連絡）の3．①に「基準年度における賃金水準を適用した場合の賃金総額」に関する「簡便な算定方法」については、新しい処遇改善等加算通知が適用される令和2年度以降も使用可能と理解してよろしいでしょうか。

A）　お見込みのとおりです。

【参考】「平成28年度における処遇改善等加算の取扱いについて」（平成28年6月17日3府省連名事務連絡）（抄）

（簡便な算定方法）

基準年度における賃金水準を適用した場合の賃金総額
　＝　基準年度の一人当たり人件費[※1]
　　　×（1＋処遇改善等加算（基礎分）上昇率[※2]）×当年度の職員数（常勤換算数）

※1　基準年度の一人当たり人件費
　　　＝　基準年度の賃金総額　÷　基準年度の職員数（常勤換算数）

※2　処遇改善等加算（基礎分）上昇率
　　　＝　当年度の処遇改善等加算率（基礎分）－基準年度の処遇改善等加算率（基礎分）

　この算式は、基準年度の1人当たりの人件費を求め、その額に加算Ⅰ基礎分の上昇分を上乗せした額を起点賃金水準と見做し、当年度の職員数を乗じて起点賃金水準の総額とするものです。

筆者の独り言

　簡便な計算式を使用すれば、ずいぶん手間が省けるように感じられますが、実は不明瞭な点が多く、実際に適用しようとすると、いろいろと煩雑なことを考える必要があります。

　例えば、そもそも基準年度と当年度の間に大規模な職員異動等の変動があった場合（施設長が定年になった、複数職員が異動した、今年から給食を外部委託に切り替えた、などの場合）には、原則的な計算方法による算出額と大きな乖離が生ずる可能性があります。また、常勤換算数の具体的な計算方法や、職員数を把握する時期（年度当初の予定か、年間通算か、など）にも不明確な点が多いことが否定できません。

　何より、原則的な方法で書類に記載すれば個々の職員の賃金を把握することになり、簡便な方法で記載すれば総額でしか把握できないわけですが、同じ制度の中でこのような2つの方法が混在して容認されるということになれば、個々の職員の賃金を把握させることの必要性が疑われる可能性があります。

⑵　人勧分

　人勧分は公定価格に組み込まれた人件費の基準の増額分・減額分であり、公定価格を財源として支払われる職員給与等の水準を増減させるものです。この額を求めるための増減率は、毎年内閣府（令和5年度からは、こども家庭庁）が当年度の加算Iの加算率に変換した率を発表します。

　例えば、令和5年度の加算Iの加算率が10%で、加算総額が800万円であれば、1%相当額は80万円と計算されます。そしてこども家庭庁が発表する人勧分が5.2%ならば、80万円×5.2＝416万円と計算でき、プラス改定なら増額、マイナス改定なら減額します。

　大切なことは、起点賃金水準とそのまま比較するのではなく、起点賃金水準に人勧分を加減し、加減後の額が基準となって処遇改善を行う、ということです。

⑶　法定福利費等の事業主負担分

①　法定福利費等事業主負担分の割合の考え方

　職員の賃金を増加させれば、それにともなって社会保険料等の事業主負担額（以下、「**社保等事業主負担額**」と記載します。）が増加します。そのため処遇改善を行ったと判定される額の中には、これらの社保等事業主負担額のうち、処遇改善を実施することによる増加額を含んでよいこととされています。しかし、処遇改善対象職員には常勤、非常勤の職員がランダムに含まれるだけでなく、介護保険料の対象者と非対象者というような職員ごとの個別事情や、標準報酬月額の変更などによる算定額の修正など、詳細な計算をしていては、膨大な事務作業量を要することになります。

　そこで処遇改善通知では、社保等事業主負担額を算定するための負担率（以下、「**社保等事業主負担割合**」と記載します。）を求める標準的な方法として、次の算式を定めています。

処遇改善通知 ////

第4　加算Iの要件

2　賃金改善要件

⑴オ　「事業主負担増加見込総額」とは、各職員について「賃金改善見込額」に応じて増加することが見込まれる法定福利費等の事業主負担分の額を合算して得た額をいい、次の＜算式＞により算定することを標準とする。

＜算式＞

「加算前年度における法定福利費等の事業主負担分の総額」

÷「加算前年度における賃金の総額」×「加算当年度の賃金改善見込額」

　この記述は、加算Iの「加算I新規事由がある場合」（後述します。）の計画時について記載されている部分ですが、処遇改善に係るすべての計算に準用する考え方で、前年度の社保等事業主負担額を前年度の賃金総額で除すことにより、前年度実績での社保等事業主負担割合を計算させようとするものです。

　一方、人勧分に係る社保等事業主負担額については、次のように記載されています。

┃**処遇改善通知**▰▰▰

第4　加算Ⅰの要件

2　賃金改善要件

(1)キ　「起点賃金水準」とは、次に掲げる場合に応じ、それぞれに定める基準年度の賃金水準に、基準年度の翌年度から加算当年度までの公定価格における人件費の改定分[※2]を合算した水準をいう。

　※2　「基準翌年度から加算当年度までの公定価格における人件費の改定分」の額は、利用子どもの認定区分及び年齢区分ごとに、次の＜算式1＞により算定した額を合算して得た額から＜算式2＞を標準として算定した法定福利費等の事業主負担分を控除した額とする。

　　＜算式1＞

　　「加算当年度の加算Ⅰの単価の合計額」

　　　　×｛「基準翌年度から加算当年度までの人件費の改定分に係る改定率」×100｝

　　　　　　×「見込平均利用子ども数」×「賃金改善実施期間の月数」

　　＜算式2＞

　　「加算前年度における法定福利費等の事業主負担分の総額」

　　　　÷「加算前年度における賃金の総額及び法定福利費等の事業主負担分の総額の合計額」

　　　　　　×「＜算式1＞により算定した金額」

　上記＜算式2＞に示された計算式は、前年度の社保等事業主負担額を賃金総額と法定福利費等との合計額で除し、計算の対象となる総額を乗じています。

　この2つの計算式の違いは、前者は「実際の処遇改善額に社保等事業主負担額を加算するために、社保等事業主負担額を算出するための計算式」であり、後者は「人勧分総額から社保等事業主負担額を控除するための計算式」であることから、異なる計算式が記載されているものと考えられます。しかし実際には、加算額の中からいくら支給すればよいかを計算するわけですから、どちらも同じ計算を行うことが一般的です。一見するとこの2つの式は異なるように見えますが、実際に職員に配分支給すべき額を計算する際には加算総額から算出することになりますので、結局は同じ計算を行う必要があります。

　このことは、数値を入れて計算してみると、まったく同じ額が算出されることが検証できます。

┃**設例1**

加算総額　1,000,000円

前年度の賃金総額　　　　50,000,000円

前年度の社保等事業主負担額総額　　7,500,000円

　処遇改善通知第4の2の(1)オに示された＜算式＞によれば、次のように計算できます。

7,500,000円÷50,000,000円＝15%・・・社保等事業主負担割合

1,000,000円÷（1＋0.15）≒869,565円・・・職員に支給する総額の下限額

869,565円×0.15≒130,435円・・・社保等事業主負担額の額

869,565円＋130,435円＝1,000,000円

　つまり、1,000,000円の加算額のうち869,565円を支給すれば、社保等事業主負担額を加えて1,000,000円の加算額を全額使用したことになります。

設例2

人勧分総額　1,000,000円

前年度の賃金総額　　　50,000,000円

前年度の社保等事業主負担額総額　　7,500,000円

処遇改善通知第4の2の(1)キ※2に示された＜算式2＞は、1,000,000円に含まれる社保等事業主負担額を求める計算式ですから、次のように計算できます。

7,500,000円÷（7,500,000円＋50,000,000円）≒13.0435%

1,000,000円×0.130435＝130,435円・・・人勧分に含まれる社保等事業主負担額

＜算式1＞により、

1,000,000円－130,435円＝869,565円・・・職員に支給する総額の下限額

このように、この二つの計算式はそのプロセスが異なるだけで、計算結果は同じ額になります。二つの計算式の違いは、支給額（改善額）をもとにして社保等事業主負担額を算出するのか、総額に含まれる社保等事業主負担額を算出するのか、の違いです。1,000,000円加算されても、施設で負担してそれ以上の額を支給するのであれば、前者の計算式で求めるしかありません。しかし、加算額から支給しなければならないギリギリの額を求める場合には、結局は後者と同様の計算をすることになりますので、どちらの計算式を使っても同じ結果になるわけです。

② 算式に含まれる範囲

算式の「加算前年度における賃金の総額」には、常識的に考えて施設の職員に対する年間賃金総額を算入することが妥当でしょう。社会福祉法人会計基準の例で言えば、資金収支計算書における職員給料支出、職員賞与支出、非常勤職員給与支出の合計額とすることが適切であると言え、この中に嘱託医師等や外部講師に対する報酬等が含まれている場合は、その額を除外するとよいでしょう。この算式の目的は、社保等事業主負担額の実態を把握することにありますので、それが税制上給与として扱われるものであったり、または子ども・子育て支援法上の配置職員に含まれるものであったとしても、職員と呼ぶことができない者に対する報酬は除外すべきと考えられます。また、派遣職員や給食の外部委託に係る職員などに係る支出なども同様に、法人が法定福利費等を負担しない職員については除外するべきでしょう。

これらの額の把握には資金収支計算書の計上額を引用することが妥当で、事業活動計算書や損益計算書から引用することは不適切です。これらの書類に計上された額は必ずしも資金の支出を伴うものではなく、例えば事業活動計算書における職員賞与の額は、資金収支計算書における職員賞与支出の額とは一致しません。処遇改善制度が要請しているのは、施設に対して拠出された加算額が確実に支出されていることを確認することにありますので、数値は資金収支計算書から引用すべきです。

また「加算前年度における法定福利費等の事業主負担分の総額」に含まれ得るものとしては、第一に資金収支計算書に計上された法定福利費支出が挙げられます。法定福利費支出の計上額は、一般に法定福利費としての社会保険料の計上のタイミングや労働保険料の期間配分などについて、法人による差異が見られるものの、処遇改善通知ではそれを厳密に調整することを求めてはいません。また期間がズレたとしても順送りになれば、それほど大きな差異は生じないものと考えられますので、そのまま引用し

て差し支えないものと考えられます。

　もう一つ「法定福利費等の事業主負担分」に算入する必要性があるものとして考えられるのが、都道府県等の行う退職共済掛金の施設負担分です。（独）福祉医療機構の行う退職共済制度のように、すべての職員の掛金が一定額である場合には考慮する必要がありませんが、給与月額に一定の率を乗ずるなど、支給月額によって掛金額が変動する制度の場合には、処遇改善額が掛金額に影響することになりますから、分子には都道府県等の行う退職共済制度に対する掛金の事業主負担分についても算入することが妥当と言えます。処遇改善通知には、この点に関する明確な記載は見られませんが、根拠の一つとして加算ⅡQ&Aの記述をご紹介します。

加算ⅡQ&A

　6．法定福利費等の取扱いについて
　問2　処遇改善等加算Ⅱにおける法定福利費等の事業主負担増加額の範囲はどのようなものですか。
　（答）　法定福利費等の事業主負担増加額は、次のものを含みます。
　　　健康保険料、介護保険料、厚生年金保険料、子ども・子育て拠出金、雇用保険料、労災保険料等における、処遇改善による賃金上昇分に応じた事業主負担増加分、法人事業税における処遇改善による賃金上昇分に応じた外形標準課税の付加価値額増加分、退職手当共済制度等における掛金等が増加する場合の増加分。

　以上のことから、次の数値を前年度の資金収支計算書（またはそれに準ずる計算書類、財務諸表等）から抽出して計算しておきましょう。

　【分母】　　職員給料支出　　　　　　　×××　円

　　　　　　　職員賞与支出　　　　　　　×××　円

　　　　　　　非常勤職員給与支出　　　　×××　円

　　　　　　　嘱託医・講師等報酬分　▲×××　円

　　　　　　　　合　計　　　　　　　　×××　円　・・・　㋐

　【分子】　　法定福利費支出　　　　　　×××　円

　　　　　　　退職給付引当資産支出　　　×××　円（計算書類によって他の科目の場合あり）

　　　　　　　　合　計　　　　　　　　×××　円　・・・　㋑

　【社保等事業主負担割合】　　㋑　÷　㋐

　なおどの加算も、加算額の計算過程では千円未満を切り捨てますので、事業主負担割合は小数第4位程度まで算出しておけばよいと思われますが、千円未満を切り捨てたときにたまたま下4桁がゼロになるときに備えて、小数第5位程度まで（○○.○○○%の位まで）求めておけばよいでしょう。

③　標準の算式以外の計算方法

　処遇改善通知には "標準とする" との記載があります。わざわざ「標準」という書き方がされているということは、厳格な意味でこの計算式に拠ることを求めているものではないとも言えます。ただし他の計算方法を使用する場合には、その考え方が明確に説明できることを求めています。

公定価格FAQ ///

（加算ⅡQ&Aの6の問3に同文あり。）

Q171　処遇改善等加算通知で示されている「事業主負担増加見込総額」及び「事業主負担増加相当総額」を算出する＜算式＞は「標準」とされていますが、別の方法による算定も可能と理解してよろしいでしょうか。

Ａ）　お見込みのとおりです。別の方法で算定する場合は、算定の考え方について説明できることが必要です。

(4)　加算残額

　すべての加算は、支払わなければならない額は決まっています。しかし施設の事情でそれが当年度内に支払い切れないことがあります。例えば、加算Ⅱを支給していた職員が3月に突然病休に入ってしまうと、その職員の分が他の職員に支給できずに年度末を迎えてしまうことがあり得ます。このように、様々な事情で支給できなかった額（これを「**加算残額**」と言います。）は、翌年度中に支払わなければならないこととされています。

処遇改善通知 ///

第3　加算額に係る使途

4　加算残額の取扱い

　　加算Ⅰの賃金改善要件分及び加算Ⅱについて、加算当年度の終了後、第4の2⑶又は⑷並びに第5の2⑶又は⑷による算定の結果、賃金改善等実績総額が特定加算実績額を下回り、又は支払賃金総額が起点賃金水準を下回った場合には、その翌年度内に速やかに、その差額の全額を一時金等により支払い、賃金の改善に充てること。（以下略）

　この通知の文章からわかるように、「加算残額」とは年度終了後に実際に残ってしまった額のことを言いますので、計画時には「加算残額」という概念はありません。

　加算残額を翌年度の支払いとした場合には、提出書類上で記載しなければならない項目が増えてしまうだけでなく、会計処理上も未払金の計上について検討する必要性が生じる可能性もあります。したがって、通常は加算残額が生じないよう、当該年度中に支給してしまうことが望ましいのですが、やむを得ず生じてしまった場合には、できるだけ早く支給することが望まれます。

(5)　施設間移動

　法人が複数の施設を運営する場合には、施設によって所属職員の年齢等に偏りがある場合があります。そのような場合には、施設間で加算額の一部を移動して、職員への支給に充てることができることとされています。加算Ⅰ賃金改善分と加算Ⅲには限度額はありませんが、現時点で加算Ⅱには令和6年度までの期限と、移動額の上限額（加算額の20%）が付されています。

処遇改善通知

第3　加算額に係る使途

3　他の施設・事業所の賃金の改善への充当

　　加算Ⅰの賃金改善要件分及び加算Ⅲ（令和6年度までの間は、加算Ⅱを含む。）に係る加算額については、その一部（加算Ⅱにあっては、加算見込額の20%（10円未満の端数切り捨て）を上限とする。）を同一の設置者・事業者が運営する他の施設・事業所^(注)における賃金の改善に充てることができること。

　（注）　特定教育・保育施設及び特定地域型保育事業所（当該施設・事業所が所在する市町村の区域外に所在するものを含む。）に限る。

■提出書類一覧

	計画時の作成書類		実績報告時の作成書類	
	様式番号	様式名等	様式番号	様式名等
Ⅰ	別紙様式1	加算率等認定申請書（処遇改善等加算Ⅰ）		
	別紙様式2	キャリアパス要件届出書		
	別紙様式5	賃金改善計画書（処遇改善等加算Ⅰ）	別紙様式6	賃金改善実績報告書（処遇改善等加算Ⅰ）
	別紙様式5別添1	賃金改善明細（職員別表）	別紙様式6別添1	賃金改善明細（職員別表）
	別紙様式5別添2	同一事業者内における拠出見込額・受入見込額一覧表	別紙様式6別添2	同一事業者内における拠出実績額・受入実績額一覧表
Ⅱ	別紙様式3	加算算定対象人数等認定申請書（処遇改善等加算Ⅱ）		
	別紙様式7	賃金改善計画書（処遇改善等加算Ⅱ）	別紙様式8	賃金改善実績報告書（処遇改善等加算Ⅱ）
	別紙様式7別添1	※様式名なし、個人別配分計画内訳書	別紙様式8別添1	※様式名なし、個人別配分実績内訳書
	別紙様式7別添2	同一事業者内における拠出見込額・受入見込額一覧表	別紙様式8別添2	同一事業者内における拠出実績額・受入実績額一覧表
Ⅲ	別紙様式4	平均年齢別利用子ども数認定申請書（処遇改善等加算Ⅲ）		
	別紙様式9	賃金改善計画書（処遇改善等加算Ⅲ）	別紙様式10	賃金改善実績報告書（処遇改善等加算Ⅲ）
	別紙様式9別添1	賃金改善内訳（職員別内訳）	別紙様式10別添1	賃金改善内訳（職員別内訳）
	別紙様式9別添2	同一事業者内における拠出見込額・受入見込額一覧表	別紙様式10別添2	同一事業者内における拠出実績額・受入実績額一覧表

第1節　施設種別による基本分・加算等の構成

　処遇改善制度の適切な運用にあたっては、それぞれの加算額を把握することが欠かせません。そこでここでは、各処遇改善等加算や人勧分の算出方法について、必要最小限の内容を説明することにします。なお、公定価格全体の考え方については、拙著「保育所・認定こども園のための会計基準省令と資金運用ルールの実務ガイド」（実務出版）をご参照いただければ幸いです。

①　保育所の委託費や認定こども園の施設型給付費

　保育所の委託費や認定こども園の施設型給付費は、公定価格単価に児童数を乗じた額を合計することで求められます。これは、家庭的保育事業や小規模保育事業、事業所内保育事業、居宅訪問型保育事業などの事業においても、同様の考え方を用います。また認定こども園では、教育標準時間認定の児童（1号認定子ども）と保育標準時間認定・保育短時間認定の児童（2号・3号認定子ども）に対する施設型給付費の算定にあたり、1号子ども分と2・3号子ども分をそれぞれ別々に計算して合算します。

　委託費や施設型給付費は、「特定教育・保育等に要する費用の額の算定に関する基準等の実施上の留意事項について」（令和5年5月19日／こ成保38・5文科初第483号。以下「算定留意事項通知」と言います。）に定められた、基本部分、基本加算部分、加減調整部分、乗除調整部分、特定加算部分の5つの部分に含まれる各項目で構成されます。これらは施設に在籍する児童の年齢や、保育認定・教育認定の区分によって定められ、さらに保育認定は保育必要量により標準時間認定・短時間認定に区分されます。

②　施設種別と単価の構成

　施設種別の違いや認定区分による単価の具体的な内容は、次ページからの表のように定められています。このうち、加算Ⅱと加算Ⅲは加算額そのものを求めればよいのですが、加算Ⅰについては計算の対象となる項目だけを抜き出して積み上げる必要があり、人勧分を求めるにあたってもこうして求めた加算Ⅰの額がベースになります。そこで、加算Ⅰの算定対象となる項目（加算の中に加算Ⅰが含まれている項目）については、次の表の「加算Ⅰ」の欄に「あり」と示しました。さらにこれらの基本分や各加算のうち、加算Ⅰや人勧分の計算に関係する部分については太枠　□□□□　で、加算Ⅱや加算Ⅲの計算に関係する部分は二重線の枠　□□□□　で示しました。

【保育所】（保育標準時間認定・保育短時間認定）

	項目	加算Ⅰ	加算要件等
基 本 部 分	基 本 分 単 価	―	
基本加算部分	処 遇 改 善 等 加 算 Ⅰ	―	基本分単価の加算
	３ 歳 児 配 置 改 善 加 算	あり	３歳児の職員を15：1で配置
	休 日 保 育 加 算	あり	休日保育実施
	夜 間 保 育 加 算	あり	夜間保育実施
	減 価 償 却 費 加 算	なし	施設整備補助不受給施設
	賃 借 料 加 算	なし	賃貸物件の建物
	チ ー ム 保 育 推 進 加 算	あり	職員平均勤続年数12年以上
	副 食 費 徴 収 免 除 加 算	なし	徴収免除対象者分
加減調整部分（ 減 算 ）	分 園 の 場 合	対象に含む	分園
	施設長を配置していない場合	あり	施設長未設置施設
	土 曜 日 に 開 所 す る 場 合	対象に含む	土曜日閉所
乗除調整部分	定員を恒常的に超過する場合	対象に含む	過去５年度間常に利用定員超過かつ年間平均在所率120%以上
特定加算部分	主 任 保 育 士 専 任 加 算	あり	延長保育・一時預かり等複数実施
	療 育 支 援 加 算	あり	主任保育士専任加算対象施設、障害児受入
	事 務 職 員 雇 上 費 加 算	あり	延長保育・一時預かり等実施
	処 遇 改 善 等 加 算 Ⅱ	なし	キャリアアップ取組
	処 遇 改 善 等 加 算 Ⅲ	なし	職員賃金の底上げ
	冷 暖 房 費 加 算	なし	全施設
	除 雪 費 加 算	なし	特別豪雪地帯に所在
	降 灰 除 去 費 加 算	なし	降灰除去地域に所在
	高 齢 者 等 活 躍 促 進 加 算	なし	高齢者雇用等
	施 設 機 能 強 化 推 進 加 算	なし	延長保育・一時預かり等複数実施、防災対策実施
	小 学 接 続 加 算	なし	小学校との連携
	栄 養 管 理 加 算	Ａ・Ｂはあり	栄養士の活用
	第 三 者 評 価 受 審 加 算	なし	受審施設

【認定こども園】（教育標準時間認定）

	項目	加算Ⅰ	加算要件等
基本部分	基 本 分 単 価	－	
基本加算部分	処 遇 改 善 等 加 算 Ⅰ	－	基本分単価の加算
	副 園 長・教 頭 配 置 加 算	あり	副園長または教頭の配置
	学 級 編 成 調 整 加 配 加 算	あり	1・2号利用定員計が36人〜300人
	3 歳 児 配 置 改 善 加 算	あり	3歳児の職員を15：1で配置
	満 3 歳 児 対 応 加 配 加 算	あり	満3歳児職員を6：1で配置
	講 師 配 置 加 算	あり	1号定員35人以下または121人以上で、非常勤講師を配置
	チ ー ム 保 育 加 配 加 算	あり	必要職員数を超え、副担任等配置
	通 園 送 迎 加 算	あり	送迎実施
	給 食 実 施 加 算	あり	給食実施
	外 部 監 査 費 加 算	なし	公認会計士等の会計の外部監査実施
	副 食 費 徴 収 免 除 加 算	なし	徴収免除対象者分
加減調整部分（減算）	主幹保育教諭等の専任化により子育て支援の取組みを実施していない場合	あり	一時預かり、満3歳児、障害児、小学校接続等未実施
	年齢別配置基準を下回る場合	あり	保育教諭等の数未充足
	配置基準上求められる職員資格を有しない場合	あり	幼稚園教諭・保育士資格を有しない者を配置
乗除調整部分	定員を恒常的に超過する場合	対象に含む	過去2年度間常に利用定員超過かつ年間平均在所率120%以上
特定加算部分	療 育 支 援 加 算	あり	障害児受入
	事 務 職 員 配 置 加 算	あり	利用定員91人以上
	指 導 充 実 加 配 加 算	あり	1・2号子どもの利用定員271人以上
	事 務 負 担 対 応 加 配 加 算	あり	園全体の利用定員271人以上
	処 遇 改 善 等 加 算 Ⅱ	なし	キャリアアップ取組
	処 遇 改 善 等 加 算 Ⅲ	なし	職員賃金の底上げ
	冷 暖 房 費 加 算	なし	全施設
	施 設 関 係 者 評 価 加 算	なし	保護者・施設関係者による評価・結果公表
	除 雪 費 加 算	なし	特別豪雪地帯に所在
	降 灰 除 去 費 加 算	なし	降灰除去地域に所在
	施 設 機 能 強 化 推 進 加 算	なし	延長保育・一時預かり等複数実施、防災対策実施
	小 学 接 続 加 算	なし	小学校との連携
	第 三 者 評 価 受 審 加 算	なし	受審施設

【認定こども園】（保育標準時間認定・保育短時間認定）

	項目	加算 I	加算要件等
基本部分	基 本 分 単 価	—	
基本加算部分	処 遇 改 善 等 加 算 I	—	基本分単価の加算
	3 歳 児 配 置 改 善 加 算	あり	3歳児の職員を15：1で配置
	休 日 保 育 加 算	あり	休日保育実施
	夜 間 保 育 加 算	あり	夜間保育実施
	チ ー ム 保 育 加 配 加 算	あり	必要職員数を超え、副担任等配置
	減 価 償 却 費 加 算	なし	施設整備補助不受給施設
	賃 借 料 加 算	なし	賃貸物件の建物
	外 部 監 査 費 加 算	なし	公認会計士等の会計の外部監査実施
	副 食 費 徴 収 免 除 加 算	なし	徴収免除対象者分
加減調整部分	教育標準時間認定子どもの利用定員を設定しない場合	あり	1号認定子どもの利用定員設定なし、または利用実績なし
	分 園 の 場 合	対象に含む	分園
	土 曜 日 に 開 所 す る 場 合	対象に含む	土曜日閉所
	主幹教諭等の専任化により子育て支援の取り組みを実施していない場合	あり	幼稚園型一時預かり事業や満3歳児の受入等、要件となる事業を複数実施していないなど
	年 齢 別 配 置 基 準 を 下 回 る 場 合	あり	保育教諭等の配置数が不足
	配置基準上求められる職員資格を有しない場合	あり	配置基準上の職員に幼稚園教諭免許・保育士資格のいずれも有していない職員がいる
乗除調整部分	定 員 を 恒 常 的 に 超 過 す る 場 合	対象に含む	過去5年度間常に利用定員超過かつ年間平均在所率120%以上
特定加算部分	療 育 支 援 加 算	あり	主任保育士専任加算対象施設、障害児受入
	処 遇 改 善 等 加 算 II	なし	キャリアアップ取組
	処 遇 改 善 等 加 算 III	なし	職員賃金の底上げ
	冷 暖 房 費 加 算	なし	全施設
	施 設 関 係 者 評 価 加 算	なし	保護者・施設関係者による評価・結果公表
	除 雪 費 加 算	なし	特別豪雪地帯に所在
	降 灰 除 去 費 加 算	なし	降灰除去地域に所在
	高 齢 者 等 活 躍 促 進 加 算	なし	高齢者雇用等
	施 設 機 能 強 化 推 進 加 算	なし	延長保育・一時預かり等複数実施、防災対策実施
	小 学 接 続 加 算	なし	小学校との連携
	栄 養 管 理 加 算	A・Bはあり	栄養士の活用
	第 三 者 評 価 受 審 加 算	なし	受審施設

第2節　加算Ⅱの加算額の計算

　この節からは、処遇改善に関連する加算額等について、その計算方法をご紹介しましょう。

　認定こども園と保育所における施設型給付や委託費の給付額・支弁額の算出方法の考え方はほぼ同じですので、ここでは主に保育所における委託費の計算例を確認することとし、必要に応じて適宜認定こども園についても触れることにします。

　まず初めに、加算Ⅱ加算額の計算方法についてまとめ、その後に加算Ⅲ、加算Ⅰ賃金改善分、人勧分の加算額・該当額の順に、計算方法を解説します。

1．算定対象人数（加算対象となる職員数）

　処遇改善通知の別表1に施設種別ごとに示された計算方法に基づいて、児童数や加算の適用状況などを用いて「**基礎職員数**」を算出し、これを3で除して得られる人数（1人未満四捨五入、四捨五入した結果が「0」となる場合は「1」）を「人数A」（副主任保育士等の人数）、5で除して得られる人数（同）を「人数B」（職務分野別リーダー等の人数）として、加算額算定の基礎となる「**算定対象人数**」とします。

```
＜算定対象人数を求める算式＞
○　基礎職員数÷3（1人未満四捨五入）・・・「人数A」
○　基礎職員数÷5（1人未満四捨五入）・・・「人数B」
```

　算定対象人数を算出するための基礎職員数は、処遇改善通知に示されている別表1に基づいて計算しますが、基礎職員数、算定対象人数とも、処遇改善通知発出時にこども家庭庁から提供されている「加算対象職員数計算表」というエクセルファイルを使用すると簡単に求めることができます。

　算定対象人数は、後に支給対象職員を決定する際にも勘案すべき要素となります。

　基礎職員数は4月当初に在籍する年齢別の児童数や加算の適用状況に基づいて算定され、1年間変更することはありません。しかし適用する児童数については、施設の所在地等の状況によって1年間の児童数の変動が大きい場合には、前年度の実績等に基づいた年齢別の見込み児童数を用いることもできます。年齢別の見込み児童数の算定にあたっては、処遇改善通知発出と同時にこども家庭庁から提供されている「平均年齢別児童数計算表」というエクセルファイルを用いると、比較的容易に計算することができます。

処遇改善通知

別表1（第5の1関係）加算Ⅱ算定対象人数の算出の基礎とする職員数

施設・事業所	基礎職員数
幼 稚 園	以下のa～jの合計に、定員35人以下又は301人以上の場合は0.4、定員36～300人の場合は1.4を加え、k・lの合計を減じて得た人数 　a　年齢別配置基準による職員数　次の算式により算出する数 　　｛4歳以上児数×1／30（小数点第2位以下切り捨て）｝＋｛3歳児及び満3歳児数×1／20（同）｝（小数点第1位以下四捨五入） 　　※1　3歳児配置改善加算を受けている場合 　　　｛3歳児及び満3歳児数×1／20（同）｝を｛3歳児及び満3歳児数×1／15（同）｝に置き換えて算出 　　※2　満3歳児対応加配加算を受けている場合 　　　ⅰ）3歳児配置改善加算を受けていない場合 　　　　｛3歳児及び満3歳児数×1／20（同）｝を｛3歳児数（満3歳児を除く）×1／20（同）｝＋｛満3歳児数×1／6（同）｝に置き換えて算出 　　　ⅱ）3歳児配置改善加算を受けている場合 　　　　｛3歳児及び満3歳児数×1／20（同）｝を｛3歳児数（満3歳児を除く）×1／15（同）｝＋｛満3歳児数×1／6（同）｝に置き換えて算出 　b　講師配置加算を受けている場合　0.8 　c　チーム保育加配加算を受けている場合　算定上の加配人数 　d　通園送迎加算を受けている場合　定員150人以下の場合は0.8、151人以上の場合は1.5 　e　給食実施加算（自園調理に限る。）を受けている場合　定員150人以下の場合は2、151人以上の場合は3 　f　主幹教諭等専任加算を受けている場合　1 　g　事務職員配置加算を受けている場合　0.8 　h　指導充実加配加算を受けている場合　0.8 　i　事務負担対応加配加算を受けている場合　0.8 　j　栄養管理加算（A：配置）を受けている場合　0.5 　k　副園長・教頭配置加算を受けている場合　1 　l　年齢別配置基準を下回る場合　下回る人数（必要教員数－配置教員数）
保 育 所	以下のa～gの合計に、定員40人以下の場合は1.5、定員41～90人の場合は2.5、定員91～150人の場合は2.3、定員151人以上の場合は3.3を加えて得た人数 　a　年齢別配置基準による職員数　次の算式により算出する数 　　｛4歳以上児×1／30（小数点第2位以下切り捨て）｝＋｛3歳児数×1／20（同）｝＋｛1、2歳児数×1／6（同）｝＋｛0歳児数×1／3（同）｝（小数点第1位以下四捨五入） 　　※　3歳児配置改善加算を受けている場合｛3歳児数×1／20（同）｝を｛3歳児数×1／15（同）｝に置き換えて算出 　b　保育標準時間認定の子どもがいる場合　1.4 　c　主任保育士専任加算を受けている場合　1 　d　事務職員雇上加算を受けている場合　0.3 　e　休日保育加算を受けている場合　0.5 　f　チーム保育推進加算を受けている場合　算定上の加配人数 　g　栄養管理加算（A：配置）を受けている場合　0.6
認定こども園	以下のa～nの合計に、定員90人以下の場合は1.4、定員91人以上の場合は2.2を加え、o～qの合計を減じて得た人数 　a　年齢別配置基準による職員数　次の算式により算出する数 　　｛4歳以上児数×1／30（小数点第2位以下切り捨て）｝＋｛3歳児及び満3歳児数×1／20（同）｝＋｛1、2歳児数（保育認定子どもに限る。）×1／6（同）｝＋｛乳児数×1／3（同）｝（小数点第1位以下四捨五入） 　　※1　3歳児配置改善加算を受けている場合

	｛3歳児及び満3歳児数×1／20（同）｝を｛3歳児及び満3歳児数×1／15（同）｝に置き換えて算出 　　※2　満3歳児対応加配加算を受けている場合 　　　ⅰ）3歳児配置改善加算を受けていない場合 　　　　　｛3歳児及び満3歳児数×1／20（同）｝を｛3歳児（満3歳児を除く）×1／20（同）｝＋｛満3歳児数×1／6（同）｝に置き換えて算出 　　　ⅱ）3歳児配置改善加算を受けている場合 　　　　　｛3歳児及び満3歳児数×1／20（同）｝を｛3歳児数（満3歳児を除く）×1／15（同）｝＋｛満3歳児数×1／6（同）｝に置き換えて算出 　b　休けい保育教諭　2・3号定員90人以下の場合は1、91人以上の場合は0.8 　c　調理員　2・3号定員40人以下の場合は1、41〜150人の場合は2、151人以上の場合は3 　d　保育標準時間認定の子どもがいる場合　1.4 　e　学級編制調整加配加算を受けている場合　1 　f　講師配置加算を受けている場合　0.8 　g　チーム保育加配加算を受けている場合　算定上の加配人数 　h　通園送迎加算を受けている場合　1号定員150人以下の場合は0.8、151人以上の場合は1.5 　i　給食実施加算（自園調理に限る。）を受けている場合　1号定員150人以下の場合は2、151人以上の場合は3 　j　休日保育加算を受けている場合　0.5 　k　事務職員配置加算を受けている場合　0.8 　l　指導充実加配加算を受けている場合　0.8 　m　事務負担対応加配加算を受けている場合　0.8 　n　栄養管理加算（A：配置）を受けている場合　0.6 　o　副園長・教頭配置加算を受けている場合　1 　p　主幹保育教諭等の専任化により子育て支援の取組を実施していない場合であって代替保育教諭等を配置していない場合　配置していない人数（必要代替保育教諭等数−配置代替保育教諭等数） 　q　年齢別配置基準を下回る場合　下回る人数（必要保育教諭等数−配置保育教諭等数）
小規模保育事業（A型又はB型）及び事業所内保育事業（定員（小規模保育事業A型又はB型の基準が適用されるもの））	以下のa〜dの合計に1.3を加え、eを減じて得た人数 　a　年齢別配置基準による職員数　次の算式により算出する数 　　｛1、2歳児数×1／6（小数点第2位以下切り捨て）｝＋｛0歳児数（同）×1／3（同）｝＋1（小数点第1位四捨五入） 　　※　障害児保育加算を受けている場合　次の算式により算出された数 　　　｛1、2歳児数（障害児を除く）×1／6（小数点第2位以下切り捨て）｝＋｛0歳児数（同）×1／3（同）｝＋｛障害児数×1／2（同）｝＋1（小数点第1位以下四捨五入） 　b　保育標準時間認定の子どもがいる場合　0.4 　c　休日保育加算を受けている場合　0.5 　d　栄養管理加算（A：配置）を受けている場合　0.6 　e　食事の提供について自園調理又は連携施設等からの搬入以外の方法による減算を受けている場合　1
小規模保育事業（C型）	以下のa〜cの合計に1.6を加え、dを減じて得た人数 　a　年齢別配置基準による職員数　次の割合により算出する数 　　利用子ども3人（家庭的保育補助者を配置する場合は5人）につき1人（小数点第1位以下四捨五入） 　　※　障害児保育加算を受けている場合　次の算式により算出された数　｛利用子ども数（障害児を除く）×1／5（小数点第2位以下切り捨て）｝＋｛障害児数×1／2（同）｝（小数点第1位以下四捨五入） 　b　保育標準時間認定の子どもがいる場合　0.4 　c　栄養管理加算（A：配置）を受けている場合　0.6 　d　食事の提供について自園調理又は連携施設等からの搬入以外の方法による減算を受けている場合　1
事業所内保育事業（20人以上）	以下のa〜dの合計に、定員40人以下の場合は1.5、41人以上の場合は2.5を加え、eを減じて得た人数

a　年齢別配置基準による職員数　次の算式により算定する数
　　{1、2歳児数×1／6（小数点第2位以下切り捨て）} ＋ {0歳児数×1／3（同）}（小数点第1位以下四捨五入）
　　※　障害児保育加算を受けている場合　次の算式により算出された数　{1、2歳児数（障害児を除く）×1／6（小数点第2位以下切り捨て）} ＋ {0歳児数（同）×1／3（同）} ＋ {障害児数×1／2（同）}（小数点第1位以下四捨五入）
b　保育標準時間認定の子どもがいる場合　1.4
c　休日保育加算を受けている場合　0.5
d　栄養管理加算（A：配置）を受けている場合　0.6
e　食事の提供について自園調理又は連携施設等からの搬入以外の方法による減算を受けている場合　定員40人以下の場合は1、41人以上の場合は2

2．加算額の計算

　加算Ⅱの加算単価とその計算方法は、公定価格表（令和5年度遡及改正単価）に次のように記載されています。

保育所

処遇改善等加算Ⅱ㉒	以下の加算を合算した額を各月初日の利用子ども数で除した額 ・処遇改善等加算Ⅱ－①　49,010×人数A ・処遇改善等加算Ⅱ－②　6,130×人数B	※1　各月初日の利用子どもの単価に加算 ※2　人数A及び人数Bについては、別に定める

認定こども園（1号）

処遇改善等加算Ⅱ㉕	以下の加算を合算した額を各月初日の利用子ども数で除した額 ・処遇改善等加算Ⅱ－①　50,250×人数A×1／2 ・処遇改善等加算Ⅱ－②　6,280×人数B×1／2	※1　各月初日の利用子どもの単価に加算 ※2　人数A及び人数Bについては、別に定める

認定こども園（2・3号）

処遇改善等加算Ⅱ㉔	以下の加算を合算した額を各月初日の利用子ども数で除した額 ・処遇改善等加算Ⅱ－①　50,250×人数A×1／2 ・処遇改善等加算Ⅱ－②　6,280×人数B×1／2	※1　各月初日の利用子どもの単価に加算 ※2　人数A及び人数Bについては、別に定める

　例えば保育所の場合、(1)で求めた「人数A」と「人数B」を用いて、

　49,010円×人数A＋6,130円×人数B

の合計額を求め、月初の在籍児童数で除してから10円未満を切り捨てた額を加算単価とします。したがって、人数Aと人数Bは1年間を通して適用したとしても、毎月初日の在籍児童数が変動すれば、加算単価も変化します。

　また、計算に使用するのはあくまで"各月初日の利用子ども"の数ですから、月途中で入所してきた児童の単価には加算しませんし、逆に月途中で退所した児童の単価から減算することもありません。つまり、日割り計算は行わないということになります。

　認定こども園の場合には、1号認定子どもと2・3号認定子どもそれぞれについて計算しますが、別々に計算して合算するため、計算式の最後に1／2を乗じてから合算します。具体的には、

　　50,250円×人数Ａ×1／2＋6,280円×人数Ｂ×1／2

で求められる額を、1号認定子どもの月初児童数で除して10円未満を切り捨てた額を1号認定子どもの加算単価とし、2・3号認定子どもの月初児童数で除して10円未満を切り捨てた額を2・3号認定子どもの加算単価とします。このようにすることで、認定こども園全体で見ると1／2を乗じることなく計算した場合に近い額になります。
　保育所において月初児童数で除すのも、また認定こども園がこのような複雑な計算を行うのも、施設への支弁額・給付額計算にあたっては、必ず児童1人当たりの単価を定めて児童数を乗ずることが定められているためです。

【計算例】

施設種別：保育所　　求められた基礎職員数：16人　　4月初日の児童数：88人

　ア）算定対象人数を求めます。

　　　16人×1／3＝5.333…人　⇒　1人未満を四捨五入して5人・・・「人数Ａ」

　　　16人×1／5＝3.2人　⇒　1人未満を四捨五入して3人・・・「人数Ｂ」

　イ）定められた金額をそれぞれの算定対象人数に乗じて合計します。

　　　49,010円×5人＋6,130円×3人＝263,440円

　ウ）4月初日の児童数で除し、加算単価を求めます。

　　　263,440円÷88人＝2,993.63…円　⇒　10円未満を切り捨てて2,990円

　エ）4月の加算額を求めます。

　　　2,990円×88名＝263,120円

　5月以降も各月初日の児童数を用いて同様に計算します。1年間児童数の変動がなかったと仮定すれば、年間の加算総額は、

　　263,120円×12か月＝3,157,440円

と計算できます。

第3節　加算Ⅲの加算額の計算

1．算定対象人数

　在籍児童数や加算の適用状況などを用いて、加算額の算定の基礎となる「**算定対象人数**」を求めます。算出された人数の1人未満の端数は四捨五入します。算定対象人数は、処遇改善通知に示されている別表2に基づいて計算しますが、処遇改善通知発出時にこども家庭庁から提供されている「算定対象職員数計算表」というエクセルファイルを使用すると、比較的容易に算出できます。この算定対象人数は加算Ⅱと異なり、単に加算額を算定するためだけに必要とされる職員数で、支給対象とすべき職員数などとの関連はありません。

　このとき、年齢別の児童数は「見込平均利用子ども数」を用い、各種加算の適用状況は4月時点の状況によって判断します。年齢別の児童数の算定にあたっては、加算Ⅱでも使用した「平均年齢別児童数計算表」を使用します。加算Ⅱでは4月当初の児童数を適用することが前提で、"見込平均利用子ども数を使用してもよい"こととされていましたが、加算Ⅲでは「見込平均利用子ども数」を用いることとされている点が異なります。

処遇改善通知////

別表2（第6の1関係）加算Ⅲ算定対象人数の算出の基礎とする職員数

施設・事業所	基礎職員数
幼　稚　園	以下のa～kの合計に、定員35人以下又は301人以上の場合は2.4、定員36～300人の場合は3.5を加え、mを減じて得た人数 　a　年齢別配置基準による職員数　次の算式により算出する数に1.1を乗じて得た数 　　 {4歳以上児数×1／30（小数点第2位以下切り捨て）} ＋ {3歳児及び満3歳児数×1／20（同）}（小数点第1位以下四捨五入） 　　※1　3歳児配置改善加算を受けている場合 {3歳児及び満3歳児数×1／20（同）} を {3歳児及び満3歳児数×1／15（同）} に置き換えて算出 　　※2　満3歳児対応加配加算を受けている場合 　　　ⅰ）3歳児配置改善加算を受けていない場合 　　　　 {3歳児及び満3歳児数×1／20（同）} を {3歳児数（満3歳児を除く）×1／20（同）} ＋ {満3歳児数×1／6（同）} に置き換えて算出 　　　ⅱ）3歳児配置改善加算を受けている場合 　　　　 {3歳児及び満3歳児数×1／20（同）} を {3歳児数（満3歳児を除く）×1／15（同）} ＋ {満3歳児数×1／6（同）} に置き換えて算出 　b　講師配置加算を受けている場合　0.7 　c　チーム保育加配加算を受けている場合　算定上の加配人数×1.1 　d　通園送迎加算を受けている場合　定員150人以下の場合は0.7、151人以上の場合は1.3 　e　給食実施加算を受けている場合 　　・施設内調理の場合：定員150人以下の場合は1.8、151人以上の場合は2.7 　　・外部搬入の場合：定員150人以下の場合は0.3、151人以上の場合は0.5 　f　主幹教諭等専任加算を受けている場合　0.8 　g　療育支援加算を受けている場合　Aの場合は0.3、Bの場合は0.2 　h　事務職員配置加算を受けている場合　0.7 　i　指導充実加配加算を受けている場合　0.6 　j　事務負担対応加配加算を受けている場合　0.6 　k　栄養管理加算（A：配置）を受けている場合　0.5 　m　年齢別配置基準を下回る場合　下回る人数（必要教員数－配置教員数）×1.1

保　育　所	以下のa～iの合計に、定員30人以下の場合は4.5、定員31～40人以下の場合は4.2、定員41～90人の場合は5.4、定員91～150人の場合は5.1、定員151人以上の場合は6.3を加え、 j、kの合計を減じて得た人数

a　年齢別配置基準による職員数　次の算式により算出する数に1.3を乗じて得た数
　　{4歳以上児×1／30（小数点第2位以下切り捨て）｝ ＋ ｛3歳児数×1／20（同）｝ ＋ ｛1、2歳児数×1／6（同）｝ ＋ ｛0歳児数×1／3（同）｝（小数点第1位以下四捨五入）
　※　3歳児配置改善加算を受けている場合　｛3歳児数×1／20（同）｝ を ｛3歳児数×1／15（同）｝ に置き換えて算出
b　保育標準時間認定の子どもがいる場合　1.7
c　主任保育士専任加算を受けている場合　1.2
d　療育支援加算を受けている場合　Aの場合は0.4、Bの場合は0.3
e　事務職員雇上加算を受けている場合　0.4
f　休日保育加算を受けている場合　下表に定める人数

休日保育の年間延べ利用子ども数	人数
～210人	0.5
211人～279人	0.5
280人～349人	0.6
350人～419人	0.7
420人～489人	0.8
490人～559人	0.8
560人～629人	0.9
630人～699人	1.0
700人～769人	1.1
770人～839人	1.1
840人～909人	1.2
910人～979人	1.3
980人～1,049人	1.4
1,050人～	1.5

g　夜間保育加算を受けている場合　2.7
h　チーム保育推進加算を受けている場合　算定上の加配人数×1.3
i　栄養管理加算（A：配置）を受けている場合　0.6
j　分園の場合　定員40人以下の場合1.3、定員41人～150人の場合2.6、定員151人以上の場合3.8人
k　施設長を配置していない場合　1

認定こども園	以下の1号定員、2・3号定員により算定される値の合計に、 a～pの合計を加え、q～tの合計を減じて得た人数

　・1号定員：定員90人以下の場合は2.0、定員91人以上の場合は2.7
　・2・3号定員：定員30人以下の場合は2.8、定員31人以上の場合は2.4
a　年齢別配置基準による職員数　1号、2・3号それぞれの利用子ども数により以下の算式で算定される値に、 1号は1.1、 2・3号は1.3を乗じて得た値の合計
　　{4歳以上児数×1／30（小数点第2位以下切り捨て）｝ ＋ ｛3歳児及び満3歳児数×1／20（同）｝ ＋ ｛1、2歳児数（保育認定子どもに限る。）×1／6（同）｝ ＋ ｛乳児数×1／3（同）｝（小数点第1位以下四捨五入）
　※1　3歳児配置改善加算を受けている場合
　　　　｛3歳児及び満3歳児数×1／20（同）｝ を ｛3歳児及び満3歳児数×1／15（同）｝ に置き換えて算出
　※2　満3歳児対応加配加算を受けている場合
　　　ⅰ）3歳児配置改善加算を受けていない場合
　　　　　｛3歳児及び満3歳児数×1／20（同）｝ を ｛3歳児数（満3歳児を除く）×1／20（同）｝ ＋ ｛満3歳児数×1／6（同）｝ に置き換えて算出
　　　ⅱ）3歳児配置改善加算を受けている場合

{3歳児及び満3歳児数×1／20（同）} を {3歳児数（満3歳児を除く）×1／15（同）} + {満3歳児数×1／6（同）} に置き換えて算出

b 休けい保育教諭 2・3号定員90人以下の場合は1.3、91人以上の場合は0.9

c 調理員 2・3号定員40人以下の場合は1.3、41～150人の場合は2.6、151人以上の場合は3.8

d 保育標準時間認定の子どもがいる場合 1.7

e 学級編制調整配加算を受けている場合 1.1

f 講師配置加算を受けている場合 0.7

g チーム保育加配加算を受けている場合 算定上の加配人数×1.1

h 通園送迎加算を受けている場合 1号定員150人以下の場合は0.7、151人以上の場合は1.3

i 給食実施加算を受けている場合

・施設内調理の場合：1号定員150人以下の場合は1.8、151人以上の場合は2.7

・外部搬入の場合：1号定員150人以下の場合は0.3、151人以上の場合は0.5

j 休日保育加算を受けている場合 下表に定める人数

休日保育の年間延べ利用子ども数	人数
～210人	0.5
211人～279人	0.5
280人～349人	0.6
350人～419人	0.7
420人～489人	0.8
490人～559人	0.8
560人～629人	0.9
630人～699人	1.0
700人～769人	1.1
770人～839人	1.1
840人～909人	1.2
910人～979人	1.3
980人～1,049人	1.4
1,050人～	1.5

k 夜間保育加算を受けている場合 2.7

l 療育支援加算を受けている場合 Aの場合は0.4、Bの場合は0.3

m 事務職員配置加算を受けている場合 0.7

n 指導充実加配加算を受けている場合 0.6

o 事務負担対応加配加算を受けている場合 0.6

p 栄養管理加算（A：配置）を受けている場合 0.6

q 主幹保育教諭等の専任化により子育て支援の取組を実施していない場合であって代替保育教諭等を配置していない場合

・1号が調整の適用を受ける場合 0.8

・2・3号が調整の適用を受ける場合 0.6

r 年齢別配置基準を下回る場合 下回る人数（必要保育教諭等数－配置保育教諭等数）×1.2

s 1号認定子どもの利用定員を設定しない場合 1.2

t 分園の場合 分園の2・3号定員40人以下の場合1.3、定員41人～150人の場合2.6、定員151人以上の場合3.8人

家庭的保育事業	以下のa～cの合計に2.6を加え、dを減じて得た人数 a 家庭的保育補助者加算 　・利用子どもが4人以上の場合 1.1 　・利用子どもが3人以下の場合 0.5 b 障害児保育加算 特別な支援が必要な利用子どもの人数×0.3 c 栄養管理加算（A：配置）を受けている場合 0.6 d 食事の提供について自園調理又は連携施設等からの搬入以外の方法による場合 1

小規模保育事業（A型又はB型）及び事業所内保育事業（定員（小規模保育事業A型又はB型の基準が適用されるもの））	a　年齢別配置基準による職員数　次の算式により算出する数に1.3を乗じて得た数 　　{1、2歳児数×1／6（小数点第2位以下切り捨て）}＋{0歳児数（同）×1／3（同）}＋1（小数点第1位四捨五入） 　　※　障害児保育加算を受けている場合　次の算式により算出された数 　　　　{1、2歳児数（障害児を除く）×1／6（小数点第2位以下切り捨て）}＋{0歳児数（同）×1／3（同）}＋{障害児数×1／2（同）}＋1（小数点第1位以下四捨五入） b　保育標準時間認定の子どもがいる場合　0.4 c　休日保育加算を受けている場合　下表に定める人数

休日保育の年間延べ利用子ども数	人数
～210人	0.5
211人～279人	0.5
280人～349人	0.6
350人～419人	0.7
420人～489人	0.8
490人～559人	0.8
560人～629人	0.9
630人～699人	1.0
700人～769人	1.1
770人～839人	1.1
840人～909人	1.2
910人～979人	1.3
980人～1,049人	1.4
1,050人～	1.5

d　夜間保育加算を受けている場合　2.7
e　栄養管理加算（A：配置）を受けている場合　0.6
f　食事の提供について自園調理又は連携施設等からの搬入以外の方法による減算を受けている場合　1.2
g　管理者を配置していない場合　0.4

小規模保育事業（C型）	以下のa～cの合計に1.8を加え、d、eの合計を減じて得た人数 a　年齢別配置基準による職員数　次の割合により算出する数に1.3を乗じて得た数 　　利用子ども3人（家庭的保育補助者を配置する場合は5人）につき1人（小数点第1位以下四捨五入） 　　※　障害児保育加算を受けている場合　次の算式により算出された数　{利用子ども数（障害児を除く）×1／5（小数点第2位以下切り捨て）}＋{障害児数×1／2（同）}（小数点第1位以下四捨五入） b　保育標準時間認定の子どもがいる場合　0.4 c　栄養管理加算（A：配置）を受けている場合　0.6 d　食事の提供について自園調理又は連携施設等からの搬入以外の方法による減算を受けている場合　0.6 e　管理者を配置していない場合　0.4
事業所内保育事業（20人以上）	以下のa～eの合計に、定員30人以下の場合は4.5、定員31人～40人以下の場合は4.2、41人以上の場合は5.4を加え、f、gの合計を減じて得た人数 a　年齢別配置基準による職員数　次の算式により算定する数に1.3を乗じて得た数 　　{1、2歳児数×1／6（小数点第2位以下切り捨て）}＋{0歳児数×1／3（同）}（小数点第1位以下四捨五入） 　　※　障害児保育加算を受けている場合　次の算式により算出された数 　　　　{1、2歳児数（障害児を除く）×1／6（小数点第2位以下切り捨て）}＋{0歳児数（同）×1／3（同）}＋{障害児数×1／2（同）}（小数点第1位以下四捨五入） b　保育標準時間認定の子どもがいる場合　1.7

c　休日保育加算を受けている場合　下表に定める人数

休日保育の年間延べ利用子ども数	人数
～210人	0.5
211人～279人	0.5
280人～349人	0.6
350人～419人	0.7
420人～489人	0.8
490人～559人	0.8
560人～629人	0.9
630人～699人	1.0
700人～769人	1.1
770人～839人	1.1
840人～909人	1.2
910人～979人	1.3
980人～1,049人	1.4
1,050人～	1.5

d　夜間保育加算を受けている場合　2.7
e　栄養管理加算（A：配置）を受けている場合　0.6
f　食事の提供について自園調理又は連携施設等からの搬入以外の方法による減算を受けている場合　定員40人以下の場合は1.3、41人以上の場合は2.6
g　管理者を配置していない場合　1

居宅訪問型保育事業	以下のaに1.3を加え、bを減じて得た人数 a　保育標準時間認定の子どもがいる場合　0.4 b　特定の日に保育を行わない場合　　　　0.2

2．加算額の計算

　加算Ⅲの加算単価とその計算方法は、公定価格表（令和5年度遡及改正単価）に次のように記載されています。

保育所

処遇改善等加算Ⅲ㉓	11,030　×　加算Ⅲ算定対象人数 　　　　　　÷　各月初日の利用子ども数	※1　各月初日の利用子どもの単価に加算 ※2　加算Ⅲ算定対象人数については、別に定める

認定こども園（1号）

処遇改善等加算Ⅲ㉖	11,310　×　加算Ⅲ算定対象人数×1／2 　　　　　　÷　各月初日の利用子ども数	※1　各月初日の利用子どもの単価に加算 ※2　加算Ⅲ算定対象人数については、別に定める

認定こども園（2・3号）

処遇改善等加算Ⅲ㉕	11,310　×　加算Ⅲ算定対象人数×1／2 　　　　　　÷　各月初日の利用子ども数	※1　各月初日の利用子どもの単価に加算 ※2　加算Ⅲ算定対象人数については、別に定める

　例えば保育所の場合、(1)で求めた「算定対象人数」に11,030円を乗じ、月初の在籍児童数で除してから10円未満を切り捨てた額を加算単価とします。したがって加算Ⅲについても、毎月初日の在籍児童数が変動すれば、加算単価も変化します。

　また加算Ⅱと同様に、月途中で入所してきた児童の単価には加算せず、月途中で退所した児童の単価から減算することもないので、結果として日割り計算は行いません。

　認定こども園の場合も加算Ⅱと同様、1号認定子どもと2・3号認定子どもそれぞれについて計算しますが、別々に計算してから合算するため1／2を乗じます。具体的には、(1)で求めた「算定対象人数」に11,310円を乗じて1／2とした額を、1号認定子どもの月初の在籍児童数で除してから10円未満を切り捨てた額を1号認定子どもの分の加算単価とし、2・3号認定子どもの月初児童数で除して10円未満を切り捨てた額を2・3号認定子どもの分の加算単価とします。このようにすることで、認定こども園全体で見ると1／2を乗じることなく計算した場合に近い額になります。

　保育所において月初児童数で除すのも、また認定こども園がこのような複雑な計算を行うのも、施設への支弁額・給付額計算にあたっては、必ず児童1人当たりの単価を定めて児童数を乗ずることが定められているためです。

【計算例】

施設種別：幼保連携型認定こども園　　求められた算定対象人数：28人

4月初日の児童数：（1号）12人（2・3号）77人

　ア）1号の分、2・3号の分を別々に、定められた金額を算定対象人数に乗じて合計します。

　　　11,310円×28人×1／2＝158,340円

　イ）1号の分、2・3号の分を別々に、4月初日の児童数で除し、加算単価を求めます。

　　　　　　　　　　　　　　　　　10円未満を切り捨てて
　　　158,340円÷12人＝13,195円 ⇒ 13,190円・・・1号の分

　　　　　　　　　　　　　　　　　　　　10円未満を切り捨てて
　　　158,340円÷77人＝2,056.36…円 ⇒ 2,050円・・・2・3号の分

　ウ）4月の加算額を求めます。

　　　13,190円×12名＝158,280円・・・1号の分

　　　2,050円×77名＝157,850円・・・2・3号の分

　　　158,280円＋157,850円＝316,130円

　5月以降も各月初日の児童数を用いて同様に計算します。1年間児童数の変動がなかったと仮定すれば、年間の加算総額は、

　　316,130円×12か月＝3,793,560円

と計算できます。

コラム　「基礎職員数」や「算定対象人数」の定義の違いは？

　加算Ⅱについて、処遇改善通知やそれに付随するエクセルシートでは、「基礎職員数」と「算定対象人数」が明確に定義されています。後者は「人数Ａ」と「人数Ｂ」のことであり、前者はそれらを求めるための前提となる職員数です。

　しかし加算Ⅲに関する記載では、処遇改善通知の改正による追加の文章であることが原因してか、定義や使い分けがかなりアバウトに感じられます。

　例えば、処遇改善通知の第6に記載されている「加算Ⅲの要件」には「基礎職員数」という言葉は登場せず、「加算Ⅲ算定対象人数」という単語が記載されています。これは、加算Ⅱでは「基礎職員数」を計算した後に「人数Ａ」と「人数Ｂ」を計算する過程があるものの、加算Ⅲではそれがない、つまり「算定対象人数」がそのまま加算額の計算に使用される、という違いがあるためと考えられます。

　しかし一方で、本文で引用した「加算Ⅲ算定対象人数」を求めるための別表2には「基礎職員数」の記載が見られ、統一されていません。加算Ⅲの加算額の計算過程においては、単に金額に人数を乗ずる、といった計算しか行われることがないので、これらの単語の厳密な定義はなされていないものと想像されます。

第4節　加算Ⅰ賃金改善分の加算額と人勧分の計算

1．基本的な考え方

　委託費や施設型給付費の支弁額・給付額の計算では、処遇改善に関係のない基本分や各種加算などを加味して計算する必要があります。しかし本書は処遇改善に関する部分の解説を目的としていますので、そのうち加算Ⅰに関する部分だけを抜き出して説明します。

　委託費や施設型給付費の全体の計算についてお知りになりたい方は、拙著「保育所・認定こども園のための会計基準省令と資金運用ルールの実務ガイド」（実務出版）をご参照いただければ幸いです。

　保育所の収入は、基本的には次のような考え方に基づいて、公定価格に定められた単価に児童数を乗じて委託費総額が算定されます。

```
・標準時間認定の4歳以上児の単価　×　標準時間認定の4歳以上児の児童数
・標準時間認定の3　歳　児の単価　×　標準時間認定の3　歳　児の児童数
・標準時間認定の1・2歳児の単価　×　標準時間認定の1・2歳児の児童数
・標準時間認定の乳　　児の単価　×　標準時間認定の乳　　児の児童数
・短時間認定の4歳以上児の単価　×　短時間認定の4歳以上児の児童数
・短時間認定の3　歳　児の単価　×　短時間認定の3　歳　児の児童数
・短時間認定の1・2歳児の単価　×　短時間認定の1・2歳児の児童数
・短時間認定の乳　　児の単価　×　短時間認定の乳　　児の児童数
```

　認定こども園では次のように、1号認定子どもについても同様の考え方をします。

```
・教育標準時間認定の4歳以上児の単価　×　教育標準時間認定の4歳以上児の児童数
・教育標準時間認定の3　歳　児の単価　×　教育標準時間認定の3　歳　児の児童数
・教育標準時間認定の満3歳児の単価　×　教育標準時間認定の満3歳児の児童数
・保育標準時間認定の4歳以上児の単価　×　保育標準時間認定の4歳以上児の児童数
・保育標準時間認定の3　歳　児の単価　×　保育標準時間認定の3　歳　児の児童数
・保育標準時間認定の1・2歳児の単価　×　保育標準時間認定の1・2歳児の児童数
・保育標準時間認定の乳　　児の単価　×　保育標準時間認定の乳　　児の児童数
・保育短時間認定の4歳以上児の単価　×　保育短時間認定の4歳以上児の児童数
・保育短時間認定の3　歳　児の単価　×　保育短時間認定の3　歳　児の児童数
・保育短時間認定の1・2歳児の単価　×　保育短時間認定の1・2歳児の児童数
・保育短時間認定の乳　　児の単価　×　保育短時間認定の乳　　児の児童数
```

　それぞれの認定区分ごと、年齢ごとの単価には、基本分のほか各種加算分が含まれます。

　各年齢・認定区分による単価は、当該施設の所在地等の条件によって定められた基本分のほかに、各種加算額の単価を加え、減算等の調整を行って決定されます。

2．加算Ⅰ基礎分と賃金改善分の加算率

　保育所の積算基準を記載した通知によれば、基本分単価に見込まれている人件費の全国平均額は、施設長で年間約513万円、保育士は約420万円ほどです。しかし、それぞれの保育所では平均経験年数もさまざまで、基本分単価のみでは職員の平均経験年数が伸びていけばその財源は破綻してしまいます。また基本分単価に算定されている人件費分には職員の業務内容や地域特性が加味されてはいるものの、施設長や職員としての経験年数は反映されていません。そのような不具合を調整するために、職員の平均経験年数の長短に応じて加算するのがこの加算Ⅰ基礎分です。

　加算Ⅰ基礎分は、職員の平均経験年数に応じて基本分単価に含まれる事務費（人件費と管理費の合計額）に一定の率を乗じて算定されるもので、子ども・子育て支援制度が施行される以前の保育単価における民間施設給与等改善費が形を変えて存続したものです。

　加算Ⅰの加算額を算出するために使用する加算率は、職員の平均経験年数によって、処遇改善通知に次のように定められています。

処遇改善通知 ///

別表1（第5の1関係）
第4　加算Ⅰの要件
1　加算率

　加算額の算定に用いる加算率は、職員1人当たりの平均経験年数の区分に応じ、基礎分の割合に、賃金改善要件分の割合（キャリアパス要件に適合しない場合は、当該割合からキャリアパス要件分の割合を減じた割合。賃金改善要件分の要件に適合しない場合は、0％。）を加えて得た割合とする（加算率については、以下の加算率区分表を参照。）。

（加算率区分表）

職員一人当たりの平均経験年数	加算率		
	基礎分	賃金改善要件分	うちキャリアパス要件分
11年以上	12%	7%	2%
10年以上11年未満	12%	6%	2%
9年以上10年未満	11%	6%	2%
8年以上 9年未満	10%	6%	2%
7年以上 8年未満	9%	6%	2%
6年以上 7年未満	8%	6%	2%
5年以上 6年未満	7%	6%	2%
4年以上 5年未満	6%	6%	2%
3年以上 4年未満	5%	6%	2%
2年以上 3年未満	4%	6%	2%
1年以上 2年未満	3%	6%	2%
1年未満	2%	6%	2%

　「職員1人当たりの平均経験年数」は、その職種にかかわらず、当該施設・事業所に勤務する全ての常勤職員（当該施設・事業所の就業規則において定められている常勤の従事者が勤務すべき時間数（教育・保育に従事する者にあっては、1ヶ月に勤務すべき時間数が120時間以上であるものに限る。）に達している者又は当該者以外の者であって1日6時間以上かつ月20日以上勤務するもの）について、当該施設・事業所又は他の施設・事業所（次に掲げるものに限る。）における勤続年月数を通算した年月数を合算した総

年月数を当該職員の総数で除して得た年数（6月以上の端数は1年とし、6月未満の端数は切り捨てとする。）とする（居宅訪問型保育事業においても、当該事業を行う事業所を単位として職員1人当たりの平均経験年数を算定すること。）。なお、勤続年月数の確認に当たっては、施設・事業所による職歴証明書のほか、年金加入記録等から推認する取扱いも可能である。

(1) 子ども・子育て支援法第7条第4項に定める教育・保育施設、同条第5項に定める地域型保育事業を行う事業所及び同法第30条第1項第4号に定める特例保育を行う施設・事業所

(2) 学校教育法第1条に定める学校及び同法第124条に定める専修学校

(3) 社会福祉法第2条に定める社会福祉事業を行う施設・事業所

(4) 児童福祉法第12条の4に定める施設

(5) 認可外保育施設（児童福祉法第59条の2第1項に定める施設をいう。）で以下に掲げるもの

　ア　地方公共団体における単独保育施策による施設

　イ　認可外保育施設指導監督基準を満たす旨の証明書を交付された施設

　ウ　企業主導型保育施設

　エ　幼稚園を設置する者が当該幼稚園と併せて設置している施設

　オ　アからエまでに掲げる施設以外の認可外保育施設が(1)の施設・事業所に移行した場合における移行前の認可外保育施設

(6) 医療法に定める病院、診療所、介護老人保健施設、介護医療院及び助産所（保健師、看護師又は准看護師に限る。）また「職員1人当たりの平均経験年数」の算定は、加算当年度の4月1日（当該年度の途中において支援法第27条第1項又は第29条第1項の確認を受けた施設・事業所にあっては、支援法による確認を受けた日）時点で行うこと。

　また、加算Ⅰ賃金改善分は原則としてすべての施設に一律6％分が加算され、職員の平均経験年数が11年以上の施設に限って7％の加算を受けることができます。

　また、この一律6％または7％の加算率うち、2％分は「キャリアパス要件分」と呼ばれ、一定の要件を満たさない施設ではこの2％分が減額されますが、ほとんどの施設ではこの減額措置は見られません。このキャリアパス要件分が加算される条件は処遇改善について、定められた通知には次のように記載されており、これに基づいて申請書を提出して承認されれば、加算を受けることができます。

処遇改善通知////

第4　加算Ⅰの要件

3　キャリアパス要件

　　当該施設・事業所の取組が次の(1)及び(2)のいずれにも適合すること又は加算Ⅱの適用を受けていること。

(1) 次に掲げる要件の全てに適合し、それらの内容について就業規則等の明確な根拠規定を書面で整備し、全ての職員に周知していること。

　ア　職員の職位、職責又は職務内容等に応じた勤務条件等の要件（職員の賃金に関するものを含む。）を定めていること。

　イ　アに掲げる職位、職責又は職務内容等に応じた賃金体系（一時金等の臨時的に支払われるものを除く。）を定めていること。

(2) 職員の職務内容等を踏まえ、職員と意見を交換しながら、資質向上の目標並びに次のア及びイに掲げる具体的な計画を策定し、当該計画に係る研修（通常業務中に行うものを除き、教育に係る長期休業期間に行うものを含む。以下同じ。）の実施又は研修の機会を確保し、それを全ての職員に周知していること。

> ア　資質向上のための計画に沿って、研修機会の提供又は技術指導等を実施するとともに、職員の能力評価を行うこと。
>
> イ　幼稚園教諭免許状・保育士資格等を取得しようとする者がいる場合は、資格取得のための支援（研修受講のための勤務シフトの調整、休暇の付与、費用（交通費、受講料等）の援助等）を実施すること。

　以上のことから、加算Ⅰの全体（基礎分と賃金改善要件分）の加算率は、キャリアパス要件を満たしていることを前提とすれば、次のようにまとめることができます。

■加算Ⅰ全体（基礎分と賃金改善要件分）の加算率一覧（キャリアパス要件を満たす場合）

職員一人当たりの平均経験年数	基礎分	賃金改善要件分	うちキャリアパス要件分	加算Ⅰ合計
11年以上	12%	7%	2%	19%
10年以上11年未満	12%	6%		18%
9年以上10年未満	11%			17%
8年以上 9年未満	10%			16%
7年以上 8年未満	9%			15%
6年以上 7年未満	8%			14%
5年以上 6年未満	7%			13%
4年以上 5年未満	6%			12%
3年以上 4年未満	5%			11%
2年以上 3年未満	4%			10%
1年以上 2年未満	3%			9%
1年未満	2%			8%

コラム　職員の平均経験年数

　平成29年度からそれまでの「平均勤続年数」は、「平均経験年数」と呼ばれることになりました。これは加算Ⅰの算定の際、いわゆる前歴加算の対象とされる施設・事業所の範囲が拡充されたことによると思われます。

　職員の平均経験年数は、算定対象となる施設・事業所における〝勤続年数を合算して得た総経験年数を、当該職員の数により除して得た年数について、6月以上の端数は1年とし、6月未満の端数は切り捨てて算出する〟ことになっています。そうであれば、計算の結果は必ず整数となるはずですから、平均経験年数の欄の表記は〝10年以上11年未満〟でなく、〝10年〟でいいはずです。なぜこのような表記になっているのかといえば、恐らくは旧制度時代の民間施設給与等改善費の区分の名残だと思われますが、現在の制度では1年刻みの区分ですから、本来は表記を変更すべきです。

　また、このことが思わぬ誤解を招く例があります。例えば職員の平均経験年数を算出した結果が、7年8か月だった場合、上表のような表記では〝7年以上8年未満〟の欄を見たくなります。しかし、7年8か月は〝6月以上の端数を1年とする〟のですから、8年、つまり〝8年以上9年未満〟の欄を適用しなければなりません。十分に注意が必要ですね。

3．加算項目に含まれる加算Ⅰ ～ 加算Ⅰが算定される加算とその算定方法 ～

　　加算Ⅰは基本単価に対するものだけでなく、色々な加算部分にも含まれるほか、それらを含めて求めた総額から減額対象とされるものもあります。この第2部の冒頭でお示しした加算項目の中から、該当するものだけを再掲します。

＜加算Ⅰが算定される加算とその算定方法＞

種別	区分	項目	加算Ⅰの算定方法
保育所	基本加算部分	処遇改善等加算Ⅰ	地域区分・認定区分等で示された単価
		3歳児配置改善加算	3歳児1名あたりで示された単価
		休日保育加算	児童1名あたりで示された単価
		夜間保育加算	児童1名あたりで示された単価
		チーム保育推進加算	児童1名あたりで示された単価
	加減調整部分（減算）	分園の場合	対象の単価合計から10%減算
		施設長を配置していない場合	児童1名あたりで示された単価を減算
		土曜日に開所する場合	対象の単価合計から一定割合で減算
	乗除調整部分	定員を恒常的に超過する場合	対象の単価合計から一定割合で減算
	特定加算部分	主任保育士専任加算	加算単価に含まれる額から別途算定
		療育支援加算（A・B）	加算単価に含まれる額から別途算定
		事務職員雇上費加算	加算単価に含まれる額から別途算定
		栄養管理加算（A・Bのみ）	加算単価に含まれる額から別途算定
認定こども園（1号）	基本加算部分	処遇改善等加算Ⅰ	地域区分・認定区分等で示された単価
		副園長・教頭配置加算	児童1名あたりで示された単価
		学級編成調整加配加算	児童1名あたりで示された単価
		3歳児配置改善加算	3歳児1名あたりで示された単価
		満3歳児対応加配加算	満3歳児1名あたりで示された単価
		講師配置加算	児童1名あたりで示された単価
		チーム保育加配加算	児童1名あたりで示された単価
		通園送迎加算	児童1名あたりで示された単価
		給食実施加算	児童1名あたりで示された単価
	加減調整部分（減算）	主幹保育教諭等の専任化により子育て支援の取組みを実施していない場合	児童1名あたりで示された単価を減算
		年齢別配置基準を下回る場合	児童1名あたりで示された単価を減算
		配置基準上求められる職員資格を有しない場合	児童1名あたりで示された単価を減算
	乗除調整部分	定員を恒常的に超過する場合	対象の単価合計から一定割合で減算
	特定加算部分	療育支援加算（A・B）	加算単価に含まれる額から別途算定
		事務職員配置加算	加算単価に含まれる額から別途算定
		指導充実加配加算	加算単価に含まれる額から別途算定
		事務負担対応加配加算	加算単価に含まれる額から別途算定

		処遇改善等加算Ⅰ	地域区分・認定区分等で示された単価
認定こども園（2・3号）	基本加算部分	3歳児配置改善加算	児童1名あたりで示された単価
		休日保育加算	児童1名あたりで示された単価
		夜間保育加算	児童1名あたりで示された単価
		チーム保育加配加算	児童1名あたりで示された単価
	加減調整部分	教育標準時間認定子どもの利用定員を設定しない場合	児童1名あたりで示された単価
		分園の場合	対象の単価合計から10%減算
		土曜日に開所する場合	対象の単価合計から一定割合で減算
		主幹教諭等の専任化により子育て支援の取り組みを実施していない場合	児童1名あたりで示された単価を減算
		年齢別配置基準を下回る場合	児童1名あたりで示された単価を減算
		配置基準上求められる職員資格を有しない場合	児童1名あたりで示された単価を減算
	乗除調整部分	定員を恒常的に超過する場合	対象の単価合計から一定割合で減算
	特定加算部分	療育支援加算（A・B）	加算単価に含まれる額から別途算定
		栄養管理加算（A・Bのみ）	加算単価に含まれる額から別途算定

　これらの項目のうち基本加算部分のものは、公定価格の単価表の中で児童1名あたりの単価に加算するものです。また加減調整部分や乗除調整部分に含まれるものには、児童1名あたりの単価に加算・減算するもののほか、対象となる項目の合計単価に一定の割合を乗じて加算・減算するものがあります。そして特定加算部分に含まれるものは、一定の考え方に基づいて別途計算する必要があるものです。

　これらに関する加算Ⅰ賃金改善分の額について、その計算方法によって分類して説明しましょう。

① **公定価格表に児童1名あたりの加算単価・減算単価が記載されている項目**

　この項目の代表的なものが、基本加算部分として示されている、基本分単価に伴う加算Ⅰで、次の4つの要素によって決定されます。

（ア）　施設の所在地

　施設の所在地は、20／100地域、16／100地域、15／100地域、12／100地域、10／100地域、6／100地域、3／100地域、その他地域の8地域に分けられています。ご自身の施設の所在地がどの地域に該当するのかは、委託費や施設型給付費の請求書で確認できます。実際の公定価格表では地域区分に応じた表が用意されていますので、その中から所在地に該当する表を選択して適用します。

　なお、これらの地域区分は国家公務員の地域手当の区分をもとに設定されているため変更されることもあり、改正状況を毎年確認することが必要です。

（イ）施設の利用定員

　保育所や認定こども園には、「認可定員」と「利用定員」があります。前者は施設の設置にあたって認可された定員で、後者は委託費や施設型給付費の算定に使用するために市町村と協議して定める定員です。委託費や施設型給付費の算定に使用するのは「利用定員」の方です。

　定員区分の幅は、保育所や認定こども園の2・3号認定子どもでは概ね10人刻み、認定こども園の1号認定子どもでは概ね15人刻みになっています。

（ウ）児童の年齢

　「児童福祉施設の設備及び運営に関する基準」（昭和23年12月29日／厚生省令第63号／最終改正：令和5年4月1日）では、児童の保育に携わる保育士の必要数について、乳児は概ね3：1（児童3人に対して保育士1名）、1・2歳児は概ね6：1、3歳児は概ね20：1、4歳以上児は概ね30：1と定められています。つまり、4歳以上児よりも乳児の保育に係る保育士の人件費の方が高くなるため、乳児の単価がもっとも高く、4歳以上児の単価がもっとも低くなります。

（エ）児童の認定区分

　利用児童の認定区分には、教育を必要とする教育認定（1号認定）と、保育を必要とする保育認定（2・3号認定）があります。また、教育認定は「教育標準時間認定」だけですが、保育認定には保育の必要量に応じて「保育標準時間認定」と「保育短時間認定」の2つの認定区分があります。

　以上の4つの要素によって8つの地域ごとの公定価格表が定められ、毎年度当初にこども家庭庁から公表されます（令和5年度の年度当初単価の告示までは内閣府から行われました）が、8月の人事院勧告後には、遡及改正後の単価表が示されるのが通例です。

　次に示したのは、保育所の令和5年度遡及改正単価表の一部です。

地域区分 ①	定員区分 ②	認定区分 ③	年齢区分 ④	保育必要量 ⑤ 保育標準時間認定 基本分単価 （注）⑥		保育必要量 ⑤ 保育標準時間認定 基本分単価 （注）⑥		処遇改善等加算Ⅰ 保育標準時間認定 （注）⑦		処遇改善等加算Ⅰ 保育短時間認定 （注）⑦		
12/100地域	81人から90人まで	2号	4歳以上児	45,880	(53,650)	40,080	(47,850)	440	(510) ×加算率	380	(450) ×加算率	
			3歳児	53,650	(116,310)	47,850	(110,510)	510	(1,050) ×加算率	450	(990) ×加算率	
		3号	1、2歳児	116,310	(194,020)	110,510	(188,220)	1,050	(1,820) ×加算率	990	(1,760) ×加算率	
			乳児	194,020		188,220		1,820	×加算率	1,760	×加算率	

（公定価格告示　別表第2　保育所（保育認定））

　委託費の実際の算定にあたっては、この表の中から必要な数字を引用して計算します。

　一番左の①欄は地域区分の欄ですので、前述のとおり保育所の所在地に応じて選択します。ここでは例として「12／100地域」のものを引用しています。

　左から2列目の②欄は定員区分です。認可定員ではなく、利用定員で判定します。ここでは我が国の保育所の規模で最も施設数が多いとされる「90名定員」を想定して示しました。

　左から3列目の③の欄は、児童の年齢による2号または3号の区分です。左から4列目の④の欄は児童の年齢区分が示されていますが、単純に3歳以上児は③の欄の2号、3歳未満児は3号に区分されています。なお年齢区分は、年度当初時点での年齢を1年間通じて使用します。

　さらにその隣の⑤の欄には、保育必要量区分に応じた単価が⑥欄として記載されています。これが「基本分」の単価です。

　そして本書で取り上げる加算Ⅰの単価は、その隣の⑦の欄に示されています。実際にはこの額に、職員の平均経験年数から求めた加算Ⅰの加算率の数19％を乗じて単価とします。このとき、例えば19％

の加算施設の場合は、「19%」を乗ずるのではなく、単に「19」を乗ずることに注意します。

　以下説明の都合上、本書における引用にあたってはすべて、12／100地域に所在する利用定員90名の保育所の令和5年度遡及改正単価によることを前提とします。認定こども園の場合や、地域区分、利用定員などが異なる施設では、それぞれ自園に該当する単価を引用してご確認ください。

　この加算Ⅰ単価と同様の考え方をするものに、3歳児配置改善加算があります。次に示したのは、同じ条件の保育所における3歳児配置改善加算の単価表が記載された部分です。

地域区分	定員区分	認定区分	年齢区分		処遇改善等加算Ⅰ							3歳児配置改善加算	
					保育標準時間認定			保育短時間認定				処遇改善等加算Ⅰ	
					（注）⑦			（注）⑦					
①	②	③	④									⑧	
12／100地域	81人から90人まで	2号	4歳以上児	＋	440	(490)	×加算率	380	(450)	×加算率	＋	(7,770)	(70×加算率)
			3歳児	＋	510	(1,000)	×加算率	450	(990)	×加算率	＋	7,770	70×加算率
		3号	1、2歳児	＋	1,050	(1,820)	×加算率	990	(1,760)	×加算率	＋		
			乳児	＋	1,820		×加算率	1,760		×加算率			

（公定価格告示　別表第2　保育所（保育認定））

　このように、公定価格表の中に児童1人当たりの額が示されている場合には、その額に加算率を乗じた額を加算Ⅰ加算分として加算します。49・50ページで示した一覧表の「加算Ⅰの算定方法」の欄に「児童1名あたりで示された単価」などと記載した加算は、すべて同様にして公定価格表から引用して適用します。これは、「施設長を設置していない場合」のような減算項目についても、児童1名当たりの減算単価が示されている項目では同様にして計算します。

　このようにして単価に加算する項目には、右のようなものがあります。

種別	区分	項目
保育所	基本加算部分	処遇改善等加算Ⅰ
		3歳児配置改善加算
		休日保育加算
		夜間保育加算
		チーム保育推進加算
	加減調整部分	施設長を配置していない場合
認定こども園（1号）	基本加算部分	処遇改善等加算Ⅰ
		副園長・教頭配置加算
		学級編成調整加配加算
		3歳児配置改善加算
		満3歳児対応加配加算
		講師配置加算
		チーム保育加配加算
		通園送迎加算
		給食実施加算
	加減調整部分	主幹保育教諭等の専任化により子育て支援の取組みを実施していない場合
		年齢別配置基準を下回る場合
		配置基準上求められる職員資格を有しない場合
認定こども園（2・3号）	基本加算部分	処遇改善等加算Ⅰ
		3歳児配置改善加算
		休日保育加算
		夜間保育加算
		チーム保育加配加算
	加減調整部分	教育標準時間認定子どもの利用定員を設定しない場合
		主幹教諭等の専任化により子育て支援の取り組みを実施していない場合
		年齢別配置基準を下回る場合
		配置基準上求められる職員資格を有しない場合

② 対象となる項目の合計額に一定の割合を乗じて加算・減算する項目

　例えば保育所における「分園の場合」には、分園の児童の単価から基本分とそれに伴う加算Ⅰの合計額の10%を減額します。そのため減算分の中には基本分とそれに伴う加算Ⅰの額が含まれることになり、これを分離して加算Ⅰの分だけを減算する必要があります。このような項目は「分園の場合」のほかにも、「土曜日に開所する場合」「定員を恒常的に超過する場合」があり、認定こども園においても同様の処理が必要になります。

　このようにして単価に加算する項目には、右のようなものがあります。

種別	区分	項目
保育所	加減調整部分	分園の場合
		土曜日に開所する場合
	乗除調整部分	定員を恒常的に超過する場合
認定こども園（1号）	乗除調整部分	定員を恒常的に超過する場合
認定こども園（2・3号）	加減調整部分	分園の場合
		土曜日に開所する場合
	乗除調整部分	定員を恒常的に超過する場合

③ 一定の考え方に基づいて含まれる額を別途計算する必要がある項目

　保育所における「療育支援加算」を例に説明します。療育支援加算にはAとBがあり、Aは特別児童扶養手当の対象児童が在籍する場合に加算されます。公定価格表を見ると、加算方法について次のように記載されています。

　なお、この計算式における各月初日の児童数は、障害児の児童数ではなく、在籍しているすべての児童数です。

保育所

療育支援加算⑳	A	基本額　　処遇改善等加算 （49,870 ＋ 490 × 加算率） ÷ 各月初日の利用子ども数	※以下の区分に応じて、各月初日の利用子どもの単価に加算 A：特別児童扶養手当支給対象児童受入施設 B：それ以外の障害児受入施設
	B	基本額　　処遇改善等加算 （33,250 ＋ 330 × 加算率） ÷ 各月初日の利用子ども数	

　本来ここに記載されている「処遇改善等加算」の表示は、「処遇改善等加算Ⅰ」とするのが正しいと考えられますが、計算式の中にある基本額の1%分の10円未満を切り捨てた額が記載されていることから、加算Ⅰであることが容易に想像できます。

　さて、加算額を求めるための加算単価を算出するには、次のような計算をします。

（A）（49,870円＋490円×加算率）÷各月初日の児童数＝加算単価（10円未満切り捨て）
（B）（33,250円＋330円×加算率）÷各月初日の児童数＝加算単価（10円未満切り捨て）

　これらの加算単価は、「基本額＋加算Ⅰの1%当たりの単価×加算率」を月初児童数で除すことにより求めます。しかし、算出された額の10円未満は切り捨てられるため、加算単価に含まれる基本額と加算Ⅰがいくらずつなのかがわかりません。

　例えば、加算Ⅰの加算率が12%で、月初児童数が105人の場合の療育支援加算Aの単価は、
　　（49,870円＋490円×12）÷105人＝530.9…　⇒　10円未満を切り捨てて530円
となります。しかし求められた530円は最後に切り捨てられているので、この中に含まれる基本額と加算Ⅰの額がいくらになるのかが、正確にはわかりません。

　これを正しく計算するなら、530円については、基本額（49,870円）と加算Ⅰの額（490円×12＝5,880円）で比例配分することが正しいように思われます。しかし、加算Ⅰの処遇改善計画書における加算見込額（「新規事由なし」の場合です。詳細は第5章で説明します。）を求める算式としては、

　　490円÷105人＝4円（1円未満切り捨て）

　※算出した額の10円未満を切り捨てますが、その額が10円に満たない場合は1円未満を切り捨てることとされています。

で加算Ⅰの1％当たり、児童1人当たりの単価を求め、これに加算率を乗じた48円（4円×12）を加算Ⅰ相当額と算出するのが一般的です。都道府県によっては（490円×12＝5,880円）を先に計算してから児童数105人で除し、10円未満を切り捨てて50円とする場合も見られ、それぞれに確認が必要です。

　1円未満を切り捨てて単価に加算する場合、もとの単価は10円単位ですから、そのようなものを単価に加算していくと、結局それらの合計にも10円未満の端数が生じてしまいます。自治体によっては、この端数を再度切り捨てる計算をさせる場合がありますが、この部分の計算方法についてはこれまで内閣府も示すことはありませんでした。今後もこども家庭庁から示される可能性は、期待できないでしょう。

　このような計算で求めると、計算途中で切り捨てられることによる減額分を積み重ねることによって、かなりのロスや差額が生じることがあり得ます。

種別	区分	項目
保育所	特定加算部分	主任保育士専任加算
		療育支援加算（A・B）
		事務職員雇上費加算
		栄養管理加算（A・Bのみ）
認定こども園（1号）	特定加算部分	療育支援加算（A・B）
		事務職員配置加算
		指導充実加配加算
		事務負担対応加配加算
認定こども園（2・3号）	特定加算部分	療育支援加算（A・B）
		栄養管理加算（A・Bのみ）

　このようにして単価に加算する項目には、上のようなものがあります。

4．加算Ⅰ加算額の計算方法

　では、簡単な計算例を使って加算Ⅰの額を計算してみましょう。

【計算例】
施設種別：保育所
地域区分：12／100地域
利用定員：90名
平均経験年数：7年（加算Ⅰ加算率15％）
児童数：右表のとおり
加算の内容：加算Ⅰ・3歳児配置改善加算・主任保育士専任加算・事務職員雇上費加算

年齢区分	認定区分		合計
	標準時間	短時間	
4歳以上児	35	3	38
3 歳 児	16	2	18
1、2歳児	24	2	26
乳 児	5	1	6
合 計	80	8	88

　保育所の公定価格表から、該当する地域区分における年齢ごと、認定区分ごとの、加算Ⅰの1％当たり単価と、その額に加算率「15」を乗じた額は、それぞれ次の通りです。

	年齢	標準時間認定		短時間認定	
		加算Ⅰの1%分	15%単価	加算Ⅰの1%分	15%単価
2号	4歳以上児	440	6,600	380	5,700
	3 歳 児	510	7,650	450	6,750
3号	1、2歳児	1,060	15,750	990	14,850
	乳 児	1,820	27,300	1,760	26,400

　次に、3歳児配置改善加算の加算Ⅰの1%相当額は、公定価格表において70円と記載されていましたので、加算単価は70円×15＝1,050円です。この額は3歳児の単価にのみ、加算します。

　主任保育士専任加算は、公定価格表に次のように記載されています。

保育所

主任保育士専任加算⑲	基本額　　　処遇改善等加算 （258,090 ＋ 2,580 × 加算率） ÷ 各月初日の利用子ども数	※各月初日の利用子どもの単価に加算

　一般的な計算方法を用いて計算します。

　2,580円÷88名＝29.3…円　⇒　10円未満を切り捨てて20円

　20円×15＝300円　・・・　単価に加算する額

　また、事務職員雇上費加算は、公定価格表に次のように記載されています。

保育所

事務職員雇上費加算㉑	基本額　　　処遇改善等加算 （46,100 ＋ 460 × 加算率） ÷ 各月初日の利用子ども数	※各月初日の利用子どもの単価に加算

　これも一般的な計算方法を用いて計算します。

　460円÷88名＝5.2…円　⇒　1円未満を切り捨てて5円

　5円×15＝75円　・・・　単価に加算する額

　以上の計算結果から、年齢区分、認定区分ごとの加算Ⅰ加算単価は、次のようにまとめることができます。

		基本加算Ⅰ	3歳児配置改善加算	主任保育士専任加算	事務職員雇上費加算	単価合計
標準時間	4歳以上児	6,600	－	300	75	6,975
	3 歳 児	7,650	1,050	300	75	9,075
	1、2歳児	15,750	－	300	75	16,125
	乳 児	27,300	－	300	75	27,675

短時間	4歳以上児	5,700	−	300	75	6,075
	3　歳　児	6,750	1,050	300	75	8,175
	1、2歳児	14,850	−	300	75	15,225
	乳　　　児	26,400	−	300	75	26,775

　このようにして求めた加算Ⅰの単価に、それぞれ児童数を乗じて加算Ⅰ加算額を計算することができます。

		単価合計	児童数	加算Ⅰ加算額
標準時間	4歳以上児	6,975	35	244,125
	3　歳　児	9,075	16	145,200
	1、2歳児	16,125	24	387,000
	乳　　　児	27,675	5	138,375
短時間	4歳以上児	6,075	3	18,225
	3　歳　児	8,175	2	16,350
	1、2歳児	15,225	2	30,450
	乳　　　児	26,775	1	26,775
合　　計			88	1,006,500

　1年間児童数や児童の認定区分に変動がなければ、1,006,500円の12か月分が年間の加算Ⅰの加算額となります。

　さてこの計算例では、平均経験年数を7年とし、加算Ⅰ加算率を15%として計算しました。15%の加算率は、そのうち6%分が加算Ⅰ賃金改善分で、9%が基礎分です。処遇改善で意識しなければならないのは、主に1%相当額と加算Ⅰ賃金改善分ですので、1年間児童数や児童の認定区分に変動がないものと仮定して、1年分を次のようにして計算します。

　1,006,500円×12か月＝12,078,000円　・・・　加算Ⅰ年額
　12,078,000円÷15（%相当）＝805,200円　・・・　1%相当額
　805,200円×6（%相当）＝4,831,200円　・・・　加算Ⅰ賃金改善分年額

　ここまでの計算では、委託費の計算方法に準じて、児童の年齢区分ごと、認定区分ごとの加算単価を求め、児童数を乗じて加算額を算出しました。しかし、3歳児配置改善加算に含まれる加算Ⅰの額を計算する場合には、「単価70円×15×児童数×12か月」を計算すれば、その額を求めることができますので、加算Ⅰの内訳を求めることも可能です。

5．人勧分の計算

　第1章でご紹介したように、人勧分の上昇率は、初めての処遇改善臨時特例事業が実施された平成25年度から、右表のような経緯で推移してきました。

　そして新型コロナウイルス感染症のまん延から一段落し、民間企業等の給与も回復傾向にあることから、人勧も大幅な回復傾向にあります。そのため、保育所や認定こども園における人勧分もそれに連動して、令和5年度は5.2%という大幅な上昇となりました。

　さて、ここで重要な点の一つに、右表の増加率の意味に関することがあります。「〇%」というときには、それが何の「〇%」なのか、ということをしっかりと把握する必要があります。

	当該年度の人勧分増加率	平成24年度からの人勧分累積増加率
平成25年度	改定なし	－
平成26年度	2.0%	－ ※旧補助金制度のため
平成27年度	1.9%	3.9%
平成28年度	1.3%	5.2%
平成29年度	1.1%	6.3%
平成30年度	0.8%	7.1%
平成31年度	1.0%	8.1%
令和2年度 （制度変更）	▲0.3%	7.8%
令和3年度	▲0.9%	6.9%
令和4年度	2.1%	9.0%
令和5年度	5.2%	14.2%

　ここに示された人勧分増加率は、その都度、内閣府等から公表されてきたものですが、「〇%」の定義について、処遇改善通知には次のように記載されています。

処遇改善通知

第4　加算Ⅰの要件

2　賃金改善要件

（実績報告に係る要件）

　(3)　加算Ⅰ新規事由がある場合

　　オ　「賃金改善実績額」とは、加算当年度内の賃金改善実施期間における支払賃金（当該年度に係る加算残額を含む。また、当該年度に係る第5の2(1)アに定める加算Ⅱ新規事由及び第6の2(1)イに定める加算Ⅲ新規事由による賃金の改善額並びに加算前年度に係る加算残額の支払を除く。）のうち、その水準が「起点賃金水準」（加算当年度に国家公務員の給与改定に伴う公定価格における人件費の改定があった場合には、当該改定分※を反映させた賃金水準）を超えると認められる部分に相当する額をいう。

　　※　増額改定があった場合の、各職員の増額改定分の合算額（法定福利費等の事業主負担分の増額分を含む。）は、次の＜算式1＞により算定した額以上となっていることを要する。

　　　＜算式1＞

　　　「加算当年度の加算Ⅰの加算額総額（増額改定を反映させた額）」×「増額改定に係る改定率」

　　　　　　　　　　　　÷「加算当年度に適用を受けた基礎分及び賃金改善要件分に係る加算率」

　　　また、国家公務員の給与改定に伴う公定価格における人件費の減額改定（以下「減額改定」という。）があった場合の、各職員の減額改定分の合算額（法定福利費等の事業主負担分の減額分を含む。）は、以下の＜算式2＞により算定した額を超えない減額となっていることを要する。

　　　＜算式2＞

　　　「加算当年度の加算Ⅰの加算額総額（減額改定を反映させた額）」×「減額改定に係る改定率」

　　　　　　　　　　　　÷「加算当年度に適用を受けた基礎分及び賃金改善要件分に係る加算率」

<算式1> に言う、それぞれの言葉の定義は次のような内容です。

○ 「加算当年度の加算Ⅰの加算額総額（増額改定を反映させた額）」
　⇒　加算Ⅰ基礎分・賃金改善分を合わせた全体の加算額を言います。（増額改定を反映させた額）とは、8月の人勧を経て年度末に示される、遡及改正単価を適用した額であることを定義しています。

○ 「増額改定に係る改定率」
　⇒　これまで内閣府が示していた、前掲の表の「当該年度の人勧分増加率」の欄の率を指します。

○ 「加算当年度に適用を受けた基礎分及び賃金改善分に係る加算率」
　⇒　加算Ⅰ基礎分・賃金改善分を合わせた全体の加算率を言います。

この＜算式1＞によれば、人勧分の額を求めるには、加算Ⅰ基礎分・賃金改善分を合わせた全体の加算Ⅰ加算額に人勧分増加率を乗じ、加算Ⅰの全体の加算率で除すことになります。つまり、人勧分を算出するためには、加算Ⅰの加算額をもとに計算する、ということになります。

さきほど引用した計算例を使用し、令和5年度の人勧分増加率5.2%相当額を計算すると、人勧分は次のような計算で求めることになります。

　　1,006,500円×12か月＝12,078,000円　・・・　加算Ⅰ年額
　　12,078,000円÷15（%相当）＝805,200円　・・・　1%相当額
　　805,200円×5.2（%相当）＝4,187,040円　・・・　人勧分

このように、人勧分を計算する増加率は加算Ⅰに換算した率であることがわかります。現在でも地域によっては、前年度の職員への支給額に対する加算率である（例えば人勧分増加率が5%であれば、全職員への支給額を前年度から5%増額させる）という解釈をしている自治体が存在しているようですが、これは明確な誤りです。人勧分は、職員の支給額に対する上昇率ではなく、あくまで加算Ⅰの額に換算したときの上昇率に置き換えて、内閣府（今後はこども家庭庁）が示しているものであることに、注意が必要です。

第3章 処遇改善等加算Ⅱ

第1節　制度の概要

1．基本的な考え方

　処遇改善制度にはいくつかの区分があり、加算の内容ごとに取扱いが異なります。中でも加算Ⅱは、制度上比較的理解しやすいと考えられ、他のものと切り離して考えることができるため、初めに解説することにします。

　加算Ⅱは、職員の技能・経験の向上に応じた追加的な賃金の改善に要する費用に充てることを目的とした制度です。副主任保育士・中核リーダー・専門リーダー（月額４万円の処遇改善）・職務分野別リーダー（月額５千円の処遇改善）等を設けることにより、キャリアパスの仕組みを構築し、保育士等の処遇改善に取り組む施設・事業所に対して公定価格上で加算され、これを財源として職員の賃金改善を図ります。

　当年度の加算額が基準年度と比較して増額となる要素がある場合には「新規事由あり」に該当します。具体的には後ほど詳しく述べますが、新たに当年度から加算Ⅱの適用を受ける場合のほか、職員への支給基準額（月額４万円・５千円）が公定価格の改定により前年度より増額されたり、算定対象人数を求める算式が増加改正される場合などは、「新規事由あり」に該当することになります。加算Ⅱは新規事由の有無に関わらず、加算額の全額を確実に職員の賃金改善に充てなければなりません。

　このように、加算Ⅱは新規事由の有無によって考え方に若干の変化が生じますが、令和５年度の現状では多くの施設では加算Ⅱ新規事由に該当しないと考えられますので、「加算Ⅱ新規事由のない場合」を先に解説し、その後「加算Ⅱ新規事由のある場合」について解説することとしました。それぞれご自身の施設に該当する内容を選別して、ご確認ください。

2．すべての施設に共通する基本事項

⑴　支給対象となる職員の範囲

　基礎職員数・算定対象人数と公定価格単価から算出された加算Ⅱの加算額は、副主任保育士等（副主任保育士、専門リーダー）、職務分野別リーダー、幼稚園や認定こども園における中核リーダー、若手リーダーなどの職位を設けて、これらの職員に支給します。職位の名称に決まりはありませんが、就業規則や給与規程に明確な規定を設け、発令・職務命令等を発する必要があります。

　なお、公定価格算定上の対象外職員（自治体の単独補助事業による加配職員や、施設が独自に配置している職員）に対しても支給することができますが、併設されている学童保育所等の職員を支給対象にすることはできません。加算Ⅱが支弁される施設に係る職員にのみ、支給することができる、というのが基本的な考え方です。

　支給対象とできる職員とできない職員の考え方については、次のQ&AやFAQにその具体的な内容が示されています。

加算Ⅱ Q&A ///

1．対象職員について

問1　技能・経験に応じた処遇改善の対象となる職員は、保育士・教諭以外の職員（例えば、スクールバスの運転手や用務員）を加算対象にすることもできるのでしょうか。また、非常勤職員でもよいでしょうか。

（答）　月額4万円、5千円の加算は、園長・主任保育士等を除き、調理員、栄養士、事務職員、スクールバスの運転手などを含め、保育園・幼稚園等に勤務するすべての職員（非常勤職員含む）が対象になります。

問2　派遣職員についても処遇改善の加算対象にできるのでしょうか。

（答）　加算及び配分の対象となります。派遣元事業所を通じ、この場合においても当該職員の処遇改善が確実に行われることが確認されることが必要です。

問9　延長保育事業や併設されている放課後児童クラブなど通常保育とは別の事業に専従する職員や、幼稚園における預かり保育の専任担当者等について、処遇改善の加算対象とすることができますか。

（答）　公定価格で措置している通常の教育・保育とは異なる事業等に専従する職員については、処遇改善の対象外となります。

問10　公定価格上措置されていない職員（地方単独事業による加配職員や、園が独自に配置している職員）について、処遇改善の対象とすることができますか。

（答）　加算対象人数の算定には入りませんが、通常の教育・保育に従事する職員であれば、公定価格上措置されていない職員についても、処遇改善の加算及び配分の対象とすることが可能です。

加算Ⅱ 追加FAQ ///

No. 1-9　年度途中に採用した職員や研修修了要件を満たす職員等について、処遇改善の加算対象とすることはできるのでしょうか。

（答）　年度途中に採用した職員や、新たに発令を受け職位につく職員等に対しても、加算対象とすることが可能です。

No. 1-13　副主任保育士等については、月額4万円の賃金改善を行う者を1人以上確保する必要がありますが（人数Aに2分の1を乗じて得た人数が1未満となる場合には、確保不要）、月額4万円の賃金改善の対象となっている副主任保育士等が育児等のために短時間勤務を行うこととなったことにより、就業規則等に基づき給料を一定割合減じることになる場合、他に月額4万円の賃金改善を行う者を1人以上確保しなければならないのでしょうか。

（答）　月額4万円の賃金改善の対象となっている副主任保育士等が育児等のために一時的に短時間勤務を行うこととなったことにより、就業規則に基づき、基本給や手当の一定割合を減じることとなった場合には、短時間勤務となったことによる一時的な減額であることが確認でき、職位に応じた業務内容を適切に行っているのであれば、当該副主任保育士等を「月額4万円の賃金改善を行う者」として取り扱うことができます。

(2)　支給対象にできる職員の要件

　支給対象にできる範囲の職員であっても、支給対象となる職員は、次のような要件を満たしている必要があります。

　ア．副主任保育士等は概ね7年以上の経験年数を有している職員を対象とします。副主任保育士は、

「乳児保育」「幼児教育」「障害児保育」「食育・アレルギー」「保健衛生・安全対策」「保護者支援・子育て支援」の専門分野別研修の中から3つ以上の分野の研修とマネジメント研修を修了した職員を、専門リーダーは4つ以上の専門分野別研修を修了した職員を対象とすることが原則です。

イ．職務分野別リーダーは概ね3年以上の経験年数を有している職員を対象とします。専門分野別研修のいずれかの分野の研修を修了した職員を対象とすることが原則です。

ウ．中核リーダーはマネジメント分野を含む60時間以上、若手リーダーは15時間以上の研修を修了した職員を対象とすることが原則です。

エ．副主任保育士等、中核リーダーには令和8年度から、職務分野別リーダー、若手リーダーには令和6年度からこれらの研修修了要件を適用することとされ、それまでの間は段階的に修了することが求められます。

　　この点については、関係通知にも記載があるほか加算Ⅱ追加FAQにも具体的な記載があります。

加算Ⅱ追加FAQ ///

＜研修修了要件の適用＞

No. 2-1　研修修了要件は令和5年度から段階的に適用されますが、例えば、令和5年4月から処遇改善等加算Ⅱの適用を受ける施設において、以下の加算対象職員はいつまでに「施設型給付費等に係る処遇改善等加算Ⅱに係る研修修了要件について」（令和元年6月24日付け府子本第197号・元初幼教第8号・子保発0624第1号内閣府子ども・子育て本部参事官（子ども・子育て支援担当）、内閣府子ども・子育て本部参事官（認定こども園担当）、文部科学省初等中等教育局幼児教育課長及び厚生労働省子ども家庭局保育課長連名通知。以下「研修修了要件通知」という。）に定める研修を修了する必要があるのでしょうか。

　　①令和5年4月から副主任保育士等として処遇改善等加算Ⅱによる賃金改善を受ける職員
　　②令和5年10月から副主任保育士等として処遇改善等加算Ⅱによる賃金改善を受ける職員

（答）　加算対象職員は、処遇改善等加算Ⅱによる賃金改善を受ける月の前月までに研修修了要件通知に定める研修を修了する必要があります。よって、お尋ねの加算対象職員については、以下のとおりとなります。

　　①令和5年3月末までに研修修了要件通知に定める研修（経過措置期間のため1分野又は15時間以上の研修）を修了する必要があります。
　　②令和5年9月末までに研修修了要件通知に定める研修（経過措置期間のため1分野又は15時間以上の研修）を修了する必要があります。

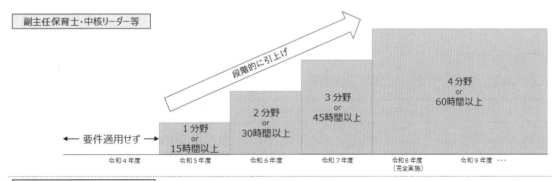

（令和3年6月18日子ども・子育て会議資料より）

オ．支給対象にできる職員は保育士や教諭に限られず、看護師や調理員、栄養士、事務職員等も含めて対象とすることができます。

(3)　支給すべき額

　原則的な支給額として、副主任保育士等、中核リーダーには月額4万円、職務分野別リーダー、若手リーダーには月額5千円を支給することが定められています。ただし、職員間の平等感の確保や管理的立場にある職員との逆転現象の回避のために、支給額の配分を検討する必要がある場合があります。このような施設では、月額4万円を支給する職員数を1人以上確保していれば、他の技能・経験を有する職員（施設長を除く。）に割り当てることができますが、1人当たりの支給額は月額5千円以上4万円未満とすることが必要です。また、もともと5千円の支給対象の職員に上乗せすることも可能です。

加算ⅡQ&A ////

2．配分方法について

問1　副主任保育士等に月額4万円の賃金改善を行うと、主任保育士の給与を超えてしまうのですが、主任保育士等に加算額を配分し、賃金改善を行うことはできないでしょうか。

（答）　主任保育士や主幹教諭に相当する職種、幼稚園等の副園長・教頭については、今回の処遇改善の主たる対象としていませんが、質問の例のように、各施設における給与水準のバランス等を踏まえて必要な場合には、これらの職種についても月額5千円以上月額4万円未満の範囲の賃金改善を行うことが可能です。

　※　副主任保育士等の給与が主任保育士の給与を超えない場合であっても、各施設における給与水準のバランス等を踏まえて必要な場合には、主任保育士等に月額5千円以上月額4万円未満の範囲の賃金改善を行うことが可能です。

　※　保育所等における副園長については、管理職としての位置付けが想定されることから、処遇改善の対象とはしていません。ただし、教育・保育現場で必要な専門性を有し、中核的な役割を担っていると認められる場合には、施設における給与水準のバランス等を踏まえて必要な場合には、月額5千円以上月額4万円未満の範囲の賃金改善を行うことが可能です。

問2　適当な対象者がいない場合、人数A、Bより少ない人数だけ処遇改善することはできますか。例えば、職務分野別リーダー等が1人もいない、という賃金改善も可能でしょうか。

（答）　副主任保育士等については、月額4万円の賃金改善を行う者を1人以上確保した上で（人数Aに2分の1を乗じて得た人数が1未満となる場合には、確保不要）、その残余について職務分野別リーダー等の賃金改善に配分することが可能ですので、その結果として、副主任保育士等の数が人数Aより少なくなることは差し支えありません。

　職務分野別リーダー等については、人数B以上の人数に5千円以上の賃金改善を行うことが必要です。

---

(4)　支給方法

　月額4万円または5千円の算定対象人数分の賃金改善は、基本給、または役職手当や職務手当など、職責若しくは職務に応じて毎月定額で支払われる手当とする必要があります。

　一般的に加算Ⅱとして加算される額は、月額4万円または5千円の支給に伴う社保等事業主負担額を加えた額より多い額であるため、月額支給だけでは加算額に残額が生じてしまうのが普通です。処遇改善を行った結果、未使用のまま年度末に残ってしまった額のことを「加算残額」と言います。（第1章第2節をご確認ください。）支給額が少ないことによって加算額を下回る場合の差額の追加支給にあたっ

ては、賞与や一時金などの方法に拠ることもできます。

加算ⅡQ&A

３．賃金改善額の算出方法等について

問２　副主任保育士、専門リーダー、職務分野別リーダーに関する賃金改善に対応する超過勤務手当の増額分については、処遇改善等加算Ⅱにおける賃金改善（見込）額に含むのでしょうか。

（答）　賃金改善は、月額で確実に行う必要があります。そのため、各月で変動する超過勤務手当の処遇改善に伴う増加分については、賃金改善（見込）額には含めないこととします。

問４　処遇改善等加算Ⅱの対象職員が、年度途中に計画時には想定していなかった事情により休業となった場合、どのように賃金改善を行えばいいでしょうか。

（答）　その場合には、代理の職員の発令等を行い、当該職員に対して賃金改善を行うことが基本となります。ただし、休業となった時期や園の職員構成等を考慮し、代理の職員の発令等が難しい場合には、別途代理の職員の発令等は行わず、施設職員の賃金改善に充てていただければ問題ありません。その際、対象者・改善額・改善方法については、施設において自由に行っていただくことが可能です。例えば、副主任保育士等として発令を行っていない職員に配分することや一時金によって支払うこと、翌年度の賃金改善に充てることも可能です。なお、この場合、結果として、副主任保育士等に対して月額４万円、職務分野別リーダー等に対して月額５千円を上回る配分となることなどは差し支えありませんが、その場合には、当初想定しえなかった事情による残額の調整であることが分かるように実績報告書に記載してください。

---

(5)　支給のために必要な手続き

　毎月の手当として支給するためには職位の発令が必要で、職位に応じた職務内容も定める必要があります。イメージとしては、これまで園規則などにおいて規定されていた「園長の業務」「主任保育士の業務」などに加えて、「副主任保育士の業務」や「○○リーダーの業務」などの欄を増設して、就業規則等に定めたうえで発令することになるでしょう。また、発令を受けた職員に対する手当の支給について、給与規程等において当該手当の項目を追加することも必要になります。

　具体的な発令等に関する取扱いは、加算ⅡQ&Aに記載があります。

加算ⅡQ&A

４．対象職員に対する発令等について

問２　処遇改善等加算Ⅱの対象職員に対する発令は、毎年度行う必要があるのでしょうか。

（答）　一度発令した職位等と同一の職位等に引き続き在職する場合であれば、改めて発令を行う必要はありません。

3．加算Ⅱ新規事由

　「**加算Ⅱ新規事由**」とは、後述する加算Ⅱの「**特定加算額**」を生ずる原因となる"事由"のことを指します。処遇改善通知に定められた加算Ⅱ新規事由には、次のようなものがあります。

処遇改善通知

(下線は筆者。以下同じ)

第5　加算Ⅱの要件

2　加算要件

⑴　加算Ⅱ新規事由がある場合

　ア　加算当年度における次に掲げる事由（以下「加算Ⅱ新規事由」という。）に応じ、賃金改善実施期間において、賃金改善等見込総額が特定加算見込額※を下回っていないこと。

　　i　加算前年度に加算の適用を受けており、加算当年度に適用を受けようとする加算Ⅱ-①若しくは加算Ⅱ-②の単価又は加算Ⅱ算定対象人数が公定価格の改定※により加算前年度に比して増加する場合（当該単価又は当該人数の増加のない施設・事業所において、当該単価又は当該人数の増加のある他の施設・事業所に係る特定加算見込額の一部を受け入れる場合を含む。）

　　ii　新たに加算Ⅱの適用を受けようとする場合

　　※　賃金改善に係る算定額（コにおいて原則として示す額）の増額改定による単価の増加及び1⑴の＜算式＞において基礎職員数に乗じる割合の増額改定による加算Ⅱ算定対象人数の増加に限り、法定福利費等の事業主負担分の算定額のみの増額及び基礎職員数の変動に伴う加算Ⅱ算定対象人数の増加を除く。

---

　iの「加算Ⅱ-①」はAの人数（4万円の算定対象人数）、「加算Ⅱ-②」はBの人数（5千円の算定対象人数）を、※（　）内の「コにおいて原則として示す額」は4万円と5千円という支給時に原則となる額を指します。ですからこれを解読して簡単に示すと、加算Ⅱ新規事由にあたるのは次のような場合です。

　ア．加算前年度に加算の適用を受け、4万円・5千円という支給額や基礎職員数に乗ずる割合（1／3、1／5）の変更により、加算額が前年度から増加する場合

　イ．①に該当しない施設が①に該当する他の施設から加算Ⅱの移動を受ける場合

　ウ．新たに加算Ⅱの適用を受けようとする場合

　このことについては、公定価格FAQの中にも次のような記載があります。

公定価格FAQ

Q167　次のような事例は処遇改善等加算Ⅱの「新規事由」に該当しますか。

　　　①別表に定める「基礎職員数」の改正（例：「栄養管理加算」の追加）があった場合

　　　②利用児童の増加や他の加算取得により「基礎職員数」が増加する場合

A）　処遇改善等加算Ⅱについて、「加算新規事由がある」とは、以下に該当する場合のみを指します。

　・賃金改善に係る算定額（【加算Ⅱ-①】40,000円・【加算Ⅱ-②】5,000円）の増額改定による単価の増加

　・基礎職員数に「乗じる割合」（【加算Ⅱ-①】1／3・【加算Ⅱ-②】1／5）の改定による加算Ⅱ算定対象人数の増加

　したがって、質問にあります①・②の場合は、加算Ⅱ新規事由には該当しません。

　一般に新規施設等におけるウの新たな適用申請を除けば、制度改正を伴って初めて加算Ⅱ新規事由が発生しますので、ほとんどの施設では加算Ⅱ新規事由はないと言えます。また将来、制度変更によって「加算Ⅱ新規事由」に該当する場合には、日本全国の該当するすべての施設がこれに該当することになるため、何らかの通知や事務連絡による注意喚起が行われるものと想像されます。

　例えば、加算Ⅱの令和6年度はすべての種別の施設で公定価格における加算単価が増額されていますが、このような増額は4万円、5千円の増額が行われたものではなく、単に社会保険料の料率変更などを要因とするものであり、「加算Ⅱ新規事由」には該当しません。

4．基準年度

　当年度の賃金水準と比較する対象となる年度のことを「**基準年度**」と言います。言い換えると起点賃金水準を算定する年度のことで、加算Ⅱ新規事由の有無によって変化します。加算Ⅱ新規事由がない場合は、基準年度を「前年度」とすることが原則ですが、例外として「3年度前の年度」を選択することもできます。実務的には、基準年度を前年度とすることが一般的で、書類作成の観点からもその方が容易であると言えますので、特に重要な事情がない限りは、基準年度は前年度と考えていただいて差し支えないと言えそうです。

処遇改善通知

第5　加算Ⅱの要件

2　加算要件

⑴　加算Ⅱ新規事由がある場合

　キ　「起点賃金水準」とは、次に掲げる場合に応じ、それぞれに定める<u>基準年度の賃金水準</u>（役職手当、職務手当など職位、職責又は職務内容等に応じて、決まって毎月支払われる手当及び基本給に限る。また、当該年度に係る加算残額（令和4年度の加算Ⅲに係るものを除く。）を含み、基準年度の前年度に係る加算残額の支払並びに令和4年度の加算Ⅲ等による賃金改善額を除く。）に、基準翌年度から加算当年度までの公定価格における人件費の改定分を合算した水準をいう。

　　　a　Ａⅰの場合　<u>加算前年度の賃金水準。ただし、施設・事業所において基準年度を加算前年度とすることが難しい事情があると認められる場合には、加算当年度の3年前の年度の賃金水準とすることができる。</u>

　　　b　Ａⅱの場合　次に掲げる場合に応じ、それぞれに定める基準年度の賃金水準

　　　　　b－1　加算前年度に加算Ⅱの適用を受けておらず、それ以前に適用を受けたことがある場合　<u>加算Ⅱの適用を受けた直近の年度。</u>

　　　　　b－2　加算当年度に初めて加算Ⅱの適用を受けようとする場合　<u>加算前年度。</u>

⑵　加算Ⅱ新規事由がない場合

　オ　「起点賃金水準」とは、<u>基準年度の賃金水準（加算前年度の賃金水準。ただし、施設・事業所において基準年度を加算前年度とすることが難しい事情があると認められる場合には、加算当年度の3年前の年度の賃金水準とすることができる。</u>また、役職手当、職務手当など職位、職責又は職務内容等に応じて、決まって毎月支払われる手当及び基本給に限る。基準年度に係る加算残額（令和4年度の加算Ⅲに係るものを除く。）を含み、基準年度の前年度に係る加算残額の支払並びに令和4年度の加算Ⅲ等による賃金改善額を除く。算定方法は、第4の2⑴サに準じる。）に、<u>基準翌年度から加算当年度までの公定価格における人件費の改定分を合算した水準</u>（千円未満の端数は切り捨て）をいう。

---

　(1)に示された「アⅰの場合」や「アⅱの場合」については、「3　加算Ⅱ新規事由」に引用した処遇改善通知をご確認ください。

　なお「3年度前の年度」を選択することができる場合として、公定価格FAQには次のような例が示されています。

公定価格FAQ ////

Q167　基準年度について、「加算前年度とすることが難しい事情があると認められる場合」には、加算当年度の3年前の年度とすることも可能とされていますが、具体的にはどのような場合が該当するのでしょうか。

A)　施設・事業所において、加算前年度以前に国による処遇改善を超える賃金改善を先立って行っている場合や人事院勧告に伴う国家公務員給与改定を踏まえた公定価格の減額改定を反映させず、給与水準を維持した場合等を想定しています。

　加算Ⅱ新規事由と基準年度との関係は、下図のようにまとめることができます。

【加算Ⅱ新規事由と基準年度との関係】

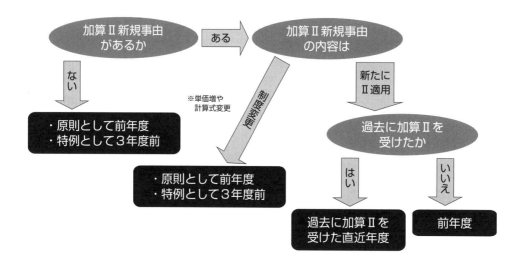

第2節　加算Ⅱ新規事由がない場合

1．賃金改善計画書

(1)　加算見込額の計算

　「加算見込額」は年度当初の計画書作成時に算定する加算予定額で、算定対象人数（人数Ａと人数Ｂ）と加算単価をもとに計算します（第2章も参照してください。）。計画時は人勧前なので当初単価で計算します。例えば、令和5年度の人数Ａが5人、人数Ｂが3人の施設の場合、次のように計算します。この額から法定福利費等の事業主負担分を控除した残りの額を、全職員に配分支給するように計画を立てます。

＜加算Ⅱの加算見込額を算出する計算式＞（単価は令和5年度当初単価）

保育所の場合
　48,900円×5人×12か月（千円未満切捨て）＋6,110円×3人×12か月（千円未満切捨て）
　　　　　　　　　　　　　　　　　　　　　　　　　　　　　　　　　　＝3,153,000円

認定こども園の場合
　50,140円×5人×12か月（千円未満切捨て）＋6,270円×3人×12か月（千円未満切捨て）
　　　　　　　　　　　　　　　　　　　　　　　　　　　　　　　　　　＝3,233,000円

　第2章でご紹介したように、保育所において実際に加算Ⅱとして加算される額は、単価（48,900円と6,110円）にそれぞれ算定対象人数を乗じ、合計額を各月の初日在籍児童数で除して10円未満を切り捨てた額を加算単価とします。また、認定こども園では同様の計算を、1号認定子どもと2・3号認定子どもそれぞれ別々に行います。これらの計算の過程では10円未満切捨ての処理を行いますから、上に示した計算式による額とは一致しません。

　つまり、実際に施設に支払われる額と加算見込額は一致せず、計算の途中で"10円未満切り捨て"の処理を行う必要のないような奇跡的な在籍児童数でない限り、実際に支払われる額の方が加算見込額よりも少ない金額になります。

　実は、加算見込額を求める計算式をこのようにすることは、処遇改善通知には明確に記載されていません。唯一記載されているのは次の部分です。

処遇改善通知

第5　加算Ⅱの要件
2　加算要件
　(1)　加算Ⅱ新規事由がある場合
　　ク　「特定加算見込額」とは、賃金改善実施期間における加算見込額のうち加算Ⅱ新規事由に係る額として、次に掲げる施設・事業所の区分に応じ、それぞれに定めるところにより算定した額をいう。
　　　＜アⅱの場合＞
　　a　家庭的保育事業、事業所内保育事業（利用定員5人以下の事業所に限る。）及び居宅訪問型保育事業を行う事業所以外の施設・事業所　加算Ⅱの区分に応じてそれぞれに定める＜算式＞により算定した額の合算額
　　　＜算式＞
　　　　加算Ⅱ－①「加算当年度の単価」×「加算当年度の人数Ａ」×「賃金改善実施期間の月数」（千円未満の端数は切り捨て）
　　　　加算Ⅱ－②「加算当年度の単価」×「加算当年度の人数Ｂ」×「賃金改善実施期間の月数」（同）

「アⅱの場合」とは「新たに加算Ⅱの適用を受けようとする場合」のことで、この場合は「加算Ⅱ新規事由」に該当するのでした。新たに適用を受けるということは、基準年度である前年度には加算Ⅱを受けていなかったわけですから、当年度は加算Ⅱ全額が前年度から増加した額と言えます。しかしその加算全額である加算見込額を求める計算式は、在籍児童数で除したり10円未満を切り捨てたりする処理を行わず、単純に「単価×人数×月数」とすることが述べられています。

また、第1章でご紹介した「記載説明書」には、「加算Ⅱ新規事由」がない施設の場合の加算見込額の計算式について、明確に記載されています。なお「記載説明書」において「様式6」と記載されている様式は、現在の処遇改善通知における「別紙様式7」にあたります。

記載説明書

【様式6・計画書Ⅱ】(1)賃金改善について　　　　　　　　　　　　　　　　　　　(P.76)

②　加算見込額
　　加算Ⅱの区分に応じてそれぞれに定める算式により算定した額の合算額
　＜加算Ⅱ－①＞
　　「加算当年度の単価」×「加算当年度の人数A」×「賃金改善実施期間の月数」（千円未満の端数は切り捨て）
　＜加算Ⅱ－②＞
　　「加算当年度の単価」×「加算当年度の人数B」×「賃金改善実施期間の月数」（千円未満の端数は切り捨て）

「記載説明書」は令和2年10月に内閣府子ども・子育て本部から示された資料であり、当時は現在の処遇改善通知が示される以前であったことから少し古いとは言えますが、加算Ⅱの考え方は当時から変更されてはいませんし、処遇改善通知の他の部分に記載されている内容と比較してみても、冒頭の計算式によって算出することが妥当と推察できるわけです。

(2)　支給要件の判定

加算Ⅱとして支給しなければならない額の判定基準については、処遇改善通知において次のように定められています。

処遇改善通知

第5　加算Ⅱの要件
2　加算要件
　(2)　加算Ⅱ新規事由がない場合
　　ア　賃金改善実施期間において、次に掲げる要件を満たしていること。
　　　ⅰ　(1)エ①から③までの職員に係る賃金見込総額が当該職員に係る起点賃金水準を下回っていないこと。
　　　ⅱ　加算当年度における(1)エ①から③までの職員に係る役職手当、職務手当など職位、職責又は職務内容等に応じて、決まって毎月支払われる手当及び基本給（加算Ⅱにより改善を行う部分に限り、これに対応する法定福利費等の事業主負担分を含む。）の総額が加算当年度の加算Ⅱによる加算見込額を下回っていないこと。
　　オ　「起点賃金水準」とは、基準年度の賃金水準（中略）に、基準翌年度から加算当年度までの公定価格における人件費の改定分を合算した水準（千円未満の端数は切り捨て）をいう。

　これによれば、加算Ⅱの支給額については、2つの要件があることがわかります。

　第一に、加算Ⅱ支給対象職員の賃金見込総額が、"起点賃金水準に当年度の人勧分を加えた額"を下回らないことです。「(1)エ①から③までの職員」とは、加算Ⅱの支給対象となる職員を指します。これは、加算Ⅱの支給対象となる職員について、基準年度（原則として前年度。3年度前を選択可能。）の賃金水準を下回らないことを求めたものです。簡単に言えば、基準年度の賃金水準を確保したうえで、加算Ⅱを上乗せする必要がある、ということです。

　第二に、加算Ⅱの加算見込額を全額支給することです。通知には「決まって毎月支払われる手当及び基本給」とあります。加算Ⅱの毎月の定額での支給額は5,000円以上40,000円以下にしなければなりませんから、そのままではほぼ確実に差額分（以下「支給不足額」と言います。）が発生します。しかし書類等の簡略化を図る観点から言えば、加算残額が生じないように年度内に支給することが望ましいことは、前述したとおりです。

【要件1】今年度の賃金見込総額　≧　起点賃金水準（基準年度の賃金水準＋人勧分）

【要件2】加算Ⅱ加算見込額　≦　加算Ⅱ支給額　＋　社保等事業主負担額

（それぞれ支給不足額を含む。）

　ただし、【要件1】の起点賃金水準に含まれる人勧分は、計画時においてはまだ人勧そのものが行われていませんので「ゼロ（0）」として計算します。

公定価格FAQ

　Q170　計画段階においては、加算当年度の人件費の改定分に係る改定率は0％でよろしいでしょうか。

　A）　計画書提出時に加算当年度の人件費の改定率が示されていない場合は、当該部分は0％として取扱います。

(3)　職員への配分方法

　初めに、毎月決まって支払われる手当や基本給による支給対象職員と月額を決めます。例えば算定対象人数が、Aの人数が5人、Bの人数が3人の場合、40,000円×5人＋5,000円×3人＝215,000円を配分します。この額を職員に配分して支給するには、もちろん職務内容や発令等の前提はありますが、支給額にのみ着目すると、処遇改善通知に次のように定められています。

処遇改善通知

第5　加算Ⅱの要件

2　加算要件

　(2)　**加算Ⅱ新規事由がない場合**

　　カ　加算の区分に応じた賃金改善の対象者等については(1)ケに、個別の職員に対する賃金の改善額については(1)コに、それぞれ準じる。

　(1)　**加算Ⅱ新規事由がある場合**

　　コ　個別の職員に対する賃金の改善額は、次に掲げる職員の区分に応じそれぞれに定める要件を満たすこと。

　　　i　副主任保育士等　原則として月額4万円[注1]。ただし、月額4万円の改善を行う者を1人以上確保した上で[注2]、それ以外の副主任保育士等[注3]について月額5千円以上4万円未満の改善額とすることができる。

ii　職務分野別リーダー等　原則として月額5千円^(注1)。ただし、副主任保育士等において月額4万円の改善を行う者を1人以上確保した場合には、<u>月額5千円以上4万円未満の改善額</u>^(注4)とすることができる。

(注1)　例えば、法定福利費等の事業主負担がない又は少ない非常勤職員の賃金の改善を図っているなど、事業主負担額の影響により前年度において残額が生じた場合には、その実績も加味し、計画当初から原則額を上回る賃金の改善額を設定することが望ましい。

(注2)　「人数A」に2分の1を乗じて得た人数が1人未満となる場合には、確保することを要しない。家庭的保育事業、事業所内保育事業（利用定員5人以下の事業所に限る。）及び居宅訪問型保育事業にあっても同じ。

(注3)　ケ（注1）により園長以外の管理職に対して加算Ⅱ－①による賃金の改善を行う必要がある場合に限っては、当該園長以外の管理職を含む。

(注4)　ⅰのただし書による副主任保育士等（園長以外の管理職は含まない。）に対する改善額のうち最も低い額を上回らない範囲とする。

　副主任保育士等に対しては原則として月額4万円を、職務分野別リーダー等には月額5千円を支給しますが、月額4万円を支給する職員を1名以上確保し、職務分野別リーダーが人数B以上いれば、残りの財源をそれ以外の職員（施設長を除く）に対して配分することが可能になります。ただしその場合には、それぞれの職員に対する支給額が5千円以上4万円以上になるようにしなければならず、また職務分野別リーダーに対して5千円に加えて配分する場合には、副主任保育士等に対する改善額のうち最も低い額を上回らない範囲としなければなりません。

(4)　支給不足額の支給

　加算見込額の中から毎月決まって支払われる手当や基本給を支給すると、それに付随する社保等事業主負担額が発生しますが、それだけでは通常の施設では加算見込額を使い切ることにはならないため、「加算見込額」と「月額支給額＋社保等事業主負担額」の差額である支給不足額を職員に追加で支給しなければならないことは、すでに述べた通りです。

　では、実際の例を用いて計算してみましょう。

設　例

申請年度：令和5年度　施設種別：幼保連携型認定こども園

加算対象人数：Aは5人、Bは3人

加算単価：Aは50,140円、Bは6,270円

令和4年度決算における資金収支計算書計上額：

職員給料支出	62,682,750円
職員賞与支出	14,775,090円
非常勤職員給与支出	10,744,660円（嘱託医・講師等の報酬は含まれていない）
法定福利費支出	12,210,381円
退職給付引当資産支出	1,005,630円

ア．まず社保等事業主負担割合を計算します。

68,682,750円＋14,775,090円＋10,744,660円＝94,202,500円　・・・賃金合計

12,210,381円＋1,005,630円＝13,216,011円・・・令和4年度社保等事業主負担額

13,216,011円÷94,202,500円≒0.14029（小数第6位を四捨五入）

イ．加算見込額を計算します。

50,140円×5人×12か月（千円未満切捨て）＋6,270円×3人×12か月（千円未満切捨て）
＝3,233,000円

ウ．毎月の月額手当等で支給すべき額を計算します。

（40,000円×5人＋5,000円×3人）×12か月＝2,580,000円

エ．毎月の月額手当等で支給すべき額に対する社保等事業主負担額を計算します。

2,580,000円×0.14029＝361,948円（小数第1位を切捨て）

オ．支給不足額を計算します。

3,233,000円－（2,580,000円＋361,948円）＝291,052円

カ．支給不足額に含まれる社保等事業主負担額を除外するため、次の計算をします。端数処理等の関係から、確実に要支給額を超えるようにするために、1円未満を切上げておくことが無難です。

291,052円÷（1＋0.14029）＝255,244円（1円未満切上げ）

　この額を一時金等で追加支給します。計画時には、この額についても支給計画を作成する必要があります。なお支給不足額の支給についても、加算Ⅱの制度の主旨に鑑みて、施設長を除く職員に限定して支給する計画とします。

キ．支給不足額に含まれる社保等事業主負担額を求めます。

255,244円×0.14029＝35,808円（小数第1位を四捨五入）

ク．最後に、支給額と社保等事業主負担額の合計額が、加算見込額以上の額であることを確認します。

2,580,000円＋361,948円＋255,244円＋35,808円＝3,233,000円⇐加算見込額以上

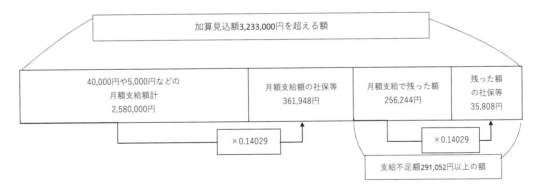

(5)　申請書類の作成

　年度当初において提出する申請書類は、原則として処遇改善通知に用意されている次の3つの書類です。ただし、自治体単独で人件費補助金等を拠出している場合には、自治体が定めた書類を提出する必要がありますので、注意する必要があります。

　ここでは、各自治体で独自に作成している様式には触れることができませんので、処遇改善通知に定められている様式についてのみ、説明します。

　次の書類のうち、作成順序としては、ウを必要に応じて作成した後にイを作成し、最後にアを仕上げ

るとスムーズでしょう。

【処遇改善通知に定められた申請時に提出すべき書類】

ア．別紙様式7「賃金改善計画書（処遇改善等加算Ⅱ）」

イ．別紙様式7別添1

ウ．別紙様式7別添2（同一法人内において施設間での加算Ⅱの移動を行う場合にのみ作成）

　同一法人内の他の施設・事業所に加算Ⅱの加算額の一部を拠出する場合には、拠出する側と受け入れる側で、ウの別紙様式7別添2を作成します。事業所全体分をまとめて記載する書式となっていますので、拠出側・受入側の両方で同じ書類を作成します。また、拠出合計額と受入合計額は同じです。この書式の項目のうち「基準年度からの増減額」とは、加算前年度からの増減額のことを指します。拠出額と受入額は、別紙様式7の(3)に自動転記されますが、(1)②の「加算見込額」には自動では反映されないので、調整した額を記載する必要があります。

　なお、この加算Ⅱの他の施設への配分については、令和4年度までの特例とされていましたが、その期限は令和6年度まで延長されることになりました。また施設間での移動上限額は、加算見込額の20%とされていることに留意します。

別紙様式7別添2

施設・事業所名	

同一事業者内における拠出見込額・受入見込額一覧表

番号	都道府県名	市町村名	施設・事業所名※1	他事業所への拠出額（円）	うち基準年度からの増減額（円）	他事業所からの受入額（円）	うち基準年度からの増減額（円）
例1	○○県	○○市	○○保育所	40,000			
例2	○○県	○○市	○○保育所			40,000	
合計				0	0	0	0

※1　同一事業者が運営する全ての施設・事業所（特定教育・保育施設及び特定地域型保育事業所）について記入すること。

　次に別紙様式7別添1を作成します。どの職員にいくら支給するのかを記載します。支給不足額の支給計画は、記載説明書のP82では各行の職員ごとに加算して記載することを求めていますが、各行は「月額×月数×人数」を記載する様式になっているため、一時金で支給する場合には事実上記載することができません。この内容を記載することを可能にするため、右下の欄外や別紙で記載することもできることとされています。ただし、各行に記入するなど、各自治体で記載方法を指定しているケースもありますので、自治体に確認していただくことが望ましいと考えられます。

別紙様式7別添1

施設・事業所名 _____

(4) 副主任保育士等に係る賃金改善について（内訳）

記載例に従って、下記の表に記載すること（職名・職種・改善する給与項目、算出方法が同じ場合には、まとめて記載すること）。

番号	職名	職種	改善した給与項目	処遇改善等加算Ⅱによる賃金改善額	うち基準翌年度から加算当年度における賃金改善分 ※加算Ⅱ新規事由がある場合のみ記入
例1	副主任保育士	保育士	基本給	40,000円 × 12月 × 2人 = 960,000円	2,000円 × 12月 × 2人 = 48,000円
例2	副主任保育士	保育士	手当	40,000円 × 12月 × 1人 = 480,000円	2,000円 × 12月 × 1人 = 24,000円
例3	指導教諭	幼稚園教諭	基本給	40,000円 × 12月 × 1人 = 480,000円	2,000円 × 12月 × 1人 = 24,000円
例4	専門リーダー	保育士	基本給	40,000円 × 12月 × 1人 = 480,000円	2,000円 × 12月 × 1人 = 24,000円
例5	専門リーダー	調理員	基本給	30,000円 × 12月 × 1人 = 360,000円	1,000円 × 12月 × 1人 = 12,000円
1				円 × 月 × 人 = 0円	円 × 月 × 人 = 0円
2				円 × 月 × 人 = 0円	円 × 月 × 人 = 0円
3				円 × 月 × 人 = 0円	円 × 月 × 人 = 0円
4				円 × 月 × 人 = 0円	円 × 月 × 人 = 0円 （空欄）
5				円 × 月 × 人 = 0円	円 × 月 × 人 = 0円
6				円 × 月 × 人 = 0円	円 × 月 × 人 = 0円
7				円 × 月 × 人 = 0円	円 × 月 × 人 = 0円
8				円 × 月 × 人 = 0円	円 × 月 × 人 = 0円
9				円 × 月 × 人 = 0円	円 × 月 × 人 = 0円
10				円 × 月 × 人 = 0円	円 × 月 × 人 = 0円
①賃金改善見込額　計				0円	
②上記に対応する法定福利費等の事業主負担分の総額				円	
③①+②				0円	

（吹き出し）計画時点では、人数A×40,000円(令和5年度現在単価) 人数B×5,000円(令和5年度現在単価) の支給内訳を記入します。自治体により、支給不足額の支給方法についても記載するよう求められることもあります。

（吹き出し）①×社保等事業主負担割合

（吹き出し）自治体により、支給不足額をどのように支給するのかわかるよう記載することを求められる場合があります。

(5) 職務分野別リーダー等に係る賃金改善について（内訳）

記載例に従って、下記の表に記載すること（職名・職種・改善する給与項目、算出方法が同じ場合には、まとめて記載すること）。

番号	職名	職種	改善した給与項目	処遇改善等加算Ⅱによる賃金改善額	うち基準翌年度から加算当年度における賃金改善分 ※加算Ⅱ新規事由がある場合のみ記入
例1	○○○リーダー	保育士	基本給	5,000円 × 12月 × 2人 = 120,000円	2,000円 × 12月 × 2人 = 48,000円
例2	◇◇◇リーダー	幼稚園教諭	基本給	5,000円 × 12月 × 1人 = 60,000円	2,000円 × 12月 × 1人 = 24,000円
例3	△△△リーダー	事務員	手当	5,000円 × 12月 × 1人 = 60,000円	2,000円 × 12月 × 1人 = 24,000円
例4	□□□リーダー	調理員	基本給	5,000円 × 12月 × 1人 = 60,000円	1,000円 × 12月 × 1人 = 12,000円
1				円 × 月 × 人 = 0円	円 × 月 × 人 = 0円
2				円 × 月 × 人 = 0円	円 × 月 × 人 = 0円
3				円 × 月 × 人 = 0円	円 × 月 × 人 = 0円
4				円 × 月 × 人 = 0円	円 × 月 × 人 = 0円 （空欄）
5				円 × 月 × 人 = 0円	円 × 月 × 人 = 0円
6				円 × 月 × 人 = 0円	円 × 月 × 人 = 0円
7				円 × 月 × 人 = 0円	円 × 月 × 人 = 0円
8				円 × 月 × 人 = 0円	円 × 月 × 人 = 0円
9				円 × 月 × 人 = 0円	円 × 月 × 人 = 0円
10				円 × 月 × 人 = 0円	円 × 月 × 人 = 0円
①賃金改善見込額　計				0円	
②上記に対応する法定福利費等の事業主負担分の総額				円	
③①+②				0円	

（吹き出し）計画時点では、人数A×40,000円(令和5年度現在単価) 人数B×5,000円(令和5年度現在単価) の支給内訳を記入します。自治体により、支給不足額の支給方法についても記載するよう求められることもあります。

（吹き出し）①×社保等事業主負担割合

（吹き出し）自治体により、支給不足額をどのように支給するのかわかるよう記載することを求められる場合があります。

　最後に「賃金改善計画書（処遇改善等加算Ⅱ）」（別紙様式7）を作成します。本書では、セルの色が示せませんが（以下同じ）、実際のエクセルシートへの入力に当たっては、黄色い欄は他のシート等から自動転記される部分ですから、肌色の欄のみ手入力します。

❶　(1)の各欄の記載

　①の「加算Ⅱ新規事由」の欄はプルダウンメニューから「なし」を選択します。

　②には「加算算定人数等認定申請書」（別紙様式3）または「処遇改善等加算Ⅱ加算対象職員計算表」を用いて算出した、人数Aと人数Bの人数を記載し、「加算見込額」には、この第3章冒頭でご紹介した計算方法で算出した額を記載します。他の施設・事業所との移動額がある場合は、移動額分を加減算して調整します。

　③の特定加算見込額の欄は空欄とします。

　④には加算Ⅱの実施期間を記載しますが、年度途中の開園など、特殊な事情がなければ、通常は当年度の4月から翌年3月までとします。

❷　(2)の各欄の記載

　①と②、⑤は自動計算欄ですから記入不要、⑦は当年度の人勧前であることから空欄、⑩も空欄です。

　③には、当年度の加算Ⅱ対象職員に対して毎月支給される基本給と、職責や職務内容等に応じて支給される役職手当、職務手当等の年額（加算Ⅱの額を含みます。）のほか、加算Ⅱの支給不足額の支給額を加えた額を記載することが適切と考えられます。

　④には、③の額に前年度の加算残額が含まれている場合は、その額を記載します。支給不足額が年度末まで未支給のまま残ってしまうと、「加算残額」となって翌年度までに支給することが必要になり、翌年度の計画書におけるこの欄などの記載を考慮する必要が生じてしまうことから、その年度内に支給を完了して「加算残額」としないことが事務作業の簡素化につながります。

　⑥には加算前年度の賃金水準における額を、③と同様にして記載します。③に加算Ⅱの支給不足額分を含めている場合には、⑥にも同様に含めて算出します。

　⑧には、令和5年度に限り、加算Ⅱ対象職員の令和4年度の加算Ⅲによる支給額を記載します。また、令和4年4月から9月の臨時特例年等補助金による支給額も含めて記載を求められることが一般的です。

　⑨には、前年度に加算Ⅱの対象であった職員が、当年度に対象外となった場合について、その額を記載します。そしてそのような職員がいる場合は、その額を⑥にも含める必要があります。ただし、当年度の加算Ⅱ対象職員に限定して計画書を作成するという考え方に拠るならば、この欄は記入をしないという方法も考えられ、実際にそのように求める自治体も少なくありません。

　また確認欄には、法定福利費等が少ないことによって支給不足額が発生することは差し支えない旨が明記されており、計画書においては「決まって毎月支払われる手当及び基本給」の部分についてのみ、確認することを担保しようとしていると言えそうです。しかし自治体によっては、別紙様式7別添1において支給不足額が発生しないような記載を求める場合がありますので、注意が必要です。

　別紙様式7の(2)の③と⑥の記載方法について、補足しておきましょう。これらの項目欄の説明には、次のように書かれています。

別紙様式7

令和　年度賃金改善計画書（処遇改善等加算Ⅱ）

市　町　村　名			0
施　設・事業所名			0
施　設・事業所類型			0
施　設・事業所番号	0	0	0	

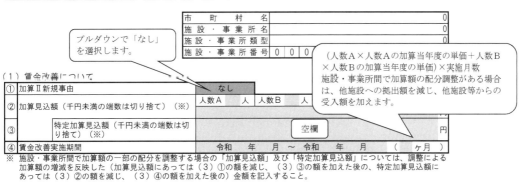

プルダウンで「なし」を選択します。

（人数A×人数Aの加算当年度の単価＋人数B×人数Bの加算当年度の単価）×実施月数
施設・事業所間で加算額の配分調整がある場合は、他施設への拠出額を減じ、他施設等からの受入額を加えます。

（1）賃金改善について

①	加算Ⅱ新規事由		なし			
②	加算見込額（千円未満の端数は切り捨て）（※）		人数A　　　人	人数B　　　人		
③		特定加算見込額（千円未満の端数は切り捨て）（※）	空欄			円
④	賃金改善実施期間		令和　年　月 ～ 令和　年　月（　　ヶ月）			

※　施設・事業所間で加算額の一部の配分を調整する場合の「加算見込額」及び「特定加算見込額」については、調整による加算額の増減を反映した（加算見込額にあっては（3）①の額を減じ、（3）③の額を加えた後の、特定加算見込額にあっては（3）②の額を減じ、（3）④の額を加えた後の）金額を記入すること。

（2）賃金改善等見込総額

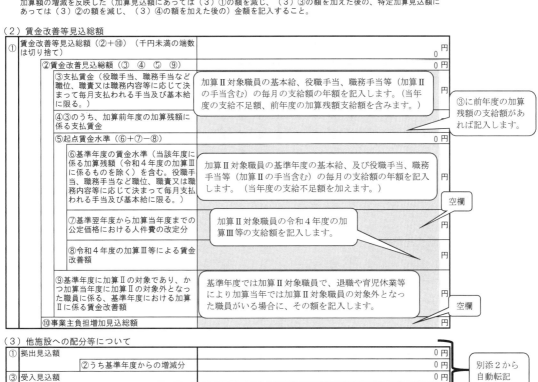

①	賃金改善等見込総額（②＋⑩）（千円未満の端数は切り捨て）		0 円
	② 賃金改善見込額（③ ④ ⑤ ⑨）		0 円
	③ 支払賃金（役職手当、職務手当など職位、職責又は職務内容等に応じて決まって毎月支払われる手当及び基本給に限る。）	加算Ⅱ対象職員の基本給、役職手当、職務手当等（加算Ⅱの手当含む）の毎月の支給額の年額を記入します。（当年度の支給不足額、前年度の加算残額支給額を含みます。）	円
	④ ③のうち、加算前年度の加算残額に係る支払賃金		円
	⑤ 起点賃金水準（⑥＋⑦－⑧）		0 円
	⑥ 基準年度の賃金水準（当該年度に係る加算残額（令和4年度の加算Ⅲに係るものを除く）を含む。役職手当、職務手当など職位、職責又は職務内容等に応じて決まって毎月支払われる手当及び基本給に限る。）	加算Ⅱ対象職員の基準年度の基本給、及び役職手当、職務手当等（加算Ⅱの手当含む）の毎月の支給額の年額を記入します。（当年度の支給不足額を加えます。）	円
	⑦ 基準翌年度から加算当年度までの公定価格における人件費の改定分	加算Ⅱ対象職員の令和4年度の加算Ⅲ等の支給額を記入します。	円
	⑧ 令和4年度の加算Ⅲ等による賃金改善額		円
	⑨ 基準年度に加算Ⅱの対象であり、かつ加算当年度に加算Ⅱの対象外となった職員に係る、基準年度における加算Ⅱに係る賃金改善額	基準年度では加算Ⅱ対象職員で、退職や育児休業等により加算当年では加算Ⅱ対象職員の対象外となった職員がいる場合に、その額を記入します。	円
	⑩ 事業主負担増加見込総額		円

③に前年度の加算残額の支給額があれば記入します。

空欄

空欄

（3）他施設への配分等について

①	拠出見込額		0 円
	② うち基準年度からの増減分		0 円
③	受入見込額		0 円
	④ うち基準年度からの増減分		0 円

別添2から自動転記

※　別紙様式7別添2の「同一事業者内における拠出見込額・受入見込額一覧表」を添付すること。

※確認欄

＜加算Ⅱ新規事由がある場合＞（以下のBの額がAの額以上であること（※1））

| A | 特定加算見込額【（1）③】 | 円 |
| B | 賃金改善等見込総額【（2）①】 | 円 |

※1　原則、賃金改善額（B）は、加算額（A）以上であることが必要だが、法定福利費の事業主負担増加額が少ないことにより、Aの額を下回ることは差し支えない。その場合、その差額については、別途、職員の処遇改善に充てること。

＜加算Ⅱ新規事由がない場合＞（以下のBの額がAの額以上であることかつDの額がCの額以上であること（※2））

A	加算前年度の賃金水準（起点賃金水準）【（2）⑤－（3）②＋（3）④（※3）】	円
B	賃金見込総額【（2）③－（2）④】	0 円
C	加算見込額【（1）②】	0 円
D	加算Ⅱに係る手当又は基本給の総額【別紙様式7別添1（4）③＋別紙様式7別添1（5）③】	0 円

（3）②と（3）④を（1＋事業主負担割合）で除して事業主負担分を控除した額を求めます。
その後その額を使って、（2）⑤－（3）②（事業主負担控除後）＋（3）④（事業主負担控除後）を計算します。

法定福利費等の事業主負担額が少ないことによってC＞Dになることが、自治体によってはあるほか、C≦Dとなるような計画を求められる場合もあります。

※2　原則、賃金改善額（D）は、加算額（C）以上であることが必要だが、法定福利費の事業主負担増加額が少ないことにより、Cの額を下回ることは差し支えない。その場合、その差額については、別途、職員の処遇改善に充てること。

※3　（3）②及び（3）④から法定福利費等の事業主負担分を除いたうえで算出すること。

上記について、すべての職員に対し、周知をした上で、提出していることを証明いたします。

令和　年　月　日	
事　業　者　名	
代　表　者　名	

> ③　支払賃金（役職手当、職務手当など職位、職責又は職務内容等に応じて決まって毎月支払われる手当及び基本給に限る。）
>
> ⑥　基準年度の賃金水準（当該年度に係る加算残額を含む。役職手当、職務手当など職位、職責又は職務内容等に応じて決まって毎月支払われる手当及び基本給に限る。）

　⑥には"加算残額を含む"旨の記述があります。③には加算当年度の支払賃金として、一時金で支給する予定の支給不足額を含む旨の記載はありませんが、この文章を素直に読めば、基本給に加え、特殊業務手当や役職手当などのように、業務に関連し、毎月定額で支払う手当のみを算入する、と読むことができます。そうであれば、賞与は含まれないことになりますし、支給不足額の一時金支給分や加算Ⅰ賃金改善要件分・人勧分の一時金支給分も含まれないことになります。しかし②を求める計算式から推察すれば、③にも一時金で支給する予定の支給不足額を含めなければ適切に比較することができません。

　一般に支給不足額は一時金で支給される例がよく見られ、記載説明書のP78の記載によれば、やはり支給不足額は③に含めることが妥当と言えそうです。

　ただし、支給不足額の取り扱いも自治体により異なることがありますので、必要に応じて自治体とも意思疎通をしていただくことが、トラブルの回避に貢献するものと考えられます。

記載説明書

(P.78)

「③支払資金」

　加算当年度内における副主任保育士等、職務分野別リーダー等、園長以外の管理職に係る見込「③支払賃金」（役職手当、職務手当など職位、職責又は職務内容に応じて、決まって毎月支払われる手当又は基本給に限る※）を記入

※　公定価格において想定している法定福利費等の比べて実際の事業主負担増加見込額が少ないことが原因で、賃金の改善額が加算見込額を下回る場合は、その差額分による賃金の改善については一時金により行うなど施設の事情に応じて自由に行うことが可能

２．賃金改善実績報告書

(1)　加算実績額の計算

　「加算実績額」とは、その年度に実際に加算Ⅱとして施設に支払われた額のことです。第2章でご紹介したように、実際に加算される額はAとBのそれぞれの加算単価に算定対象人数を乗じて求めた額を、各月の初日在籍児童数で除して10円未満を切り捨てた額です。計画時の加算見込額の計算を行う時点では、年間の各月の児童数はわからないことなどから、在籍児童数で除したり在籍児童数を乗じたりする計算を省くこととされていましたが、実績報告時に加算実績額を求める際にも、実際の加算額ではなく計画時の加算見込額と同じ算式による概算によることとされています。例えば、令和5年度の人数Aが5人、人数Bが3人の場合、加算額が確定した後の加算実績額の算定にあたっても、次のように計算することとされています。ただし、人勧による遡及改正単価において、単価改正があった場合には、改正後の単価を用います。そしてこの額から社保等事業主負担額を控除した残りの額を、全職員に配分するようにします。

　以下は令和5年度の遡及改正単価による計算です。

> **保育所の場合**
> 49,010円×5人×12か月（千円未満切捨て）＋6,130円×3人×12か月（千円未満切捨て）
> ＝3,160,000円
>
> **認定こども園の場合**
> 50,250円×5人×12か月（千円未満切捨て）＋6,280円×3人×12か月（千円未満切捨て）
> ＝3,241,000円

　そのため実績報告書における加算実績額と実際の加算額とは合致せず、一般に実際に加算されている額の方が少額になります。このことは、記載説明書のP59・P86に記載があります。なお「記載説明書」において「様式6」とされているものは現在の処遇改善通知における別紙様式7に、「様式7」とされている様式は別紙様式8にあたります。

> **記載説明書** ////　　　　　　　　　　　　　　　　　　　　　　　　　　　　　　　　　　（P.86）
> 【様式7・実績報告書Ⅱ】(2)加算実績額
> ①　加算実績額
> 　賃金改善実施期間における加算実績額（中略）をいい、加算Ⅱに係る「加算見込額」の算式（p59参照）において、実際に適用を受けた加算Ⅱ算定対象人数により算定した額（千円未満の端数は切り捨て）
>
> **記載説明書** ////　　　　　　　　　　　　　　　　　　　　　　　　　　　　　　　　　　（P.59）
> 【様式6・計画書Ⅱ】(1)賃金改善について①
> (1)②　加算見込額
> 　加算Ⅱの区分に応じてそれぞれに定める算式により算定した額の合算額
> 　＜加算Ⅱ−①＞
> 　　「加算当年度の単価」×「加算当年度の人数A」×「賃金改善実施期間の月数」（千円未満の端数は切り捨て）
> 　＜加算Ⅱ−②＞
> 　　「加算当年度の単価」×「加算当年度の人数B」×「賃金改善実施期間の月数」（千円未満の端数は切り捨て）

(2)　支給要件の判定

　計画時と同様に、支給にあたっては次の2つの要件を満たしていることが必要です。ただし、起点賃金水準に含まれる人勧分は、計画時には「ゼロ（0）」でしたが、実績報告時にはすでに率が公表されているはずですから、人勧の内容に応じて当該額を加減算する必要があります。

> 【要件1】今年度の支払賃金総額　≧　起点賃金水準（基準年度の賃金水準＋人勧分）
> 【要件2】加算Ⅱ加算実績額　≦　加算Ⅱ支給額　＋　社保等事業主負担額

　＊人勧分の額の計算方法については、第1章第2節3の(2)を参照してください。

(3)　支給不足額の支給

　毎月決まって支払われる手当や基本給によって支給すると、それに付随する社保等事業主負担額が発生しますが、それだけでは通常の施設では加算見込額を使い切ることにはならないため、「加算実績額」

と「月額支給額＋社保等事業主負担額」の差額である「支給不足額」（社保等事業主負担額を除きます。）を職員に追加して支給しなければならないことは、すでに述べた通りです。

　また「支給不足額」は当年度中に支払いが完了しなければ「加算残額」となり、翌年度中に支払わねばなりません。支給が翌年度になってしまうと、書類作成にあたって複雑な処理が必要になりますので、毎年３月ごろには支給不足額を計算し、可能な限り年度内に支給を完了して加算残額とならないようにすることが後々の事務作業を簡略化することにつながります。

⑷　実績報告書類の作成

　実績報告時の提出書類は、原則として処遇改善通知に用意されている次の３つの書類です。ただし、自治体単独で人件費補助金等を拠出している場合には、自治体が定めた書類を提出する必要がありますので、注意してください。

　ここでは、各自治体で独自に作成している様式には触れることができませんので、処遇改善通知に定められている様式についてのみ、説明します。

【処遇改善通知に定められた申請時に提出すべき書類】

　ア．別紙様式8「賃金改善実績報告書（処遇改善等加算Ⅱ）」

　イ．別紙様式8別添1

　ウ．別紙様式8別添2（同一法人内において施設間での加算Ⅱの移動を行った場合にのみ作成）

　計画時と同様に、書類は上記のウを必要に応じて作成した後にイを作成し、最後にアを仕上げます。

別紙様式8別添2

施設・事業所名	

同一事業者内における拠出実績額・受入実績額一覧表

番号	都道府県名	市町村名	施設・事業所名 ※1	他事業所への拠出額 （円）	うち基準年度からの増減額 （円）	他事業所からの受入額 （円）	うち基準年度からの増減額 （円）
例1	○○県	○○市	○○保育所	200,000			
合計				0	0	0	0

※1　同一事業者が運営する全ての施設・事業所（特定教育・保育施設及び特定地域型保育事業所）について記入すること。

　ウの別紙様式8別添2は、計画時と同様に、加算Ⅱの加算額の一部を他の施設・事業所に移動した場

合に、拠出側及び受入側で作成します。記載方法は、計画時と同様です。

　この書式に記載した内容は別紙様式8の(4)に自動転記されますが、加算実績額には反映されないので、加減調整した後の額を記載する必要があります。

　次に別紙様式8別添1を作成します。どの職員にどのようにしていくら支給したのかを記載します。支給不足額の支給額は、記載説明書では計画時と同様にして記載することを求めています。ただしこれについても、各行に記入するなど各自治体で記載方法を指定しているケースがありますので、自治体に確認していただくことが望ましいと考えられます。

別紙様式8別添1

施設・事業所名 ［　　　　　　　　　　　］

（6）副主任保育士等に係る賃金改善について（内訳）
　記載例に従って、下記の表に記載すること（職名・職種・改善した給与項目、算出方法が同じ場合には、まとめて記載すること）。

番号	職名	職種	改善した給与項目	処遇改善等加算Ⅱによる賃金改善額		うち基準翌年度から加算当年度における賃金改善分 ※加算Ⅱ新規事由がある場合のみ記入	
例1	副主任保育士	保育士	基本給	40,000 円 × 12 月 × 2 人 =	960,000 円	2,000 円 × 12 月 × 2 人 =	48,000 円
例2	副主任保育士	保育士	手当	40,000 円 × 12 月 × 1 人 =	480,000 円	2,000 円 × 12 月 × 1 人 =	24,000 円
例3	指導教諭	幼稚園教諭	基本給	40,000 円 × 12 月 × 1 人 =	480,000 円	2,000 円 × 12 月 × 1 人 =	24,000 円
例4	専門リーダー	保育士	基本給	40,000 円 × 12 月 × 1 人 =	480,000 円	2,000 円 × 12 月 × 1 人 =	24,000 円
例5	専門リーダー	調理員	基本給	30,000 円 × 12 月 × 1 人 =	360,000 円	1,000 円 × 12 月 × 1 人 =	12,000 円
1				円 × 月 × 人 =	0 円	円 × 月 × 人 =	0 円
2				円 × 月 × 人 =	0 円	円 × 月 × 人 =	0 円
3				円 × 月 × 人 =	0 円	円 × 月 × 人 =	0 円
4				円 × 月 × 人 =	0 円	円 × 月 × 人 =	0 円
5				円 × 月 × 人 =	0 円	円 × 月 × 人 =	0 円
6				円 × 月 × 人 =	0 円	円 × 月 × 人 =	0 円
7				円 × 月 × 人 =	0 円	円 × 月 × 人 =	0 円
8				円 × 月 × 人 =	0 円	円 × 月 × 人 =	0 円
9				円 × 月 × 人 =	0 円	円 × 月 × 人 =	0 円
10					0 円	円 × 月 × 人 =	0 円
①賃金改善額　計					0 円		0 円
②上記に対応する法定福利費等の事業主負担分の総額					円		
③①+②					0 円		

（吹き出し）報告時には、人数A×40,000円（令和5年度現在単価）人数B× 5,000円（令和5度年現在単価）の支給に加え、支給不足額の支給についても記載し、②の社保等事業主負担額を含め、加算Ⅱの加算実績額を超える必要があります。

（吹き出し）①×社保等事業主負担額割合

（7）職務分野別リーダー等に係る賃金改善について（内訳）
　記載例に従って、下記の表に記載すること（職名・職種・改善した給与項目、算出方法が同じ場合には、まとめて記載すること）。

番号	職名	職種	改善した給与項目	処遇改善等加算Ⅱによる賃金改善額		うち基準翌年度から加算当年度における賃金改善分 ※加算Ⅱ新規事由がある場合のみ記入	
例1	○○○リーダー	保育士	基本給	5,000 円 × 12 月 × 2 人 =	120,000 円	2,000 円 × 12 月 × 2 人 =	48,000 円
例2	◇◇◇リーダー	幼稚園教諭	基本給	5,000 円 × 12 月 × 1 人 =	60,000 円	2,000 円 × 12 月 × 1 人 =	24,000 円
例3	△△△リーダー	事務員	手当	5,000 円 × 12 月 × 1 人 =	60,000 円	2,000 円 × 12 月 × 1 人 =	24,000 円
例4	□□□リーダー	調理員	基本給	5,000 円 × 12 月 × 1 人 =	60,000 円	1,000 円 × 12 月 × 1 人 =	12,000 円
1				円 × 月 × 人 =	0 円	円 × 月 × 人 =	0 円
2				円 × 月 × 人 =	0 円	円 × 月 × 人 =	0 円
3				円 × 月 × 人 =	0 円	円 × 月 × 人 =	0 円
4				円 × 月 × 人 =	0 円	円 × 月 × 人 =	0 円
5				円 × 月 × 人 =	0 円	円 × 月 × 人 =	0 円
6				円 × 月 × 人 =	0 円	円 × 月 × 人 =	0 円
7				円 × 月 × 人 =	0 円	円 × 月 × 人 =	0 円
8				円 × 月 × 人 =	0 円	円 × 月 × 人 =	0 円
9				円 × 月 × 人 =	0 円	円 × 月 × 人 =	0 円
10					0 円	円 × 月 × 人 =	0 円
①賃金改善額　計					0 円		0 円
②上記に対応する法定福利費等の事業主負担分の総額					円		
③①+②					0 円		

（吹き出し）報告時には、人数A×40,000円（令和5年度現在単価）人数B× 5,000円（令和5度年現在単価）の支給に加え、支給不足額の支給についても記載し、②の社保等事業主負担額を含め、加算Ⅱの加算実績額を超える必要があります。

（吹き出し）①×社保等事業主負担額割合

別紙様式8

令和　　年度賃金改善実績報告書（処遇改善等加算Ⅱ）

前年度の加算残額がある場合に記載します。

市　町　村　名	
施　設・事業所名	
施設・事業所類型	
施設・事業所番号	

（1）加算前年度の加算残額に対応する賃金改善の状況（加算前年度の加算残額がある場合のみ記入））

①	加算前年度の加算残額			円
②	加算前年度の加算残額に対応した支払い賃金額（法定福利費等の事業主負担増加額を含む）			円
③	加算前年度の加算残額に対応した賃金の支払い状況	支払いの有無	支払い時期	
④	賃金改善の方法	基本給		
	支払った給与の項目	手当（　　　　）		
		賞与（一時金）		
		その他（　　　　）		
	具体的な支払い方法			

当該年度の加算額。適用を受けた加算Ⅱ算定対象人数により算定します。遡及改定単価が示されたときは、その単価で算定します。

（2）加算実績額

①	加算実績額（千円未満の端数は切り捨て）（※）	人数A　　人　人数B　　人		
				円
	②特定加算実績額（千円未満の端数は切り捨て）（※）	空欄		円
③	賃金改善実施期間	令和　年　月　～　令和　年　月		

※ 施設・事業所間で加算額の一部の配分を調整する場合の「加算実績額」及び「特定加算実績額」については、調整による加算額の増減を反映した（加算実績額にあっては（4）①の額を減じ、（4）③の額を加えた後の、特定加算実績額にあっては（4）②の額を減じ、（4）④の額を加えた後の）金額を記入すること。

（3）賃金改善等実績総額

①	賃金改善等実績総額（②+⑩）（千円未満の端数は切り捨て）		0 円
	②賃金改善実績総額（③-④-⑤-⑨）		0 円
	③支払賃金（役職手当、職務手当など職位、職責又は職務内容等に応じて決まって毎月支払われる手当及び基本給に限る。）		円
	④③のうち、加算前年度の加算残額に係る支払賃金		円
	⑤起点賃金水準（⑥+⑦-⑧）		0 円
	⑥基準年度の賃金水準（当該年度に係る加算残額（令和4年度の加算Ⅲに係るものを除く）含む。役職手当、職務手当など職位、職責又は職務内容等に応じて決まって毎月支払われる手当及び基本給に限る。）		円
	⑦基準翌年度から加算当年度までの公定価格における人件費の改定分		円
	⑧令和4年度の加算Ⅲ等による賃金改善額		円
	⑨基準年度に加算Ⅱの対象であり、かつ加算当年度に加算Ⅱの対象外となった職員に係る、基準年度における加算Ⅱに係る賃金改善額		円
	⑩事業主負担増加相当総額		円

③に前年度の加算残額の支給額があれば記入します。

加算Ⅱ対象職員の基本給、役職手当、職務手当等（加算Ⅱの手当含む）の毎月の支給額の年額を記入します。（当年度の支給不足額、前年度の残額支給額を含みます。）

当年度に人勧による公定価格の改定があれば、加算Ⅱ対象者に支給した（または減額した）額を記入します。

加算Ⅱ対象職員の基準年度の基準による基本給、役職手当、役職手当等（加算Ⅱの手当含む）の毎月の支給額の年額を記入します。（当年度の支給不足額を含みます。）

加算Ⅱ対象職員の令和4年度の加算Ⅲ等の支給額を記入します。

基準年度では加算Ⅱ対象職員で、退職や育児休業等により加算当年では加算Ⅱ対象職員の対象外となった職員がいる場合に、その額を記入します。

空欄

（4）他施設との配分調整について

①	拠出実績額		0 円
	②うち基準年度からの増減分		0 円
③	受入実績額		0 円
	④うち基準年度からの増減分		0 円

別添2から自動転記

※ 別紙様式8別添2の「同一事業者内における拠出実績額・受入実績額一覧表」を添付すること。

（5）加算実績額と賃金改善に要した費用の総額との差額について

①	加算実績額に要した費用の総額との差額（千円未満の端数は切り捨て）	加算Ⅱ新規事由の有無	加算Ⅱ新規事由なし
	※加算Ⅱ新規事由の有無の別により以下により算出すること。・加算Ⅱ新規事由がある場合：（2）②-（3）①・加算Ⅱ新規事由がない場合：（2）①-（別紙様式8別添1（6）③+別紙様式8別添1（7）③]		
			0 円

プルダウンで「新規事由なし」を選択します。

「0」以下ならOKです。

加算残額がある場合に記載します。

（以下、加算残額が生じた場合のみ記入）

②	加算残額に対応した賃金の支払い状況	支払いの有無	支払い時期
③	支払った給与の項目	基本給	
		手当（　　　　）	
		賞与（一時金）	
		その他（　　　　）	
④	具体的な支払い方法		

上記について相違ないことを証明いたします。

令和　年　月　日	
事　業　者　名	
代　表　者　名	

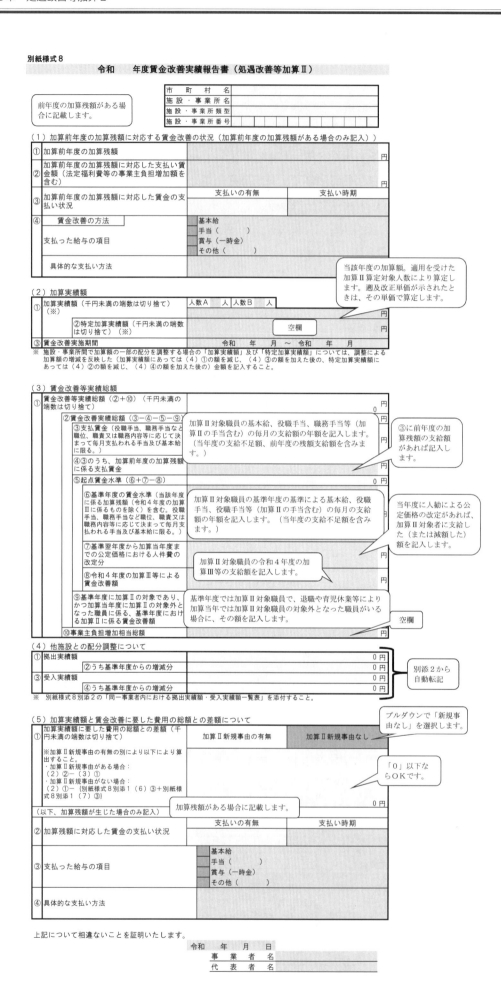

最後に、「賃金改善実績報告書（処遇改善等加算Ⅱ）」（別紙様式8）を作成します。

❶　⑴の各欄の記載

⑴の各欄には、前年度に加算Ⅱの加算残額があった場合にのみ、その額を記入します。①には加算残額を記入し、②には、①に対する社保等事業主負担額を含めた支給額を記載します。この2つの欄によって、前年度の加算残額がすべて使用されたかどうかを確認します。

③は、②の額が①の額よりも少ない時、つまり加算残額が使用し切られていないときに、自動で○が表示されます。「支払い時期」の欄には、実際に支給した時期を記載します。

④には、基本給か手当、賞与（一時金）など、支払った項目を選択して、具体的にどのような支給の仕方をしたのかを記載します。

❷　⑵の各欄の記載

①には、実際に適用を受けた人数Aと人数Bの人数を記載し、人数A、人数Bにそれぞれの当年度の単価（加算当年度に単価改定があった場合は改定後の単価）を用いて、この第3章冒頭でご紹介した計算方法で算出した額を記載します。他の施設・事業所との移動額がある場合は、移動額分を加減算するなどして調整します。

②の特定加算実績額の欄は空欄とし、③には加算Ⅱの実施期間を記載しますが、年度途中の開園などの特殊な事情がなければ、4月から3月までとします。

❸　⑶の各欄の記載

①と②、⑤は自動計算ですので記入不要です。また⑩も記入不要です。

③には、計画時と同様に、加算当年度の賃金改善実施期間に、加算Ⅱ対象職員に対して毎月支給された基本給、職責や職務内容等に応じて支給された役職手当、職務手当の年額（加算Ⅱの額を含みます。）のほか、加算Ⅱの支給不足額の支給額を加えた額を記載するのがより適切と考えられます。特に実績報告書の提出にあたっては、加算Ⅱの適用申請後に加算対象人数が増えて遡及分を賞与で支給した場合や、期中に産前産後休業や育児休業に入る職員がいて残額を一時金で支給した場合などがあります。このような場合には、基本給や毎月支給する役職手当や職務手当だけを記載したとしても、加算Ⅱを支給する観点から言えば、支給額の整合性が確保できなくなる事案が色々と想定されるため、⑵③には加算Ⅱの支給不足額の支給額分を入れることが適切と考えられます。

④には、③に前年度の加算残額が含まれている場合に、その額を記載します。

⑥には、加算前年度の賃金水準における額を③と同様の計算によって求めた額に加え、③に加算Ⅱの支給不足額の支給額を算入している場合には、⑥にも算入することになります。

⑦には、人勧分によって行われた賃金改善額のうち、加算Ⅱ対象職員の分のみを合算した額を記載します。

⑧には、令和5年度に限り、加算Ⅱ対象職員に対して令和4年度の加算Ⅲとして支給した額の合計額を記載します。また、令和4年4月〜9月の臨時特例事業補助金による支給額も含めて記載を求められることが一般的です。

⑨には、前年度は加算Ⅱの対象であった職員が、当年度には対象外となった場合にその職員に対する支給合計額を記載します。その場合には、その額を⑥にも含める必要があります。ただし、計画時と同様に、当年度の加算Ⅱ対象職員に限定して計画書を作成するという考え方に拠れば、記入無しとすることも考えられ、実際にそのように求める自治体も少なくありません。

❹　⑷の欄はすべて、様式8別添2から自動転記されます

❺　⑸の各欄の記載

　①の加算Ⅱ新規事由の有無は、プルダウンで「加算Ⅱ新規事由なし」を選択します。加算実績額に要した費用の総額との差額の金額は、0円以下であれば、加算Ⅱが使い切られているということになります。この欄にプラスの金額が残っているときは、②の支払の有無の欄には自動的に「○」が表示されますので、②以下の欄を記入します。

　②には、⑴で加算前年度の加算残額が残った場合には、⑴③と同様に支払った時期と未払い分の支給予定時期について記載し、加算前年度の加算残額が残っていない場合は、未払い分の支給予定時期を記載します。

　③の欄の記載は「支払った給与の項目」となっていますが、加算Ⅰの様式6の同じ主旨の項目には「支払った（支払う予定の）給与の項目」と記載されているため、②と同様に、⑴の加算前年度の残額が残った場合は⑴④と同様に支払った給与項目を選択し、加算Ⅱ前年度の加算残額が残っていない場合は未払い分の支給予定の給与項目を選択するとよいでしょう。ただし、加算残額は必ず翌年度中に支払うことが求められているので、注意して下さい。

　さらに④には⑴の加算前年度の残額が残った場合は、"加算前年度分は一時金として正規職員を対象に5,000円ずつ支給し、未払い分については一時金で職員全員に3,000円ずつ支給する"などのように、当該年度に前年度の加算残額を支給した内容と残った未払い分の支給予定の方法を記載します。前年度の残額がなく当該年度の残額が残った場合は、"職員全員に一時金で5,000円ずつ支給する予定"などのように、未払い分に対するより具体的な内容を記載します。

第3節　加算Ⅱ新規事由がある場合

　加算Ⅱ新規事由に該当するのは、制度改正による計算式の変更や4万円・5千円の金額に変更があったとき、制度改正によって特定加算額が生じた施設から加算Ⅱの移動を受けたとき、そして新たに加算Ⅱの加算を受けたとき、の3つです。新たに加算Ⅱを受けた施設から加算Ⅱの移動を受けた場合は、加算Ⅱ新規事由には該当しないので、加算Ⅱの移動を受けた施設が加算Ⅱ新規事由に該当するのは、制度変更によって加算Ⅱ新規事由に該当した施設から加算Ⅱの移動を受けた場合だけです。

　以下では加算Ⅱ新規事由の内容に注意しながら、その手続きを見ていきましょう。

1．賃金改善計画書

(1)　加算見込額の計算

　加算Ⅱ新規事由がない場合と同じです。

(2)　支給要件の判定

　加算Ⅱ新規事由に該当して、基準年度に比して増加した加算額の部分を「**特定加算額**」と言います。

　支給すべき額の基準としては、賃金改善見込総額が特定加算見込額を下回らないことが求められています。賃金改善見込額は人勧分を含めた起点賃金水準を超えた額ですから、その額が特定加算額よりも多くなることが必要です。ただし計画時には、当年度の人勧分は発表されていませんので「ゼロ（0）」として計画を立てます。

【要　件】今年度の賃金改善見込総額　≧　特定加算見込額

　　　　　　　　　　　⇩

今年度の見込賃金総額　−（基準年度の賃金水準　＋　人勧分）≧　特定加算見込額

　次に、単語の定義も含めて、処遇改善通知から要点を抜粋しています。わかりやすくするため、再度基準年度とともに、制度改正による加算Ⅱ新規事由と新たな加算によるそれを左右に分けてその要点を引用します。

処遇改善通知 ////

第5　加算Ⅱの要件
2　加算要件
　(1)　加算Ⅱ新規事由がある場合
　　ア　加算当年度における次に掲げる事由（以下「加算Ⅱ新規事由」という。）に応じ、賃金改善実施期間において、賃金改善等見込総額が特定加算見込額※を下回っていないこと。

i　加算前年度に加算の適用を受けており、加算当年度に適用を受けようとする加算Ⅱ−①若しくは加算Ⅱ−②の単価又は加算Ⅱ算定対象人数が公定価格の改定※により加算前年度に比して増加する場合（当該単価又は当該人数の増加のない施設・事業所において、当該単価又は当該人数の増加のある他の施設・事業所に係る特定加算見込額の一部を受け入れる場合を含む。）	ii　新たに加算Ⅱの適用を受けようとする場合

※　賃金改善に係る算定額の増額改定による単価の増加及び1⑴の＜算式＞において基礎職員数に乗じる割合の増額改定による加算Ⅱ算定対象人数の増加に限り、法定福利費等の事業主負担分の算定額のみの増額及び基礎職員数の変動に伴う加算Ⅱ算定対象人数の増加を除く。	

カ　「賃金改善見込額」とは、加算当年度内の賃金改善実施期間におけるエ①から③までの職員に係る見込賃金（役職手当、職務手当など職位、職責又は職務内容等に応じて、決まって毎月支払われる手当及び基本給に限る。また、当該年度に係る加算残額を含み、加算前年度に係る加算残額の支払を除く。）のうち、その水準がエ①から③までの職員に係る「起点賃金水準」を超えると認められる部分に相当する額をいう。
　　ただし、基準年度に加算Ⅱの賃金改善の対象であり、かつ、加算当年度において加算Ⅱの賃金改善の対象外である職員がいる場合は、当該職員に係る基準年度における加算Ⅱによる賃金改善額を控除するものとする。

キ　「起点賃金水準」とは、次に掲げる場合に応じ、それぞれに定める基準年度の賃金水準※1（役職手当、職務手当など職位、職責又は職務内容等に応じて、決まって毎月支払われる手当及び基本給に限る。また、当該年度に係る加算残額（令和4年度の加算Ⅲに係るものを除く。）を含み、基準年度の前年度に係る加算残額の支払並びに令和4年度の加算Ⅲ等により賃金改善額を除く。）に、基準翌年度から加算当年度までの公定価格における人件費の改定分※2を合算した水準をいう。
　※1　基準年度に施設・事業所がない場合は、地域又は同一の設置者・事業者における当該年度の賃金水準との均衡が図られていると認められる賃金水準。
　※2　「基準翌年度から加算当年度までの公定価格における人件費の改定分」の額は、国家公務員の給与改定に伴う公定価格における人件費の改定分（法定福利費等の事業主負担分を除く。）による賃金の改善（賃金改善実施期間におけるものに限る。）のうち、加算Ⅱによる賃金改善対象となる各職員の役職手当、職務手当など職位、職責又は職務内容等に応じて、決まって毎月支払われる手当及び基本給に係る部分を合算して得た額とする。

a　アⅰの場合	b　アⅱの場合
加算前年度の賃金水準。ただし、施設・事業所において基準年度を加算前年度とすることが難しい事情があると認められる場合には、加算当年度の3年前の年度の賃金水準とすることができる。	次に掲げる場合に応じ、それぞれに定める基準年度の賃金水準※3。 b-1　加算前年度に加算Ⅱの適用を受けておらず、それ以前に適用を受けたことがある場合 　加算Ⅱの適用を受けた直近の年度。 b-2　加算当年度に初めて加算Ⅱの適用を受けようとする場合　加算前年度。 ※3　b-1の場合は、基準年度における加算Ⅱによる賃金改善額を控除すること。

ク　「特定加算見込額」とは、賃金改善実施期間における加算見込額のうち加算Ⅱ新規事由に係る額として、次に掲げる施設・事業所の区分に応じ、それぞれに定めるところにより算定した額※をいう。
　※　施設・事業所間で加算の一部の配分を調整する場合には、それぞれ、その受入（拠出）見込額が基準年度の受入（拠出）実績額を上回る（下回る）ときはその差額を加える（減じる）こと。

＜アⅰの場合＞	＜アⅱの場合＞
a　家庭的保育事業、事業所内保育事業（利用定員5人以下の事業所に限る。）及び居宅訪問型保育事業を行う事業所以外の施設・事業所　加算Ⅱの区分に応じてそれぞれに定める＜算式＞により算定した額の合算額 ＜算式＞ 加算Ⅱ-①　{「加算当年度の単価」×「加算当年度の人数A」-「基準年度の単価」×「基準年度の人数A」}×「賃金改善実施期間の月数」（千円未満の端数は切り捨て） 加算Ⅱ-②　{「加算当年度の単価」×「加算当年度の人数B」-「基準年度の単価」×「基準年度の人数B」}×「賃金改善実施期間の月数」（同）	a　家庭的保育事業、事業所内保育事業（利用定員5人以下の事業所に限る。）及び居宅訪問型保育事業を行う事業所以外の施設・事業所　加算Ⅱの区分に応じてそれぞれに定める＜算式＞により算定した額の合算額 ＜算式＞ 加算Ⅱ-①　「加算当年度の単価」×「加算当年度の人数A」×「賃金改善実施期間の月数」（千円未満の端数は切り捨て） 加算Ⅱ-②　「加算当年度の単価」×「加算当年度の人数B」×「賃金改善実施期間の月数」（同）

b　家庭的保育事業、事業所内保育事業（利用定員5人以下の事業所に限る。）及び居宅訪問型保育事業を行う事業所　加算Ⅱ−①又は加算Ⅱ−②のいずれか選択されたものについて、次に掲げる＜算式＞により算定した額 ＜算式＞ ｛「加算当年度の単価」−「基準年度の単価」｝×「賃金改善実施期間の月数」（千円未満の端数は切り捨て）	b　家庭的保育事業、事業所内保育事業（利用定員5人以下の事業所に限る。）及び居宅訪問型保育事業を行う事業所　加算Ⅱ−①又は加算Ⅱ−②のいずれか選択されたものについて、次に掲げる＜算式＞により算定した額 ＜算式＞ 「加算当年度の単価」×「賃金改善実施期間の月数」（千円未満の端数は切り捨て）

　加算Ⅱ新規事由に該当する場合の多くは、新たに加算Ⅱを受ける場合（通知におけるアiiに該当する場合）ですので、その場合は加算Ⅱの加算見込額そのものが「特定加算見込額」であることがクのアiiの場合の＜算式＞からわかります。他の施設等から加算Ⅱの移動を受けた場合にはその額も算入します。つまり、加算Ⅱとして受けた額そのものを、人勧分を考慮した後の起点賃金水準を超えて支給することを求めており、簡単に言えば、起点賃金水準に人勧分を加え（計画時点では「ゼロ（0）」）、さらに加算Ⅱの加算見込額を加えた額が、当年度に支給すべき賃金の最低額ということになります。

⑶　職員への配分方法

　加算Ⅱ新規事由がない場合と同じです。

⑷　支給不足額の支給

　加算Ⅱ新規事由がない場合と同じです。

⑸　申請書類の作成

　年度当初において提出する書類は、加算Ⅱ新規事由がない場合と同じで、処遇改善通知に示されている次の3つの書類です。ただし、自治体単独で人件費補助金等を拠出している場合には、自治体が定めた書類を提出することが求められることがありますので、確認の必要があります。

【処遇改善通知に定められた申請時に提出すべき書類】
ア．別紙様式7「賃金改善計画書（処遇改善等加算Ⅱ）」 イ．別紙様式7別添1 ウ．別紙様式7別添2（同一法人内において施設間での加算Ⅱの移動を行う場合にのみ作成）

　現在のところ支給単価等の制度変更は行われていないので、現時点で加算Ⅱ新規事由が生じるのは、新たに加算Ⅱを受ける場合がほとんどのケースと考えられますので、以下の書類の記載はその場合に限って説明します。

　加算Ⅱ新規事由がない場合と同様に、ウを必要に応じて作成した後にイを作成し、最後にアを仕上げます。

　同一法人内の他の施設・事業所に加算Ⅱの加算額の一部を拠出する場合には、拠出する側と受け入れる側で、ウの別紙様式7別添2を作成します。事業所全体分をまとめて記載する書式となっていますので、拠出側・受入側の両方で同じ書類を作成します。また、拠出合計額と受入合計額は同じです。この書式の項目のうち「基準年度からの増減額」とは、加算前年度からの増減額のことを指します。拠出額と受入額は、別紙様式7の(3)に自動転記されますが、(1)②の「加算見込額」には自動では反映されないので、調整した額を記載する必要があります。

別紙様式7別添2

施設・事業所名	

同一事業者内における拠出見込額・受入見込額一覧表

番号	都道府県名	市町村名	施設・事業所名※1	他事業所への拠出額 （円）	うち基準年度からの増減額 （円）	他事業所からの受入額 （円）	うち基準年度からの増減額 （円）
例1	○○県	○○市	○○保育所	40,000			
例2	○○県	○○市	○○保育所			40,000	
合計				0	0	0	0

※1　同一事業者が運営する全ての施設・事業所（特定教育・保育施設及び特定地域型保育事業所）について記入すること。

　次に別紙様式7別添1を作成します。どの職員にいくら支給するのかを記載します。支給不足額の支給計画は、記載説明書では各行の職員ごとに加算して記載することを求めていますが、各行は「月額×月数×人数」を記載する様式になっているため、一時金で支給する場合には事実上記載することができません。この内容を記載することを可能にするため、右下の欄外や別紙で記載することもできることとされています。ただし各自治体で記載方法を指定しているケースもありますので、自治体に確認していただくことが望ましいと考えられます。

別紙様式7別添1

施設・事業所名	

（4）副主任保育士等に係る賃金改善について（内訳）

　記載例に従って、下記の表に記載すること（職名・職種・改善する給与項目、算出方法が同じ場合には、まとめて記載すること）。

番号	職名	職種	改善した給与項目	処遇改善等加算Ⅱによる賃金改善額							うち基準翌年度から加算当年度における賃金改善分 ※加算Ⅱ新規事由がある場合のみ記入						
例1	副主任保育士	保育士	基本給	10,000 円	×	12 月	×	2 人	=	960,000 円	2,000 円	×	12 月	×	2 人	=	48,000 円
例2	副主任保育士	保育士	手当	40,000 円	×	12 月	×	1 人	=	480,000 円	2,000 円	×	12 月	×	1 人	=	24,000 円
例3	指導教諭	幼稚園教諭	基本給	40,000 円	×	12 月	×	1 人	=	480,000 円	2,000 円	×	12 月	×	1 人	=	24,000 円
例4	専門リーダー	保育士	基本給	40,000 円	×	12 月	×	1 人	=	480,000 円	2,000 円	×	12 月	×	1 人	=	24,000 円
例5	専門リーダー	調理員	基本給	30,000 円	×	12 月	×	1 人	=	360,000 円	1,000 円	×	12 月	×	1 人	=	12,000 円
1				円	×	月	×	人	=	0 円	円	×	月	×	人	=	0 円
2				円	×	月	×	人	=	0 円	円	×	月	×	人	=	0 円
3				円	×	月	×	人	=	0 円	円	×	月	×	人	=	0 円
4				円	×	月	×	人	=	0 円	円	×	月	×	人	=	0 円
5				円	×	月	×	人	=	0 円	円	×	月	×	人	=	0 円
6				円	×	月	×	人	=	0 円	円	×	月	×	人	=	0 円
7				円	×	月	×	人	=	0 円	円	×	月	×	人	=	0 円
8				円	×	月	×	人	=	0 円	円	×	月	×	人	=	0 円
9				円	×	月	×	人	=	0 円	円	×	月	×	人	=	0 円
10				円	×	月	×	人	=	0 円	円	×	月	×	人	=	0 円
①賃金改善見込額　計										0 円							0 円
②上記に対応する法定福利費等の事業主負担分の総額										円							
③①+②										0 円							0 円

計画時点では、
人数A×40,000円（令和5年度現在単価）
人数B× 5,000円（令和5年度現在単価）
の支給内訳を記入します。
自治体により、支給不足額の支給方法についても記載するよう求められることもあります。

加算Ⅱを新たに受ける場合は、左の欄と同じ額、それ以外の場合は、特定加算見込額に対する配分額を記載します。

自治体により、支給不足額をどのように支給するのかがわかるよう記載することを求められる場合があります。

①×社保等事業主負担割合

（5）職務分野別リーダー等に係る賃金改善について（内訳）

　記載例に従って、下記の表に記載すること（職名・職種・改善する給与項目、算出方法が同じ場合には、まとめて記載すること）。

番号	職名	職種	改善した給与項目	処遇改善等加算Ⅱによる賃金改善額							うち基準翌年度から加算当年度における賃金改善分 ※加算Ⅱ新規事由がある場合のみ記入						
例1	○○○リーダー	保育士	基本給	5,000 円	×	12 月	×	2 人	=	120,000 円	2,000 円	×	12 月	×	2 人	=	48,000 円
例2	◇◇◇リーダー	幼稚園教諭	基本給	5,000 円	×	12 月	×	1 人	=	60,000 円	2,000 円	×	12 月	×	1 人	=	24,000 円
例3	△△△リーダー	事務員	手当	5,000 円	×	12 月	×	1 人	=	60,000 円	2,000 円	×	12 月	×	1 人	=	24,000 円
例4	□□□リーダー	調理員	基本給	5,000 円	×	12 月	×	1 人	=	60,000 円	1,000 円	×	12 月	×	1 人	=	12,000 円
1				円	×	月	×	人	=	0 円	円	×	月	×	人	=	0 円
2				円	×	月	×	人	=	0 円	円	×	月	×	人	=	0 円
3				円	×	月	×	人	=	0 円	円	×	月	×	人	=	0 円
4				円	×	月	×	人	=	0 円	円	×	月	×	人	=	0 円
5				円	×	月	×	人	=	0 円	円	×	月	×	人	=	0 円
6				円	×	月	×	人	=	0 円	円	×	月	×	人	=	0 円
7				円	×	月	×	人	=	0 円	円	×	月	×	人	=	0 円
8				円	×	月	×	人	=	0 円	円	×	月	×	人	=	0 円
9				円	×	月	×	人	=	0 円	円	×	月	×	人	=	0 円
10				円	×	月	×	人	=	0 円	円	×	月	×	人	=	0 円
①賃金改善見込額　計										0 円							0 円
②上記に対応する法定福利費等の事業主負担分の総額										円							
③①+②										0 円							0 円

計画時点では、
人数A×40,000円（令和5年度現在単価）
人数B× 5,000円（令和5年度現在単価）
の支給内訳を記入します。
自治体により、支給不足額の支給方法についても記載するよう求められることもあります。

加算Ⅱを新たに受ける場合は、左の欄と同じ額、それ以外の場合は、特定加算見込額に対する配分額を記載します。

自治体により、支給不足額をどのように支給するのかがわかるよう記載することを求められる場合があります。

①×社保等事業主負担割合

　最後に「賃金改善計画書（処遇改善等加算Ⅱ）」（別紙様式7）を作成します。黄色い欄は他のシート等から自動転記される部分ですから、肌色の欄のみ手入力します。

❶　(1)の各欄の記載

　①の「加算Ⅱ新規事由」の欄はプルダウンメニューから「あり」を選択します。

　②には「新規事由なし」の場合と同様に、「加算算定対象人数等認定申請書」（別紙様式3）または「処遇改善等加算Ⅱ加算対象職員計算表」を使用して算出した人数Aと人数Bの人数を記載します。そして、この第3章冒頭でご紹介した計算方法で算出した額を記載します。他の施設・事業所との移動額がある場合は、移動額分を加減算して調整します。新たに加算Ⅱの適用を受ける場合には、加算見込額と特定加算見込額は同額を記載します。

　加算Ⅱ対象職員への月額支給額（4万円と5千円）、または算定対象人数の変更により増加する場合は、算出した額を加算見込額に記載したうえで、下のアとイの合算額を特定加算見込額に記載します。

　例えば、加算Ⅱ対象職員への月額支給額（4万円と5千円）が公定価格の改定により増加する場合には、社保等事業主負担額として加算単価に含まれている額（加算単価から4万円、5千円を除いた額。保育所の令和5年度当初単価の場合、人数Aの単価48,900円のうち8,900円、人数Bの単価6,110円のうち1,110円）の算定額の増額のみの場合には、このケースの対象とはなりません。

　また、公定価格の改定によって加算Ⅱ算定対象人数が前年度から増加する場合（4万円・5千円という支給額や基礎職員数に乗ずる割合（1/3、1/5）の変更により、加算額が前年度から増加する場合）には、次の計算式によって特定加算見込額を算出します。

ア【加算Ⅱ-①】

　{（加算当年度の単価×加算当年度の人数A）-（基準年度の単価×基準年度の人数A）}

　　　　　　　　　　　　　　　　　　　×賃金改善実施期間の月数（千円未満切捨て）

イ【加算Ⅱ-②】

　{（加算当年度の単価×加算当年度の人数B）-（基準年度の単価×基準年度の人数B）}

　　　　　　　　　　　　　　　　　　　×賃金改善実施期間の月数（千円未満切捨て）

　他の施設・事業所への拠出や受入がある場合には、拠出側ではその額を減額し、受入側ではその額を増額して調整を行います。④には加算Ⅱの実施期間を記載しますが、年度途中の開園などの特殊な事情がなければ、通常は当年度の4月から3月までとします。

❷　(2)の各欄の記載

　①と②、⑤は自動計算になっていますので、記載は不要です。また、計画時には当年度の人勧分がわからないので、⑦も記入不要です。

　③には、当年度の加算Ⅱ対象職員に毎月支給される基本給と、職責や職務内容等に応じて支給される役職手当、職務手当等を加えた額に、加算実施期間を乗じて算出した額（加算Ⅱの額を含みます。）のほか、「新規事由なし」の計画時と同様に、加算Ⅱの支給不足額の支給額を記載した方がより適切と考えられます。

　④には、③に前年度の加算残額が含まれている場合は、その額を記載します。

　⑥には、加算前年度の賃金水準について、③と同様の考え方で算出した額を記載します。③に加算Ⅱの支給不足額分を算入している場合は、同じように⑥にもその金額を算入します。

別紙様式7

令和　年度賃金改善計画書（処遇改善等加算Ⅱ）

市
施設
施設
施設

加算Ⅱを新たに受ける場合は、
（人数A×人数Aの加算当年度の単価＋人数B×人数Bの加算
当年度の単価）×実施月数で算出します。
施設・事業所間で加算額の配分調整がある場合は、他施設へ
の拠出額を減じ、他施設等からの受入額を加えます。

プルダウンで「あり」
を選択します。

新たに加算Ⅱを受ける場合は②と同額です。
単価改正等による場合は、
｛「加算当年度の単価」×「加算当年度の
人数A」－「基準年度の単価」×「基準年
度の人数A」｝×「賃金改善実施期間の月
数」（千円未満切り捨て）
　加算Ⅱ－②　｛「加算当年度の単価」×
「加算当年度の人数B」－「基準年度の単
価」×「基準年度の人数B」｝×「賃金改
善実施期間の月数」（千円未満切り捨て）
で算出します。

（1）賃金改善について

①	加算Ⅱ新規事由		あり				
②	加算見込額（千円未満の端数は切り捨て）（※）	人数A 　人		人数B 　人			円
③	特定加算見込額（千円未満の端数は切り捨て）（※）						円
④	賃金改善実施期間	令和　年　月　～　令和　年　月（　　ヶ月）					

※　施設・事業所間で加算額の一部の配分を調整する場合の「加算見込額」及び「特定加算見込額」については、調整による
　加算額の増減を反映した（加算見込額にあっては（3）①の額を減じ、（3）③の額を加えた後の、特定加算見込額に
　あっては（3）②の額を減じ、（3）④の額を加えた後の）金額を記入すること。

（2）賃金改善等見込総額

①	賃金改善等見込総額（②＋⑩）（千円未満の端数は切り捨て）		0 円
	②賃金改善見込総額（③－④－⑤－⑨）		0 円
	③支払賃金（役職手当、職務手当など職位、職責又は職務内容等に応じて決まって毎月支払われる手当及び基本給に限る。）		円
	④③のうち、加算前年度の加算残額に係る支払賃金		円
	⑤起点賃金水準（⑥＋⑦－⑧）		0 円
	⑥基準年度の賃金水準（当該年度に係る加算残額（令和4年度の加算Ⅲに係るものを除く）を含む。役職手当、職務手当など職位、職責又は職務内容等に応じて決まって毎月支払われる手当及び基本給に限る。）		円
	⑦基準翌年度から加算当年度までの公定価格における人件費の改定分		円
	⑧令和4年度の加算Ⅲ等による賃金改善額		円
	⑨基準年度に加算Ⅱの対象であり、かつ加算当年度に加算Ⅱの対象外となった職員に係る、基準年度における加算Ⅱに係る賃金改善額		円
	⑩事業主負担増見込総額		円

③支払賃金（役職手当、職務手当など
職位、職責又は職務内容等に応じて決
まって毎月支払われる手当及び基本給
に限る。）

加算Ⅱ対象職員の基本給、役職手当、職務手当等（加算Ⅱ
の手当含む）の毎月の支給額の年額を記入します。（当年
度の支給不足額、前年度の加算残額支給額を含みます。）

③に前年度の加算残
額の支給額が含まれ
るときは記入します。

加算Ⅱ対象職員の基準年度の基準による基本給、役職手当、
職務手当等（加算Ⅱの手当含む）の毎月の支給額の年額を
記入します。（当年度の支給不足額を加えます。）

空欄

加算Ⅱ対象職員の令和4年度の
加算Ⅲ等の支給額を記入します。

新たに加算Ⅱを受ける場合は空欄です。それ以外の場合
で、基準年度では加算Ⅱ対象職員で、退職や育児休業等
により加算当年では加算Ⅱ対象職員の対象外となった職
員がいる場合に、その額を記入します。

加算当年度の賃金改
善見込額×社保等事
業主負担割合を算出
し記入します。

（3）他施設への配分等について

①	拠出見込額		0 円
	②うち基準年度からの増減分		0 円
③	受入見込額		0 円
	④うち基準年度からの増減分		0 円

別添2から
自動転記

※　別紙様式7別添2の「同一事業者内における拠出見込額・受入見込額一覧表」を添付すること。

※確認欄

＜加算Ⅱ新規事由がある場合＞（以下のBの額がAの額以上であること（※1））

A	特定加算見込額【（1）③】		0 円
B	賃金改善等見込総額【（2）①】		0 円

※1　原則、賃金改善額（B）は、加算額（A）以上であることが必要だが、法定福利費の事業主負担増加額が少ないことによ
　り、Aの額を下回ることは差し支えない。その場合、その差額については、別途、職員の処遇改善に充てること。

（3）②と（3）④を（1＋社
保等事業主負担割合）で除し
て事業主負担分を控除し
た額を求めます。
その後その額を使って、
（2）⑤－（3）②（事業主負担
控除後）＋（3）④（事業主負
担控除後）を計算します。

＜加算Ⅱ新規事由がない場合＞（以下のBの額がAの額以上であることかつDの額がCの額以上であること（※2））

A	加算前年度の賃金水準（起点賃金水準）【（2）⑤－（3）②＋（3）④（※3）】		円
B	賃金見込総額【（2）③－（2）④】		円
C	加算見込額【（1）②】		円
D	加算Ⅱに係る手当又は基本給の総額【別紙様式7別添1（4）③＋別紙様式7別添1（5）③】		円

法定福利費等の事業主負担額が少ないことによって
C＞Dになることはあり得ます。自治体により、C≦Dと
なるような計画を求められる場合もあります。

※2　原則、賃金改善額（D）以上であることが必要だが、法定福利費の事業主負担増加額が少ないことにより、Cの
　額を下回ることは差し支えない。その場合、その差額については、別途、職員の処遇改善に充てること。

※3　（3）②及び（3）④から法定福利費等の事業主負担分を除いたうえで算出すること。

上記について、すべての職員に対し、周知をした上で、提出していることを証明いたします。

令和　年　月　日
事　業　者　名　＿＿＿＿＿＿＿＿＿＿
代　表　者　名　＿＿＿＿＿＿＿＿＿＿

　⑧には、令和5年度に限り、加算Ⅱ対象職員の令和4年度の加算Ⅲによる支給額を記載します。また、令和4年4月～9月の臨時特例事業補助金による支給額も含めて記載を求められることが一般的です。

　⑨には、前年度に加算Ⅱの対象であった職員が、当年度に対象外となった場合について、その額を記載します。そしてそのような職員がいる場合は、その額を⑥にも含める必要があります。ただし、当年度の加算Ⅱ対象職員に限定して計画書を作成するという考え方に拠るならば、この欄は記入をしないという方法も考えられ、実際にそのように求める自治体も少なくありません。

　⑩には、特定加算見込額に対する当年度の賃金改善等見込額に係る社保等事業主負担額を記載します。

２．賃金改善実績報告書

⑴ 加算実績額の計算

　加算Ⅱ新規事由がない場合と同じです。人勧による遡及改正単価において、単価改正があった場合には、改正後の単価を用いて算出します。

⑵ 支給要件の判定

　実績報告においても計画時と同じ考え方で、次の要件を満たしていることが必要です。

【要　件】今年度の賃金改善実績総額　≧　特定加算実績額

⇩

今年度の賃金総額　－（基準年度の賃金水準　＋　人勧分）≧　特定加算実績額

⑶ 支給不足額の支給

　計画時と同じ考え方です。支給不足額は当年度中に支払いが完了しなければ加算残額となり、翌年度中に支払わねばなりません。支給が翌年度になってしまうと、書類作成にあたって複雑な処理が必要になりますので、毎年3月ごろには支給不足額を計算し、可能な限り年度内に支給を完了して加算残額とならないようにすることが後々の事務作業を簡略化することにつながります。

⑷ 実績報告書類の作成

　実績報告時の提出書類は、原則として処遇改善通知に示されている次の3つの書類です。ただし、自治体単独で人件費補助金等を拠出している場合は、自治体が定めた書類を提出する必要がありますので注意を要します。次のうち必要に応じてウを作成し、続いてイ、アの順に作成します。

【処遇改善通知に定められた申請時に提出すべき書類】
　ア．別紙様式8「賃金改善実績報告書（処遇改善等加算Ⅱ）」
　イ．別紙様式8別添1
　ウ．別紙様式8別添2（同一法人内において施設間での加算Ⅱの移動を行った場合にのみ作成）

別紙様式8別添2

| | | | 施設・事業所名 | | |

同一事業者内における拠出実績額・受入実績額一覧表

番号	都道府県名	市町村名	施設・事業所名※1	他事業所への拠出額（円）	うち基準年度からの増減額（円）	他事業所からの受入額（円）	うち基準年度からの増減額（円）
例1	○○県	○○市	○○保育所	200,000			
	合計			0	0	0	0

※1 同一事業者が運営する全ての施設・事業所（特定教育・保育施設及び特定地域型保育事業所）について記入すること。

　ウの別紙様式8別添2は、計画時と同様に、加算Ⅱの加算額の一部を他の施設・事業所に移動した場合に、拠出側及び受入側で作成します。記載方法は、計画時と同様です。

　この書式に記載した内容は別紙様式8の⑷に自動転記されますが、加算実績額には反映されないので、加減調整した後の額を記載する必要があります。

　次に別紙様式8別添1を作成します。考え方は加算Ⅱ新規事由がない場合と同様で、どの職員にどのようにしていくら支給したのかを記載します。支給不足額の支給額は、記載説明書では計画時と同様にして記載することを求めています。ただしこれについても各自治体で記載方法を指定しているケースがありますので、自治体に確認していただくことが望ましいと考えられます。

別紙様式8別添1

	施設・事業所名	

（6）副主任保育士等に係る賃金改善について（内訳）

　　記載例に従って、下記の表に記載すること（職名・職種・改善した給与項目、算出方法が同じ場合には、まとめて記載すること）。

番号	職名	職種	改善した給与項目	処遇改善等加算Ⅱによる賃金改善額		うち基準翌年度から加算当年度における賃金改善分 ※加算Ⅱ新規事由がある場合のみ記入	
例1	副主任保育士	保育士	基本給	40,000 円 × 12 月 × 2 人 =	960,000 円	2,000 円 × 12 月 × 2 人 =	48,000 円
例2	副主任保育士	保育士	手当	40,000 円 × 12 月 × 1 人 =	480,000 円	2,000 円 × 12 月 × 1 人 =	24,000 円
例3	指導教諭	幼稚園教諭	基本給	40,000 円 × 12 月 × 1 人 =	480,000 円	2,000 円 × 12 月 × 1 人 =	24,000 円
例4	専門リーダー	保育士	基本給	40,000 円 × 12 月 × 1 人 =	480,000 円	2,000 円 × 12 月 × 1 人 =	24,000 円
例5	専門リーダー	調理員	基本給	30,000 円 × 12 月 × 1 人 =	360,000 円	1,000 円 × 12 月 × 1 人 =	12,000 円
1				円 × 月 × 人 =	0 円	円 × 月 × 人 =	0 円
2				円 × 月 × 人 =	0 円	円 × 月 × 人 =	0 円
3				円 × 月 × 人 =	0 円	円 × 月 × 人 =	0 円
4				円 × 月 × 人 =	0 円	円 × 月 × 人 =	0 円
5				円 × 月 × 人 =	0 円	円 × 月 × 人 =	0 円
6				円 × 月 × 人 =	0 円	円 × 月 × 人 =	0 円
7				円 × 月 × 人 =	0 円	円 × 月 × 人 =	0 円
8				円 × 月 × 人 =	0 円	円 × 月 × 人 =	0 円
9				円 × 月 × 人 =	0 円	円 × 月 × 人 =	0 円
10					0 円	円 × 月 × 人 =	0 円
①賃金改善額　計					0 円		0 円
②上記に対応する法定福利費等の事業主負担分の総額					円		
③①+②					0 円		

> 報告時には、
> 人数A×40,000円（令和5年度現在単価）
> 人数B× 5,000円（令和5度年現在単価）
> の支給に加え、支給不足額の支給についても記載し、②の社保等事業主負担を含め、加算Ⅱの加算実績額を超える必要があります。

> 加算Ⅱを新たに受ける場合は、左の欄と同じ額を記載、それ以外の場合は、特定加算見込額に対する配分額を記載します。

> ①×社保等事業主負担額割合

（7）職務分野別リーダー等に係る賃金改善について（内訳）

　　記載例に従って、下記の表に記載すること（職名・職種・改善した給与項目、算出方法が同じ場合には、まとめて記載すること）。

番号	職名	職種	改善した給与項目	処遇改善等加算Ⅱによる賃金改善額		うち基準翌年度から加算当年度における賃金改善分 ※加算Ⅱ新規事由がある場合のみ記入	
例1	○○○リーダー	保育士	基本給	5,000 円 × 12 月 × 2 人 =	120,000 円	2,000 円 × 12 月 × 2 人 =	48,000 円
例2	◇◇◇リーダー	幼稚園教諭	基本給	5,000 円 × 12 月 × 1 人 =	60,000 円	2,000 円 × 12 月 × 1 人 =	24,000 円
例3	△△△リーダー	事務員	手当	5,000 円 × 12 月 × 1 人 =	60,000 円	2,000 円 × 12 月 × 1 人 =	24,000 円
例4	□□□リーダー	調理員	基本給	5,000 円 × 12 月 × 1 人 =	60,000 円	1,000 円 × 12 月 × 1 人 =	12,000 円
1				円 × 月 × 人 =	0 円	円 × 月 × 人 =	0 円
2				円 × 月 × 人 =	0 円	円 × 月 × 人 =	0 円
3				円 × 月 × 人 =	0 円	円 × 月 × 人 =	0 円
4				円 × 月 × 人 =	0 円	円 × 月 × 人 =	0 円
5				円 × 月 × 人 =	0 円	円 × 月 × 人 =	0 円
6				円 × 月 × 人 =	0 円	円 × 月 × 人 =	0 円
7				円 × 月 × 人 =	0 円	円 × 月 × 人 =	0 円
8				円 × 月 × 人 =	0 円	円 × 月 × 人 =	0 円
9				円 × 月 × 人 =	0 円	円 × 月 × 人 =	0 円
10					0 円	円 × 月 × 人 =	0 円
①賃金改善額　計					0 円		0 円
②上記に対応する法定福利費等の事業主負担分の総額					円		
③①+②					0 円		

> 報告時には、
> 人数A×40,000円（令和5年度現在単価）
> 人数B× 5,000円（令和5度年現在単価）
> の支給に加え、支給不足額の支給についても記載し、②の社保等事業主負担を含め、加算Ⅱの加算実績額を超える必要があります。

> 加算Ⅱを新たに受ける場合は、左の欄と同じ額を記載、それ以外の場合は、特定加算見込額に対する配分額を記載します。

> ①×社保等事業主負担額割合

　最後に「賃金改善実績報告書（処遇改善等加算Ⅱ）」（別紙様式8）を作成します。黄色い欄は他のシート等から自動転記される部分ですから、肌色の欄のみ手入力します。

❶　⑴の各欄の記載

　⑴の各欄には、前年度に加算Ⅱの加算残額があった場合にのみ、その額を記入します。①には加算残額を記入し、②には、①に対する社保等事業主負担額を含めた支給額を記載します。この2つの欄によって、前年度の加算残額がすべて使用されたかどうかを確認します。

　③は、①の額が②の額よりも多いとき、つまり加算残額が使用し切られていないときに、自動で○が表示されます。今年度に新たに加算Ⅱの適用を受けた場合には、そもそも前年度の加算残額は生じませんから、記載する必要はありません。

　④には、基本給か手当、賞与（一時金）など、支払った項目を選択して、具体的にどのような方法で支給したのかを記載します。

❷　⑵の各欄の記載

　①には、実際に適用を受けた人数Aと人数Bの人数を記載し、人数A、人数Bにそれぞれの当年度の単価（加算当年度に単価改定があった場合は改定後の単価）を用いて、この第3章冒頭でご紹介した計算方法で算出した額を記載します。他の施設・事業所との移動額がある場合は、移動額分を加減算して調整します。

　②の特定加算実績額には、新たに加算Ⅱの適用を受けた場合は、①と同額を記載しますが、人勧による遡及改正単価において単価改正があった場合には、改正後の単価を用いて計算します。すでに加算前年度に適用を受けている場合で、加算Ⅱの単価（4万円・5千円）が増加された場合、または加算Ⅱ算定対象人数が公定価格の改定により増加した場合は、計画時の特定加算見込額と同様に計算して記載します。他の施設・事業所への移動がある場合は、拠出側、受入側で移動額を加減して調整します。

　③には加算Ⅱの実施期間を記載しますが、年度途中の開園などの特殊な事情がなければ、4月から3月までとします。

❸　⑶の各欄の記載

　①と②、⑤は自動計算されますので、記入の必要はありません。

　③には、加算当年度の賃金改善実施期間に、加算Ⅱ対象職員に対して毎月支給された基本給、職責や職務内容等に応じて支給された役職手当、職務手当の年額（加算Ⅱの額を含みます。）のほか、「新規事由なし」の場合の実績報告書と同様に、加算Ⅱの支給不足額として支給した額を含めた額を記載することがより適切と考えられます。④には、③に前年度の加算残額が含まれている場合に、その額を記載します。

　⑥には、加算前年度の賃金水準における額を③と同様の計算によって求めた額と、③に加算Ⅱの支給不足額の支給額を算入した場合は同様の額を算入します。

　⑦には、当年度に人勧分によって行われた賃金改善額のうち、加算Ⅱ対象職員の分のみを合算した額を記載します。

　⑧には、令和5年度に限り、加算Ⅱ対象職員に対して令和4年度の加算Ⅲとして支給した額の合計額を記載します。また、令和4年4月〜9月の臨時特例事業補助金による支給額も含めて記載を求められることが一般的です。

　⑨は前年度に加算Ⅱの適用がなければ記載不要ですが、前年度に加算Ⅱの適用があれば、前年度に加

算Ⅱの対象であった職員が、当年度には対象外となった場合に、その職員に対する支給合計額を記載します。そしてその場合には、その額を⑥にも含める必要があります。ただし、計画時と同様に、当年度の加算Ⅱ対象職員に限定して作成するという考え方に拠れば、記入しない方法も考えられ、実際にそのように求める自治体も少なくありません。

⑩には、②に係る社保等事業主負担額を算出して記載します。

❹ (4)の欄はすべて、様式8別添2から自動転記されます

❺ (5)の各欄の記載

①の加算Ⅱ新規事由の有無は、プルダウンで「加算Ⅱ新規事由あり」を選択します。加算実績額に要した費用の総額との差額の金額は、0円以下であれば、加算Ⅱが使い切られているということになります。この欄にプラスの金額が残っているときは、②の「支払の有無」の欄には自動的に「○」が表示されますので、②以下の欄を記入します。

当該年度で新たに加算Ⅱの適用を受けた場合は、前年度の加算残額はありませんので、②には支払い時期の見込みを記載します。前年度に加算Ⅱの適用を受けていて新規事由がある場合には、「新規事由なし」の場合と同様に、前年度に残額が使い切られていなければ、当該年度で支払った時期と残額の支払い時期の見込みを②に記載します。

③には、当該年度に新たに加算Ⅱの適用を受けた場合には、加算Ⅱの加算残額について、次年度における支給予定の項目を選択します。また「支払った給与の項目」と記載されてはいますが、加算Ⅰの報告書の様式6の同様の箇所にある「支払った（支払う予定の）項目」と同様に考えられる点は、前述の通りです。

前年度に加算Ⅱの適用を受けていて、前年度の加算残額があり、かつ今年度も加算残額がある場合には、前年度の加算残額を支払った給与の項目と未払い分の支給予定の項目を選択します。ただし、加算残額は必ず翌年度中に支払うことが求められているので注意して下さい。

さらに④には、当該年度で新たに加算Ⅱの適用を受けた場合は"職員全員に一時金で7,000円ずつ支給する予定"などといった、未払い分の支給方法についてより具体的な内容を記載します。

また、加算Ⅱの適用をすでに受けていて、前年度の加算残額があり、かつ今年度も加算残額がある場合は、"加算前年度分については、一時金として全職員に5,000円ずつ支給し、今年度の残額については、社会保険に加入している職員に4,000円ずつ支給する予定"などのように、具体的に記載します。

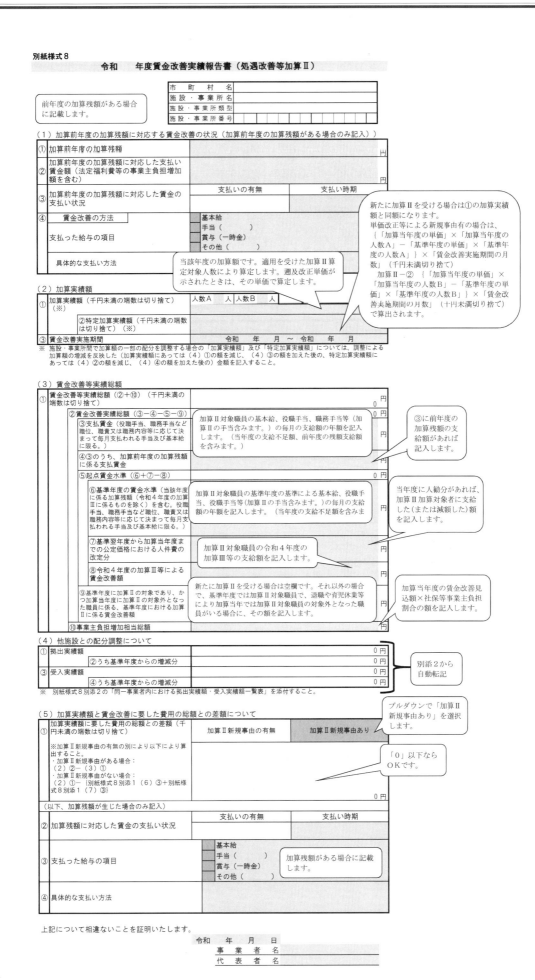

③と⑥に含めるべき加算Ⅱの月額支給分の算定方法については、少し迷います。加算Ⅱは加算対象職員数（人数A・人数B）が毎年変化しますので、職員構成に変化がなくとも配分額は変化する可能性があります。基準年度に3万円配分した職員に対し、2万円しか支給できなくなることもあり得ます。

このことについて、加算ⅡQ&Aには次のような記述があります。

加算ⅡQ&A

2．配分方法について

問11　令和元年度の要件にしたがって賃金改善をしている場合に、令和2年度の要件にあわせて、職員の賃金の減額等を行うことは可能でしょうか。

（答）　保育人材の処遇改善を進める観点からは、職員の賃金の減額等を行うことは望ましくなく、できる限り令和元年度の賃金等を維持又は向上していただくようお願いいたします。

なお、やむをえず職員の給与の減額等を検討する場合であっても、労働契約や就業規則に照らして問題が生じないか、十分にご検討ください。

このように制度上は、一度支給した加算Ⅱを減額することは望ましくない、ということが基本理念のようで、加算額の減少を理由としたこのような減額はできない（法人独自の財源で3万円を維持させる）とする自治体もあるようです。しかし加算額を配分する、という基本理念に立ち返ると、加算額が変動する以上、納得しがたいことであることも確かです。

またこのように配分額を変更した場合の③と⑥の記載方法についても釈然としません。上の例で言えば、③には3万円を、⑥には2万円を算入することになりますが、そうすると自動計算の判定欄でB＜Aとなってしまいます。これを避ける方法としては、次のような記載方法が考えられます。

ア．③と⑥から加算Ⅱを完全に除外する

この方法では表記の整合性は確保できますが、毎月支払われる手当を記載する、という主旨に反します。

イ．③にも⑥にも今年の支給額である3万円を算入する

この方法は、⑥の起点賃金水準が基準年度の賃金水準であるという前提を崩すことになります。

これらの記載方法については、自治体によって解釈の相違があるようですから、各自治体の方針を確認していただくことが必要です。いずれにしても大切なことは、確認欄のA欄とB欄に影響する③と⑥の欄は、入力する時点で③≧⑥となるように方針を決定して入力しなければなりません。

③と⑥の欄はいずれも手入力で、入力された額そのものをチェックする機能は、このエクセル様式にはありません。どのような考え方で算出したかは実際の給与台帳等で確認するしかなく、自治体の担当者にとってこれを確認することは至難の業です。どう記載してもわからないから適当でいい、ということではなく、制度の主旨を明確にし、それを確認できるような様式の整備が必要なのではないかと思いますが、皆様はどのようにお考えでしょうか。

コラム　　加算Ⅱ新規事由は必要か？

　加算Ⅱは平成25年度に始まった保育士等処遇改善臨時特例事業が、子ども・子育て支援新制度の施行にともなって公定価格に組み込まれたものです。その意味で、加算Ⅱとして加算された額は本来の目的である処遇改善に充てるべきことは当然です。しかしここまで説明してきたように、現在の処遇改善制度では、加算Ⅱ新規事由の有無によって計算方法や提出書類の記載方法が異なり、そのことが制度を難解にさせている原因の一つとなっています。

　この点についてよく考えてみると、本来加算Ⅱは加算された総額をそのまま支給していればよく、加算Ⅱ新規事由の有無にかかわらず、加算額と支給額を対比して確認すれば済むことと考えられます。補助金の時代と公定価格とでは、加算額の計算方法は異なりますが、保育士等処遇改善臨時特例事業においても加算額をそのまま支給することが求められていたのであって、現在の加算Ⅱ新規事由にはその意味を感じません。

　このことは、恐らく多くの方々が抱いている疑問なのではないでしょうか。

第4章 処遇改善等加算Ⅲ

第1節　制度の概要

1．制度構築までの経緯

　「保育士・幼稚園教諭等処遇改善臨時特例事業」として令和4年2月から9月まで実施された、「保育士等処遇改善臨時特例交付金」（以下「処遇改善補助金」と言います。）を活用した賃金改善を継続するため、令和4年10月から公定価格における加算として「処遇改善等加算Ⅲ」が新設されました。この加算は、「職員の賃金の継続的な引上げ（ベースアップ）等に要する費用を確保する」ことを目的として設けられたものです。

　令和4年度においては、10月から翌年3月まではそれまでの処遇改善補助金を引き継ぐ形で運用されたため、定員区分や年齢ごとに定められた単価に平均年齢別児童数を乗じて各月初日の利用子ども数で除す、という、処遇改善補助金と酷似した算式で加算Ⅲの加算実績額を算出し、賃金改善を行う制度でした。

　令和4年度の加算Ⅲは、令和5年度以降は少し形を変えて加算Ⅲとして引き継がれました。その際、加算額を完全に職員の賃金改善に充当することや、賃金改善総額のうち3分の2以上は基本給や決まって支払われる手当で支給するなどの基本的な考え方は継続されましたが、加算額の算出方法が変更され、加算Ⅰ・加算Ⅱと同様に新規事由の考え方が導入されました。

　令和5年度は加算Ⅲが改めて制度設計されたという事情から、計画や報告時に特例的な考え方をする必要がありますので、ここでの説明にあたってもそれらの点に着目しつつ進めていくことにしましょう。

2．すべての施設に共通する基本事項

(1)　支給対象となる職員の範囲

　加算Ⅲは施設職員の基本給等のベースアップに資することを主眼としています。そのため、法人役員を兼務する施設長を除き、職種や勤務形態に限らず、施設に勤務する全ての職員に支給することができます。ただし延長保育や預かり保育など、通常の保育以外にのみ従事している職員は施設職員とは見なされず、対象とすることができません。

公定価格FAQ

（Ver.23 令和5年9月15日時点版）（下線は、筆者。以下同じ。）

No.185（処遇改善等加算Ⅲ）

Q）　地方単独事業による加配職員や施設が独自に加配している職員は、処遇改善の対象となるのでしょうか。

A）　実際に賃金改善を行うに当たっては、地方単独事業や施設が独自に加配している職員についても、通常の教育・保育に従事している場合には対象とすることができます。

No.187（処遇改善等加算Ⅲ）

Q）　派遣職員は処遇改善の対象となるのでしょうか。

A）　派遣職員も対象とすることができますが、その場合、派遣元事業所を通じて賃金改善が確実に行われることを確認する必要があります。

No.189（処遇改善等加算Ⅲ）

Q）　法人役員を兼務する施設長は除くとありますが、ここでいう「法人役員」の範囲はどこまででしょうか。

A）　「法人役員」については、賃金の決定を含む施設・事業所の経営判断に携わる者を想定しており、例えば、社会福祉法人や学校法人においては、理事、監事及び評議員が該当します。なお、個人立については法人ではないため、個人事業主は「法人の役員」に該当しません。

No.192（処遇改善等加算Ⅲ）

Q）　法人役員を兼務する施設長は除くとありますが、施設長以外の職員が法人役員を兼務している場合も対象外となるのでしょうか。

A）　施設長以外の職員が法人役員を兼務している場合は、当該職員は対象として差し支えありません。

No.193（処遇改善等加算Ⅲ）

Q）　全ての職員を対象とする必要があるのでしょうか。また、賃金改善額は、一律同額とする必要があるのでしょうか。

A）　賃金改善の具体的な方法や対象・個々の職員ごとの賃金改善額については、事業者の判断により決定することが可能です。

　　ただし、個々の職員の改善額の設定に当たっては、合理的な理由なく特定・一部の職員に偏った賃金改善を行うなどの恣意的な改善とならないようにする必要があります。

⑵　支給方法

　加算Ⅲによって賃金改善を行う場合は、改善額の総額（加算Ⅲによる職員への賃金改善を見込む額で、加算Ⅲ支給による社保等事業主負担額を除きます。）の3分の2以上の額を、基本給又は決まって毎月支払われる手当で支給しなければなりません。（以下「**2／3要件**」と言います。）加算された額の全額又は大部分を一時金等で支払うことは認められていないということですが、保育所等の職員の賃金改善を、可能な限り月額支給額として実現することを制度の主旨としているためです。

処遇改善通知

第6　加算Ⅲの要件

2　加算要件

⑴　加算Ⅲ新規事由がある場合

ア　賃金改善実施期間において、次に掲げる要件を満たしていること。

ⅰ　職員（法人の役員を兼務している施設長を除く。）に係る賃金改善等見込総額が特定加算見込額を下回っていないこと。

ⅱ　職員の賃金見込総額のうち加算Ⅲにより改善を行う部分の総額（当該改善に伴い増加する法定福利費等の事業主負担分を含む。）が加算当年度の加算見込額を下回っていないこと。また、加算Ⅲにより改善を行う部分の総額（当該改善に伴い増加する法定福利費等の事業主負担分を含む。）の3分の2以上が、基本給又は決まって毎月支払われる手当の引上げによるものであること。

　この2／3要件については、個々の職員ごとに満たすことが望ましいとされているものの、強制されてはおらず、施設全体で満たせば差し支えないこととされています。

公定価格FAQ

（Ver.23 令和5年9月15日時点版）

No.196（処遇改善等加算Ⅲ）

Q）　「加算Ⅲによる賃金改善額の総額の3分の2以上が、基本給又は決まって毎月支払われる手当の引上げによるものであること」とされていますが、個々の職員ごとにこの要件を満たす必要があるのでしょうか。

A） 個々の職員について要件を満たすことが望ましいものの、超過勤務手当の金額は個々の職員の事情によって変動すること等を考慮し、全ての職員について個々に要件を満たすことまでは必要なく、施設・事業所単位で「加算Ⅲによる賃金改善額の総額の3分の2以上が、基本給又は決まって毎月支払われる手当の引上げによるものであること」を満たすことで足ります。

ただし、実際の改善額の設定に当たっては、合理的な理由なく特定・一部の職員に偏った賃金改善を行うなどの恣意的な改善とならないようにする必要があります。

2／3要件を満たして支給したとしても、多くの場合それだけでは加算Ⅲ全額を使い切ることができないため、支給不足額を賞与や一時金などによって追加支給する必要があります。それでもなお、加算残額が生じた場合には翌年度に支給することもできますが、その場合には翌年度分の加算Ⅲと混在してしまわないように区分して管理することが必要になるほか、支給対象となっていた職員が退職しているなどの事態も想定されます。また支給額の計算や書類作成にあたっても、かなり煩雑な作業が必要になります。そのような事態を回避するためにも、毎年3月頃には支給不足額を計算し、可能な限り年度内に支給を完了して加算残額が発生させないことが、後々の事務作業の簡略化にもつながります。

Q 計画時点では2／3要件を満たしていたが、年度途中で産休に入った職員の影響で、年度終了時点では満たしていない状態になってしまった。加算Ⅲの加算認定は取り消されるか。

A 計画時と同様に、実績報告時にも2／3要件は課されますが、予測できない職員の急な異動や休暇取得によって2／3要件を満たすことができない場合は、加算額の全額を確実に使い切ることにより、加算認定取消などのペナルティが課されることはありません。

公定価格FAQ

NO.206（処遇改善等加算Ⅲ） 　　　　　　　　　　（Ver.23 令和5年9月15日時点版）

Q） 処遇改善等加算通知第6.2.⑴.ア.ⅱにおいて「賃金改善見込額の総額の3分の2以上が、基本給又は決まって毎月支払われる手当の引上げによるものであること」とされていますが、賃金改善実施期間終了後、基本給等による改善額が3分の2を下回っていた場合は、加算Ⅲの要件を満たさないとして、加算認定の取り消しとなるのでしょうか。

A） 年度途中に職員が急に休業を取得した場合など、賃金改善計画策定時に想定していなかった事情が発生した影響により、基本給又は決まって毎月支払われる手当による改善額が賃金改善額の3分の2を下回った場合については、加算認定を取り消す必要はありません。

なお、賃金改善実績報告書において加算残額が発生している場合には、翌年度に、その全額を一時金等により職員の賃金改善に充てる必要があります。

ただし、このような事態に備えるためには、可能な限り2／3要件ギリギリの月額を設定せず、7割から8割程度を月額で支給できるように設定しておくことが望ましいと言えます。

３．加算Ⅲ新規事由

　「加算Ⅲ新規事由」とは、後述する加算Ⅲの「特定加算額」を生ずる原因となる"事由"のことをいいます。加算Ⅲが１年間にわたって完全実施されるのは令和５年度が初年度となることから、令和５年度に限っては、全施設・事業所が下記に示した処遇改善通知の２(1)イⅱまたはⅲに該当するため、「加算Ⅲ新規事由」に該当することになります。加算Ⅲ新規事由は処遇改善通知において、次のように定められています。

処遇改善通知

第６　加算Ⅲの要件

２　加算要件

(1)　加算Ⅲ新規事由がある場合

　イ　「加算Ⅲ新規事由」とは、次に掲げる事由をいう。

　　ⅰ　加算前年度に加算Ⅲの適用を受けており、加算当年度に適用を受けようとする加算単価が公定価格の改定※により加算前年度に比して増加する場合（令和４年度に加算Ⅲの適用を受けた場合を除き、当該単価の増加のない施設・事業所において、当該単価の増加のある他の施設・事業所に係る特定加算見込額の一部を受け入れる場合を含む。）

　　ⅱ　令和５年度以降、新たに加算Ⅲの適用を受けようとする場合

　　ⅲ　令和４年度に引き続き令和５年度も加算Ⅲの適用を受けようとする場合

　　※　法定福利費等の事業主負担分の算定額の増額による加算単価の改定を除く。

　ⅰに記載されている「加算単価」は、令和５年度は下表の通りで、この額が増額改定されたときに「加算Ⅲ新規事由」に該当することを指します。したがって令和６年度以降に単価の増額改定が行われた場合（法定福利費等の増額による改定を除きます。）には、この事由に該当することになります。また同様に、令和６年度以降に単価の増額改定の対象でない施設が単価の増額改定の対象となる施設から加算Ⅲの移動を受ける場合も対象となります。一般に同じ種別の施設であれば、単価の増額改定は同時に行われるのが普通ですから、異なる種別の施設間での移動が行われた場合にその事例が生ずる可能性があると言えそうです。

■令和５年度単価

区　　分	当初単価	遡及改正単価
保　育　所	11,000円	11,030円
認定こども園	11,280円	11,310円

　加算Ⅲは「保育士・幼稚園教諭等処遇改善臨時特例事業」から令和４年10月に公定価格に組み込まれる形で制度が開始されたために、令和５年度は加算単価や算定方法が改正されるなど、改めて制度設計がなされています。そのため、令和４年度に加算Ⅲの適用を受けていた施設も含めて、令和５年度には全施設・事業所が加算Ⅲ新規事由に該当するなど、特例的な年度になっています。

　ⅰのカッコ書きにある通り、令和５年度に限ってはこの規定から除外され、改めてⅲにおいて該当することが念を押される形で記載されています。新たに加算Ⅲを受ける施設・事業所はⅱに該当しますから、この結果前述の通り、令和５年度においては全施設・事業所が「加算Ⅲ新規事由」に該当することになるわけです。

4．基準年度

　当年度の賃金水準と比較する対象となる年度のことを「**基準年度**」と言います。3で述べた通り、加算Ⅲは令和5年度に限っては、全ての施設が処遇改善通知の2(1)イⅱまたはⅲに該当することから、処遇改善通知の次の定めにより、基準年度は「前年度」とします。また加算Ⅲ新規事由がない場合でも、基準年度は「前年度」とすることが原則となりますが、例外として「3年度前の年度」を選択することができることとされています。ただし新設された加算であるという事情等を勘案すれば、基準年度は前年度とすることが書類作成の観点から見ても容易と言えますので、特に重要な事情がなければ、基準年度は前年度と考えていただくことが無難と言えそうです。

処遇改善通知 ////

第6　加算Ⅲの要件

2　加算要件

(1)　**加算Ⅲ新規事由がある場合**

　コ　「起点賃金水準」とは、次に掲げる場合に応じ、それぞれに定める基準年度の賃金水準（当該年度に係る加算残額（令和4年度の加算Ⅲに係るものを除く。）を含み、基準年度の前年度に係る加算残額の支払並びに令和4年度の加算Ⅲ等による賃金改善額を除く。）に、基準翌年度から加算当年度までの公定価格における人件費の改定分を合算した水準をいう。

　　a　イ ⅰの場合　加算前年度の賃金水準。ただし、施設・事業所において基準年度を加算前年度とすることが難しい事情があると認められる場合には、加算当年度の3年前の年度の賃金水準とすることができる。

　　b　イ ⅱの場合　次に掲げる場合に応じ、それぞれに定める基準年度の賃金水準。

　　　b－1　加算前年度に加算Ⅲの賃金改善要件分の適用を受けておらず、それ以前に適用を受けたことがある場合　加算Ⅲの適用を受けた直近の年度。

　　　b－2　加算当年度に初めて加算Ⅲの適用を受けようとする場合　加算前年度。

　　c　イ ⅲの場合　令和4年度

(2)　**加算Ⅱ新規事由がない場合**

　オ　「起点賃金水準」とは、基準年度の賃金水準（加算前年度の賃金水準。ただし、施設・事業所において基準年度を加算前年度とすることが難しい事情があると認められる場合には、加算当年度の3年前の年度の賃金水準とすることができる。（略）

　本書では、他の加算の説明に当たっては、該当する施設が多いことが予想される「新規事由のない場合」を先に解説していますが、令和5年度の加算Ⅲに限っては全施設・事業所が「新規事由がある場合」に該当しますので、そちらを先に第2節で解説を行うことにしましょう。

第2節　令和5年度の加算Ⅲ　実績報告書

1．令和5年度において注意すべき考え方

　第1節の3でご紹介した通り、令和4年10月から加算Ⅲの適用を受けていた施設・事業所が令和5年度に継続して加算Ⅲを受ける場合には、「加算Ⅲ新規事由あり」の施設・事業所に区分されます。

　本書刊行の時点では、恐らく令和5年度の賃金改善計画書は提出済みであることが多いと考えられるため、この章では「令和4年10月から加算Ⅲを受けており、令和5年度にも引き続いて加算Ⅲを受けることから、加算Ⅲ新規事由がありとされる施設・事業書の賃金改善実績報告書」に限定して、説明することにします。

　さて、令和4年度に加算Ⅲの適用を受けていた施設・事業所では加算実績額をもとに職員への支給額を決定していましたが、令和5年度はその考え方をリセットして（令和4年度のことはいったん忘れて）改めて加算Ⅲとして支給する、と意識するとわかりやすいでしょう。つまり令和4年度は済んだこと、令和5年度は新たな加算Ⅲがスタートした、と割り切るということです。もちろん、一人一人の職員への支給額の決定には給与規程等における規定が必要ですから、令和4年度に決めた支給額をそのまま令和5年度にも適用することはあり得ます。ただし、その額が加算Ⅲの加算要件を満たすかどうかは検証する必要があり、その意味では令和5年度における加算Ⅲの制度を新たに再構築する、という考え方の方が妥当と言えます。新たに仕切りなおして令和5年度の支給額を検討した結果、令和4年度と同額の支給となることは、当然あり得ることですが、それはあくまで結果論であり、月額支給額を同額とすることを前提としてしまうことは危険と言えます。

2．賃金改善実績報告書

⑴　加算実績額（特定加算実績額）の計算

　「加算実績額」とは、年度終了後の実績報告時に算定する加算Ⅲの受入実績額で、算定対象人数と加算単価をもとに計算します。

　また加算Ⅲ新規事由がある場合、新規事由によって基準年度より増加した額のことを「**特定加算実績額**」と言い、全額を職員への支給（社保等事業主負担額を含みます。）に使用し切っている必要があります。

　加算Ⅲ新規事由がある場合のうち、この節で扱う"令和4年度に引き続き令和5年度も加算Ⅲの適用を受ける場合"（以下「イⅲの場合」と言います。）については、特定加算実績額は加算実績額と同額です。

　「イⅲの場合」の特定加算見込額は、次の計算式によって求められます。

> **処遇改善通知**
>
> 第6　加算Ⅲの要件
>
> 2　加算要件
>
> 　⑶　加算Ⅲ新規事由がある場合
>
> 　　コ　「特定加算実績額」とは、賃金改善実施期間における加算実績額のうち加算Ⅲ新規事由に係る額として、以下により算定した額をいう。

> ＜イⅱ及びⅲの場合＞
> 「加算当年度の単価」×「加算当年度の加算Ⅲ算定対象人数」×「賃金改善実施期間の月数」（千円未満の端数は切り捨て）

　令和4年度には加算実績額の算定にあたって、定員区分や年齢ごとに定められた単価に平均年齢別児童数を乗じ、各月初日の利用子ども数で除す計算を行うことによって算出していました。しかし令和5年度からは、第3章でご紹介した加算Ⅱの考え方と同様に、まず加算対象人数を算出し、加算単価を乗じて各月初日の利用子ども数で除すという方法で算出する方法に変更されています。そのため令和4年度の加算額をもとに令和5年度の支給額を決定している施設では、支給不足や過剰支給が生じる可能性がありますので、改めて計算して確認する必要があります。

(2) 実例による（特定）加算実績額の計算

　では、実例をもとに、（特定）加算実績額を計算してみましょう。

　令和5年度における公定価格の遡及改正単価は、101ページでお示ししましたが、ここでの目的は実績報告書の記載方法を説明することですから、遡及改正単価を使用します。

【計算例】

施設種別：保育所（分園なし）利用定員：60名

年度当初の計画時に算定した児童数（見込平均年齢別児童数）

年齢	標準時間	短時間	合計
4歳以上児	24	3	27
3　歳　児	12	1	13
1・2歳児	13	1	14
0　歳　児	4	0	4
合　　計	53	5	58

加算内容：加算Ⅰ・3歳児配置改善加算・主任保育士専任加算・事務職員雇上費加算・栄養管理加算A

　年度当初の計画時には、この児童数（見込平均利用児童数）から、次ページのように「処遇改善等加算Ⅲ加算対象職員数計算表」を使用して算定対象人数を算出して、申請を行っているはずです。

処遇改善等加算Ⅲ　加算Ⅲ算定対象人数計算表（保育所）

施設・事業所名　　　　　〇〇〇保育所

0.　基礎情報

	選択項目	入力項目	入力項目
分園の有無	なし	本園分を記入	入力不要
利用定員数		60	0
年齢別児童数		58	0
4歳児以上児		27	0
3歳児		13	0
1，2歳児		14	0
0歳児		4	0

※ 各月平均の年齢別児童数を使用する場合は、別途配布している「年齢別児童数計算表」により計算した児童数を入力すること。
　　特例給付を受けて利用する児童がいる場合は、該当する年齢区分に含めること。

1.　加算Ⅲの加算算定対象人数（人）

	本園分			選択不要		
	選択項目		職員数（自動計算）	選択項目		職員数（自動計算）
a　年齢別配置基準による職員数			6.5			0.0
4歳以上児		27	0.9		0	0.0
3歳児		13	0.0		0	0.0
3歳児配置改善加算	あり	13	0.8	本園と合算		
1，2歳児		14	2.3		0	0.0
0歳児		4	1.3		0	0.0
小計（小数点第一位四捨五入）			5.0			0.0
b　保育標準時間認定の児童	あり		1.7	なし		0.0
c　主任保育士専任加算	あり		1.2	―		
d　療育支援加算	なし		0.0	―		
e　事務職員雇上加算	あり		0.4	―		
f　休日保育加算	なし		0.0	―		
g　夜間保育加算	なし		0.0	―		
h　チーム保育推進加算	なし		0.0	―		
i　栄養管理加算	あり		0.6	―		
j　分園の場合	―					0.0
k　施設長を配置していない場合	非該当		0.0	―		
利用定員数に基づく職員数			5.4			0.0
合計			15.8			0.0
加算Ⅲ算定対象人数（1人未満端数　四捨五入）			**16**			**0**

（参考）加算見込額（円）

11,000 円　×　加算Ⅲ算定対象人数	176,000

　これはあくまで申請時のものですので、加算額も当初単価によるものです。

　処遇改善通知には加算実績額の計算式が示されていませんが、特定加算実績額の計算式を勘案すれば、次のように計算することが妥当と考えられます。この計算例では加算Ⅲ算定対象人数は16人とされ、処遇改善通知に示された計算式によって、（特定）加算実績額は次のように計算できます。

加算実績額

11,030円×16人×12か月＝2,117,000円（千円未満切捨て）※11,030円は令和5年度遡及改正単価

⑶　支給不足額の支給

　では⑵の計算例に、社保等事業主負担額・割合に関する次のような条件を加えて、支給不足額（一時金等で追加支給すべき額）を計算してみましょう。

【計算例】

施設種別：保育所（分園なし）加算Ⅲ算定対象人数：16人

令和4年度決算における資金収支計算書計上額：

職員給料支出	65,550,167円
職員賞与支出	9,986,458円
非常勤職員給与支出	8,688,548円（嘱託医・講師等の報酬は含まれていない）
法定福利費支出	12,056,768円
退職給付引当資産支出	1,187,040円（県退職共済掛金）

ア．社保等事業主負担割合を計算します。

　　　65,550,167円＋9,986,458円＋8,688,548円＝84,225,173円・・・賃金合計

　　　12,056,768円＋1,187,040円＝13,243,808円・・・法定福利費等事業主負担額

　　　13,243,808円÷84,225,173円≒0.15724（小数第6位を四捨五入）

　このとき、小数第6位を四捨五入しているのは、処遇改善通知等にそのように定められているわけではなく、加算実績額等が千円未満切捨てとしていることや、加算実績額を確実に超えるように計算する必要があることなどに鑑みて、安全な計算結果を確保するためです。

　また、法定福利費等事業主負担額には都道府県の退職共済掛金総額を算入していますが、これは月々の定額支給分の増加を要因として掛金額も増加することから、加算Ⅱ「追加FAQ」に次のように記載されており、これを準用することが妥当と考えられるからです。したがってこの額には、掛金が定額である（独）福祉医療機構の退職共済掛金は含めないことが妥当と言えます。

加算Ⅱ追加FAQ////

　1-38　法定福利費等の取扱い

問　処遇改善等加算Ⅱにおける法定福利費等の事業主負担増加額の範囲はどのようなものですか。

答　法定福利費等の事業主負担増加額は、次のものを含みます。

　　健康保険料、介護保険料、厚生年金保険料、子ども・子育て拠出金、雇用保険料、労災保険料等における、処遇改善による賃金上昇分に応じた事業主負担増加分、法人事業税における処遇改善による賃金上昇分に応じた外形標準課税の付加価値額増加分、退職手当共済制度等における掛金等が増加する場合の増加分。

イ．（特定）加算実績額を計算します。他施設との間で加算Ⅲの移動を行ったときは移動した額を加算・減算しますが、ここではないものとします。

　　　　11,030円×16人×12か月＝2,117,000円（千円未満切捨て）

ウ．社保等事業主負担額を除いた加算Ⅲの支給すべき額を計算します。

　　　　2,117,000円÷（1＋0.15724）＝1,829,353円（端数切上げ）

エ．加算Ⅲの2／3要件を満たすことを確認するため、2／3の額を計算します。

　　　　1,829,353円×2／3＝1,219,569円（端数切上げ）

オ．支給額と社保等事業主負担額の合計額が、加算実績額を超えていることを確認します。

　　　　1,829,353円×0.15724＝287,647円（小数第1位を四捨五入）

　　　　1,829,353円＋287,647円＝2,117,000円　≧　2,117,000円

　以上の計算に基づいて、令和5年度末に加算残額が生じる事態を回避するためには、令和6年3月までに1,829,353円をすべて支給しておけばよいことになります。したがって、令和6年3月までに支払った毎月の定額支給額の合計額を1,829,353円から減算し、残りを一時金等によって支給すれば、加算残額を生じさせることなく支給することができます。

　ここでは、端数切上げとしましたが、切上げの単位をあげて、例えば、千円未満切上げとすると、1,830,000円になり、その分の社保等事業主負担額も大きくなりますので、より確実に支給額を超えるようになります。

⑷　賃金改善実績報告書の作成

　令和5年度の賃金改善実績報告書を作成します。実績報告時の提出書類は次の3つの書類です。ただし、自治体単独で人件費補助金等を拠出している場合には、自治体が定めた書類を提出する必要がありますので、注意してください。

【処遇改善通知に定められた賃金改善実績報告時の提出書類】

　ア．別紙様式10「賃金改善実績報告書（処遇改善等加算Ⅲ）」

　イ．別紙様式10別添1「賃金改善内訳（職員別内訳）」

　ウ．別紙様式10別添2（同一法人内において施設間での加算Ⅲの移動を行った場合にのみ作成）

　簡単な例で記載方法を見てみましょう。

❶　⑴　書類記入のための前提条件

＜前年度（令和4年度）に関する事項＞

　ア．加算Ⅲ等による賃金改善額　　　1,802,000円

　イ．基準年度の賃金水準　　　67,059,500円（アの額を含む）

＜当年度（令和5年度）に関する事項＞

　ウ．加算Ⅲ（特定）加算実績額　　　2,117,000円

　エ．支給すべき加算Ⅲの総額　　　1,829,353円

オ．毎月定額の手当で支給している額　常勤職員13名に月額8,500円

非常勤職員2名に月額3,000円

非常勤職員1名に月額2,000円（全職員が12ヶ月通して勤務）

カ．支払賃金　　　　　　　　　　　67,086,853円（オの額を含む）

キ．社保等事業主負担割合　　　　　15.724%

　この例では設定していませんが、別紙様式10別添2は、加算Ⅲの加算額の一部を他の施設・事業所に移動した場合に拠出側施設及び受入側施設で作成します。この書式に記載した内容は別紙様式10の(4)に自動転記されますが、加算実績額・特定加算実績額の欄には反映されないので、加算調整後の額を記載する必要があります。

別紙様式10別添2

施設・事業所名	

同一事業者内における拠出実績額・受入実績額一覧表

番号	都道府県名	市町村名	施設・事業所名※1	他事業所への拠出額（円）	うち基準年度からの増減額（円）	他事業所からの受入額（円）	うち基準年度からの増減額（円）
例1	○○県	○○市	○○保育所	200,000円			
合計				0円	0円	0円	0円

※1　同一事業者が運営する全ての施設・事業所（特定教育・保育施設及び特定地域型保育事業所、特例保育を提供する施設）について記入すること。

　別紙様式10別添1は、どの職員にいくら支給したかを記載する書類ですが、支給の有無に関わらず、施設・事業所に現に勤務している職員全員（職種を問わず、非常勤も含みます。）について記載します。年度途中で採用した職員や退職した職員、育児休業等を取得した職員や復帰した職員など、他の職員と比較して支給額の差が大きい職員や、支給しなかった職員についてはその理由を備考欄に記載します。

　加算Ⅲによる賃金改善額の項目のうち「基本給及び決まって毎月支払う手当」の欄には、毎月、加算Ⅲ分として支給した額の年額を記載します。一般的に1年間同じ額を支給した職員には、月額×12か月で算出しますので、常勤職員に月額8,500円を支給した場合には、8,500円×12か月＝102,000円とします。「その他」の欄には、賞与や一時金などで支給した額を記載します。

　この計算例では、支給しなければならない最低額を一時金で支給したと仮定した場合について記載しています。また、支給総額1,829,353円に社保等事業主負担割合の15.724%を乗じた金額287,647円を「賃金改善に伴う増加する法定福利費等の事業主負担分」の欄に記載します。

別紙様式10別添1

施設・事業所名	

賃金改善内訳（職員別内訳）

No	職員名	職種	常勤・非常勤の別 ※1	常勤換算値 ※2	加算Ⅲによる賃金改善額　※3			賃金改善に伴い増加する法定福利費等の事業主負担分　※4	賃金改善月額※5	備考
						基本給及び決まって毎月支払う手当	その他			
1	○○　○○	施設長	常勤	1.0	0円	0円	0円		0円	法人役員
2	○○　○○	保育士	常勤	1.0	127,000円	102,000円	25,000円		10,583円	
3	○○　○○	保育士	常勤	1.0	127,000円	102,000円	25,000円		10,583円	
4	○○　○○	保育士	常勤	1.0	127,000円	102,000円	25,000円		10,583円	
5	○○　○○	保育士	常勤	1.0	127,000円	102,000円	25,000円		10,583円	
6	○○　○○	保育士	常勤	1.0	127,000円	102,000円	25,000円		10,583円	
7	○○　○○	保育士	常勤	1.0	127,000円	102,000円	25,000円		10,583円	
8	○○　○○	保育士	常勤	1.0	127,000円	102,000円	25,000円		10,583円	
9	○○　○○	保育士	常勤	1.0	127,000円	102,000円	25,000円		10,583円	
10	○○　○○	保育士	常勤	1.0	127,000円	102,000円	25,000円		10,583円	
11	○○　○○	保育士	常勤	1.0	127,000円	102,000円	25,000円		10,583円	
12	○○　○○	保育士	常勤	1.0	127,000円	102,000円	25,000円		10,583円	
13	○○　○○	栄養士	常勤	1.0	127,000円	102,000円	25,000円		10,583円	
14	○○　○○	調理員	常勤	1.0	127,000円	102,000円	25,000円		10,583円	
15	○○　○○	保育士	非常勤	0.8	48,500円	36,000円	12,500円		5,052円	
16	○○　○○	保育士	非常勤	0.8	48,500円	36,000円	12,500円		5,052円	
17	○○　○○	保育補助	非常勤	0.5	15,000円	0円	15,000円		2,500円	短時間勤務職員
18	○○　○○	保育補助	非常勤	0.5	15,000円	0円	15,000円		2,500円	短時間勤務職員
19	○○　○○	調理員	非常勤	1.0	36,353円	24,000円	12,353円		3,029円	
20	○○　○○	事務	非常勤	0.6	15,000円	0円	15,000円		2,083円	短時間勤務職員
	総額				1,829,353円	1,422,000円	407,353円	287,647円		

加算による賃金改善のうち、基本給及び決まって毎月支払う手当によるものの割合※6	77.7%

【記入における留意事項】
施設・事業所に現に勤務している職員全員（職種を問わず、非常勤を含む。）を記入すること。
備考欄には、賃金改善実施期間中の採用や退職がある場合にはその旨、また、賃金改善額が他の職員と比較して高額（低額、賃金改善を実施しない場合も含む）である場合についてはその理由を記入すること。
※1　「常勤」とは、当該施設・事業所の就業規則において定められている常勤の従事者が勤務すべき時間数（教育・保育に従事する者にあっては、1か月に勤務すべき時間数が120時間以上であるものに限る。）に達している者又は当該者以外の者であって1日6時間以上かつ月20日以上勤務するものをいい、「非常勤」とは常勤以外の者をいう。
※2　常勤換算値について、常勤の者については1.0とし、非常勤の者については、以下の算式によって得た値を記入すること。
　　〔算式〕
　　　常勤以外の職員の1か月の勤務時間数の合計÷各施設・事業所の就業規則等で定めた常勤職員の1か月の勤務時間数＝常勤換算値
※3　賃金改善に伴い増加する法定福利費等の事業主負担分を除く。
※4　賃金改善に伴い増加する法定福利費等の事業主負担分については以下の算式により算定することを標準とする。
　　〔算式〕
　　　加算前年度における法定福利費等の事業主負担分の総額÷加算前年度における賃金の総額×賃金改善額
※5　職員ごとの賃金改善月額について以下の算式によって得た金額を記入すること。
　　〔算式〕
　　　当該年における賃金改善額÷賃金改善実施期間÷常勤換算値＝賃金改善月額
※6　「加算Ⅲによる賃金改善額」に占める「基本給及び決まって毎月支払う手当による金額」の割合が3分の2以上であることが必要。法定福利費等の事業主負担額を除く。

　最後に別紙様式10に記載します。前年度において加算残額が生じていないという前提で、⑵の加算実績額から記載します。

② ⑵の各欄の記載

　この計算例では、①の加算Ⅲの加算実績額を2,117,000円と記載しますが、令和5年度に限って全事業所・施設が新規事由ありに該当しますので、②の特定加算実績額にも2,117,000円を記載します。計算例では他の拠点への拠出や受入を行っていないので、加算実績額と特定加算実績額が同額ですが、移動がある場合は金額の調整が必要です。

　③の賃金改善実施期間は、途中開園などの特殊な事情がない限り「令和5年4月から令和6年3月」と記載します。

③ ⑶の各欄の記載

　③の欄には、各職員への加算Ⅲ支給額を含めた基本給や手当、賞与等を足し合わせた額（加算Ⅰ、加算Ⅱも含む）を記載します。計算例では67,086,853円です。この欄に記載する額は、

　ア．別紙様式10別添1で全職員を対象とするため、全職員の支払賃金を記載するという考え方
　イ．加算Ⅱのように加算Ⅲの対象者の支払賃金を記載するという考え方

の2通りが考えられますが、処遇改善通知に明確に記載されていないことから、どちらの考え方を採用

するかは自治体によって差異が生ずることになりそうです。

　④の欄には、令和4年度の加算Ⅲの残額がある場合に限り、その額を記載します。

　⑤の欄には、加算Ⅱが「新規事由あり」に該当する場合に、加算Ⅱによる賃金改善額を記載しますが、多くの施設では該当しないと考えられます。（詳細は第3章をご参照ください。）

　⑦の欄の起点賃金水準は、前年度の加算Ⅲ（実際に保育士等処遇臨時特例事業を用いた支給額や加算Ⅲの実績額ではなく、令和5年度と同じ加算Ⅲの制度が令和4年度に存在したと仮定したときに、各職員に支給したと考えられる額）を加えた賃金水準額で、計算例では67,086,853円を記載します。記載する対象職員の範囲については、③の考え方との整合性を確保したうえで記載することが必要です。

　⑨の欄には、前年度の加算Ⅲの賃金改善額を記載します。また、令和4年4月～9月の処遇改善補助金による支給額を含めて記載を求められることが一般的です。

❹　(4)の各欄の記載

　様式10別添2から自動転記されます。

❺　(5)の各欄の記載

　①の欄は、プルダウンメニューから「加算Ⅲ新規事由あり」を選択します。この欄の上・下の欄はともに黄色く塗られていません。しかしこの欄には計算式が設定されていますので、入力する必要はありません。

　上の欄には(2)①の加算実績額と、様式10別添1で算出した加算Ⅲによる賃金改善額と社保等事業主負担額の合計額との比較の結果、その差額が表示されます。

　また下の欄には、特定加算実績額と、様式10別添1で算出した加算Ⅲによる賃金改善額と社保等事業主負担額の合計額との比較の結果、その差額が表示されます。いずれも0円以下になっていれば、加算残額はない、つまり加算額をすべて使用し切った、という判定になります。計算例では「0円」と表示されていますので、加算残額がないことが確認できます。

　なお、令和5年度の加算Ⅲの賃金改善計画書や賃金改善実績報告書については、賃金改善計画書の(2)⑨、賃金改善実績報告書の(3)⑨にそれぞれ「令和4年度の加算Ⅲ等による賃金改善額」という欄があり、この項目に記載した金額は基準年度の起点賃金水準から差し引くことになっています。記入にあたっては、いったん令和4年度の加算Ⅲ等の額を含めた起点賃金水準を算出し、その後に差し引くことにより、令和5年度の加算Ⅲによる加算額が改善に使用されていることを確認する様式になっています。

別紙様式10

令和5年度賃金改善実績報告書（処遇改善等加算Ⅲ）

市　町　村　名	
施 設 ・ 事 業 所 名	
施 設 ・ 事 業 所 類 型	
施 設 ・ 事 業 所 番 号	

（1）前年度の加算残額に対応する賃金改善の状況（前年度の加算残額がある場合のみ記入）

①	加算前年度の加算残額		円
②	加算前年度の加算残額に対応した支払い賃金額（法定福利費等の事業主負担増加額を含む）		円
③	加算前年度の加算残額に対応した賃金の支払い状況	支払いの有無	支払い時期
④	賃金改善の方法		
	支払った給与の項目	▨ 基本給 ▨ 手当（　　　　） ▨ 賞与（一時金） ▨ その他（　　　　）	
	具体的な支払い方法		

（2）加算実績額

①	加算実績額（千円未満の端数は切り捨て）（※）	2,117,000 円
	②特定加算実績額（千円未満の端数は切り捨て）（※）	2,117,000 円
③	賃金改善実施期間	令和5年4月 ～ 令和6年3月

※ 施設・事業所間で加算額の一部の配分を調整する場合の「加算実績額」及び「特定加算実績額」については、調整による加算額の増減を反映した（加算実績額にあっては（4）①の額を減じ、（4）③の額を加えた後の、特定加算実績額にあっては（4）②の額を減じ、（4）④の額を加えた後の）金額を記入すること。

（3）賃金改善等実績総額

①	賃金改善等実績総額（②＋⑩）（千円未満の端数は切り捨て）	2,117,000 円
	②賃金改善実績総額（③－④－⑤－⑥）	1,829,353 円
	③支払賃金	67,086,853 円
	④③のうち、加算前年度の加算残額に係る支払賃金	0 円
	⑤③のうち、加算Ⅱの新規事由による賃金改善額	0 円
	⑥起点賃金水準（⑦＋⑧－⑨）	65,257,500 円
	⑦基準年度の賃金水準（当該年度に係る加算残額（令和4年度の加算Ⅲに係るものを除く）を含む）	67,059,500 円
	⑧基準翌年度から加算当年度までの公定価格における人件費の改定分	0 円
	⑨令和4年度の加算Ⅲ等による賃金改善額	1,802,000 円
	⑩事業主負担増加相当総額	287,647 円

（4）他施設への配分等について

①	拠出額	0 円
	②うち基準年度からの増減分	0 円
③	受入額	0 円
	④うち基準年度からの増減分	0 円

※ 別紙様式10別添2の「同一事業者内における拠出見込額・受入見込額一覧表」を添付すること。

（5）加算実績額と賃金改善に要した費用の総額との差額について

①	加算実績額に要した費用の総額との差額（千円未満の端数は切り捨て） （2）①－別紙様式10別添1の「加算Ⅲによる賃金改善額」と「賃金改善に伴い増加する法定福利費等の事業主負担分」の総額欄の合計	0 円
	※加算Ⅲ新規事由ありの場合、以下についても算出すること。 （2）②－（3）①	加算Ⅲ新規事由の有無　　加算Ⅲ新規事由あり 0 円

（以下、加算残額が生じた場合のみ記入）

②	加算残額に対応した賃金の支払い状況	支払いの有無	支払い時期
③	支払った給与の項目	▨ 基本給 ▨ 手当（　　　　） ▨ 賞与（一時金） ▨ その他（　　　　）	
④	具体的な支払い方法		

上記の内容について、全ての職員に対し周知をした上で、提出していることを証明いたします。

令和　年　　月　　日

事 業 者 名

代 表 者 名

第3節　加算Ⅲ新規事由がない場合（令和6年度以降）

1．賃金改善計画書

(1)　加算見込額の計算

　「加算見込額」は年度当初の賃金改善計画作成時に算定する加算予定額で、「加算Ⅲ算定対象人数」を算定し、単価を使って計算します。下記の計算例をもとに、加算見込額を計算してみましょう。

【計算例】

施設種別：保育所（本園と分園）利用定員：130名（うち本園100、分園30）

児童数（見込平均年齢別児童数）

年齢	本園		分園		合計
	標準時間	短時間	標準時間	短時間	
4歳以上児	54	4	0	0	58
3　歳　児	27	3	0	0	30
1・2歳児	6	1	21	2	30
0　歳　児	0	0	5	1	6
合　　計	87	8	26	3	124

加算内容：加算Ⅰ・3歳児配置改善加算・主任保育士専任加算・事務職員雇上費加算・栄養管理加算A

　「平均年齢別児童数計算表」を使って平均年齢別児童数を算出し、この児童数を「処遇改善等加算Ⅲ加算対象職員数計算表」に適用して、加算Ⅲ算定対象人数を算出します。

平均年齢別児童数計算表（認定こども園、保育所等）

施設・事業所名	

黄緑色セルは入力項目、黄色セルは自動計算。
児童数は、月初日利用児童数を入力すること。
小規模保育所、事業所内保育事業所については、1，2歳児、0歳児欄に記入すること。

（1）令和4年度実績

4年度		4月	5月	6月	7月	8月	9月	10月	11月	12月	1月	2月	3月	平均児童数
		実績												
4歳以上児	児童数	58人	58人	59人	59人	59人	60人	60人	60人	60人	60人	60人	60人	59人
	伸び率		1.00	1.02	1.02	1.02	1.03	1.03	1.03	1.03	1.03	1.03	1.03	
3歳児	児童数	30人	30人	30人	30人	30人	30人	30人	30人	30人	30人	30人	30人	30人
	伸び率		1.00	1.00	1.00	1.00	1.00	1.00	1.00	1.00	1.00	1.00	1.00	
うち満3歳児（認定こども園のみ）	児童数													0人
	伸び率													
1，2歳児	児童数	32人	32人	33人	33人	33人	34人	34人	34人	34人	34人	34人	34人	33人
	伸び率		1.00	1.03	1.03	1.03	1.06	1.06	1.06	1.06	1.06	1.06	1.06	
0歳児	児童数	5人	5人	5人	6人	6人	6人	6人	6人	6人	6人	6人	6人	6人
	伸び率		1.00	1.00	1.20	1.20	1.20	1.20	1.20	1.20	1.20	1.20	1.20	
合計		125人												128人

（2）前年実績による令和5年度見込み年齢別平均児童数

5年度		4月	5月	6月	7月	8月	9月	10月	11月	12月	1月	2月	3月	平均児童数
		実績	見込み（4月実績×（1）で算出された伸び率）											
4歳以上児	児童数	57人	57人	58人	58人	58人	59人	59人	59人	59人	59人	59人	59人	58人
3歳児	児童数	30人	30人	30人	30人	30人	30人	30人	30人	30人	30人	30人	30人	30人
うち満3歳児（認定こども園のみ）	児童数													0人
1，2歳児	児童数	29人	29人	30人	30人	30人	31人	31人	31人	31人	31人	31人	31人	30人
0歳児	児童数	5人	5人	5人	6人	6人	6人	6人	6人	6人	6人	6人	6人	6人
合計		121人												124人

※各月の初日人数は各施設の面積基準を下回らないこと

> 上記計算では実態と大きく乖離する場合（面積基準を下回る場合含む）【上記算出結果を使用する場合は以下入力不要】

（3）前年度実績による見込みによりがたい場合の年齢別平均児童数

5年度		4月	5月	6月	7月	8月	9月	10月	11月	12月	1月	2月	3月	平均児童数
		実績	見込み											
4歳以上児	児童数	57人												5人
3歳児	児童数	30人												3人
うち満3歳児（認定こども園のみ）	児童数	0人												0人
1，2歳児	児童数	29人												2人
0歳児	児童数	5人												0人
合計		121人												10人

> 上記で算出した園児数が、実態とあっていない場合は、こちらを使用

※各月の初日人数は各施設の面積基準を下回らないこと

前年度実績による見込みによりがたい場合、その理由　（3）の算出結果を使用する場合は入力必須

例：近隣の保育所が、10月に閉所予定であり、その児童数の〇〇人を受け入れる予定であるため。

※令和5年度の様式を引用

処遇改善等加算Ⅲ　加算Ⅲ算定対象人数計算表（保育所）

施設・事業所名 　　　　　　　　　　　　　　

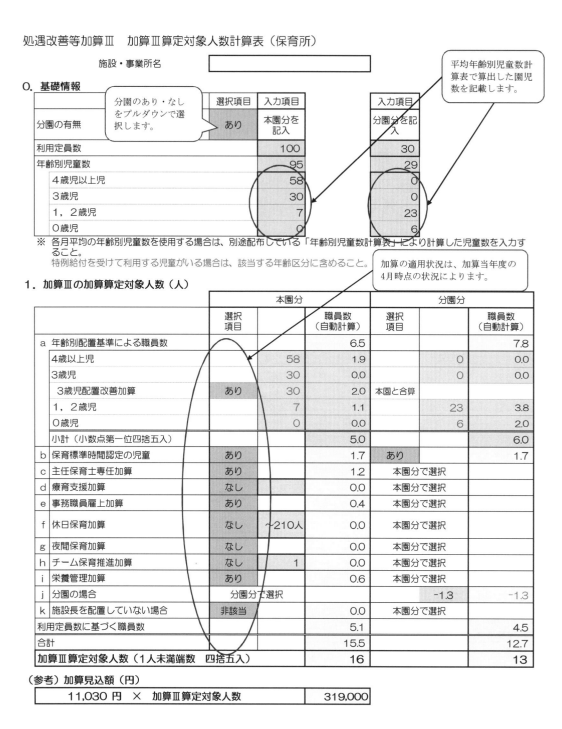

O. 基礎情報

分園の有無	選択項目	入力項目 本園分を記入		入力項目 分園分を記入
利用定員数	あり	100		30
年齢別児童数		95		29
4歳児以上児		58		0
3歳児		30		0
1，2歳児		7		23
0歳児		0		6

吹き出し: 分園のあり・なしをプルダウンで選択します。

吹き出し: 平均年齢別児童数計算表で算出した園児数を記載します。

※ 各月平均の年齢別児童数を使用する場合は、別途配布している「年齢別児童数計算表」により計算した児童数を入力すること。
　特例給付を受けて利用する児童がいる場合は、該当する年齢区分に含めること。

吹き出し: 加算の適用状況は、加算当年度の4月時点の状況によります。

1．加算Ⅲの加算算定対象人数（人）

		本園分			分園分		
		選択項目		職員数（自動計算）	選択項目		職員数（自動計算）
a	年齢別配置基準による職員数			6.5			7.8
	4歳以上児		58	1.9		0	0.0
	3歳児		30	0.0		0	0.0
	3歳児配置改善加算	あり	30	2.0	本園と合算		
	1，2歳児		7	1.1		23	3.8
	0歳児		0	0.0		6	2.0
	小計（小数点第一位四捨五入）			5.0			6.0
b	保育標準時間認定の児童	あり		1.7	あり		1.7
c	主任保育士専任加算	あり		1.2	本園分で選択		
d	療育支援加算	なし		0.0	本園分で選択		
e	事務職員雇上加算	あり		0.4	本園分で選択		
f	休日保育加算	なし	～210人	0.0	本園分で選択		
g	夜間保育加算	なし		0.0	本園分で選択		
h	チーム保育推進加算	なし	1	0.0	本園分で選択		
i	栄養管理加算	あり		0.6	本園分で選択		
j	分園の場合	分園分で選択				-1.3	-1.3
k	施設長を配置していない場合	非該当		0.0	本園分で選択		
	利用定員数に基づく職員数			5.1			4.5
	合計			15.5			12.7
	加算Ⅲ算定対象人数（1人未満端数　四捨五入）			**16**			**13**

（参考）加算見込額（円）

11,030 円 × 加算Ⅲ算定対象人数	319,000

　以上の計算から、加算Ⅲ算定対象職員は29名と計算できます。前述の通り、処遇改善通知には加算見込額の算定方法については明確な記載がありませんが、次のように計算することが妥当と考えられます。

> **加算見込額**
>
> 11,030円×29人×12か月＝3,838,000円（千円未満の端数があるときは切捨て）
>
> ※ 令和5年度遡及改正単価を使用しています。

⑵　支給要件の判定

　加算Ⅲとして支給すべき額の判定基準は、処遇改善通知に次のように定められています。

処遇改善通知 ///

第6　加算Ⅲの要件

2　加算要件

　⑵　加算Ⅲ新規事由がない場合

　　ア　賃金改善実施期間において、次に掲げる要件を満たしていること。

　　　ⅰ　職員に係る賃金見込総額が、当該職員に係る起点賃金水準を下回っていないこと。

　　　ⅱ　職員の賃金見込総額のうち加算Ⅲにより改善を行う部分の総額（当該改善に伴い増加する法定福利費等の事業主負担分を含む。）が加算当年度の加算見込額を下回っていないこと。また、加算Ⅲにより改善を行う部分の総額（当該改善に伴い増加する法定福利費等の事業主負担分を含む。）の3分の2以上が、基本給又は決まって毎月支払われる手当の引上げによるものであること。

　ここでは、加算Ⅲによる支給額について3つの要件が求められていることがわかります。

　第一に、加算Ⅲ対象職員の賃金見込総額が、起点賃金水準を下回らないことです。これは、加算Ⅲ対象職員について、基準年度（原則として前年度。3年度前を選択可能。）の賃金水準を下回らないことを求めたもので、加算Ⅲによる賃金改善を行う一方で、他の給与項目等を減額しないことを担保するための規定です。起点賃金水準には人勧分を含みますが、計画時点では人勧は出ていないので「ゼロ（0）」とします。

　第二に、加算Ⅲの加算見込額を全額支給することです。

　そして第三に、加算Ⅲによる改善額（加算Ⅲによって職員への賃金改善を見込む額）について、加算Ⅲによる改善額の2／3以上の額を、基本給又は決まって毎月支払われる手当によって改善することです。処遇改善通知にあるように、この額には社保等事業主負担額を含んで判定しますが、実際の支給額の決定にあたっては社保等事業主負担額を含みません。しかし、社保等事業主負担額を含まない額の2／3の額は、実際の支給額と直接比較することになるわけですから、結論としては、加算額から社保等事業主負担額を除いてからその2／3以上の額を毎月支払われる手当によって改善すれば、結果は同じです。

【要件1】今年度の賃金見込総額　≧　起点賃金水準（基準年度の賃金水準　＋　人勧分）

【要件2】加算Ⅲ加算見込額　≦　加算Ⅲ支給額　＋　社保等事業主負担額

【要件3】加算Ⅲによる改善総額の2／3以上の額を基本給又は決まって毎月支払われる手当で改善

⑶　職員への配分方法

　加算見込額を全職員に配分する方法を検討して、決定します。先ほどの計算例に条件を追加して、計算してみましょう。単価は便宜上、令和5年度遡及改正単価を使用します。

【計算例】

設種別：保育所（本園と分園）加算Ⅲ算定対象人数：29人

令和4年度決算における資金収支計算書計上額：

職員給与支出	62,682,750円
職員賞与支出	14,775,090円
非常勤職員給与支出	10,744,660円（嘱託医・講師等の報酬は含まれていない）
法定福利費支出	12,210,381円
退職給付引当資産支出	1,005,630円（県退職共済掛金）

ア．まず事業主負担割合を計算します。

68,682,750円＋14,775,090円＋10,744,660円＝94,202,500円・・・賃金合計

12,210,381円＋1,005,630円＝13,216,011円・・・法定福利費等事業主負担額

13,216,011円÷94,202,500円≒0.14029（小数第6位を四捨五入）

・・・社保等事業主負担割合

　このとき、小数第6位を四捨五入することや、社保等事業主負担額に退職給付引当資産支出を算入することなどの理由については、第1章で述べた通りです。

イ．加算見込額を計算します。ただし他施設との間で加算Ⅲの移動を行う場合には、当該額を加算・減算します。

11,030円×29人×12か月＝3,838,000円（千円未満切捨て）

ウ．加算見込額から社保等事業主負担分を除いて、加算Ⅲとして支給すべき総額を計算します。

3,838,000円÷（1＋0.14029）＝3,365,811円（端数切上げ）

エ．加算Ⅲの支給すべき額の2／3以上の額を月額で支払う必要があるため、相当額を計算します。

3,365,811円×2／3＝2,243,874円（端数があるときは切上げ）

オ．支給額と社保等事業主負担分の合計額が、加算見込額を超えていることを確認します。

3,365,811円×0.14029＝472,190円（小数第1位を四捨五入）

3,365,811円＋472,190円＝3,838,001円　≧　3,838,000円

　以上のことから、加算Ⅲ加算見込額3,838,000円のうち、職員へは総額で3,365,811円以上を支給し、そのうち2,243,874円以上は基本給又は決まって毎月支払われる手当で支給することが求められることになります。

(4)　申請書類の作成

　年度当初において提出する書類は、処遇改善通知に示されている次の3つの書類です。ただし、自治体単独で人件費補助金等を拠出している場合には、自治体が定めた書類を提出することが求められることがありますので、確認の必要があります。

【処遇改善通知に定められた賃金改善計画時の提出書類】

　ア．別紙様式9「賃金改善計画書（処遇改善等加算Ⅲ）」

　イ．別紙様式9別添1「賃金改善内訳（職員別内訳）」

　ウ．別紙様式9別添2（同一法人内において施設間での加算Ⅲの移動を行う場合にのみ作成）

　書類は上記のウを必要に応じて作成した後にイを作成し、最後にアを仕上げます。

　別紙様式9別添2は、同一法人内の他の施設・事業所に加算Ⅲの加算額の一部を拠出する場合、受入れる場合に、法人全体分をまとめて記載する様式で、拠出側施設・受入側施設の両方で同じ書類を作成します。他施設への拠出額の合計額と他施設からの受入額の合計は同じ額になります。また、「基準年度からの増減額」とは加算前年度からの増減額のことで、拠出額と受入額の合計額は、別紙様式9の(3)に自動転記されますが、(1)②の「加算見込額」には自動では反映されないため、調整した後の額を記載する必要があります。

別紙様式9別添2

施設・事業所名	

同一事業者内における拠出見込額・受入見込額一覧表

番号	都道府県名	市町村名	施設・事業所名※1	他事業所への拠出額（円）	うち基準年度からの増減額（円）	他事業所からの受入額（円）	うち基準年度からの増減額（円）
例1	○○県	○○市	○○保育所	200,000円			
合計				0円	0円	0円	0円

※1　同一事業者が運営する全ての施設・事業所（特定教育・保育施設及び特定地域型保育事業所、特例保育を提供する施設）について記入すること。

　次に別紙様式9別添1を作成します。施設・事業所に現に勤務している職員全員（職種を問わず、非常勤を含みます。）それぞれについて、いくら支給するのかを記載します。

　年度途中の入退職や、育児休業の取得や復帰など、他の職員と比較して支給額に差が大きい職員や支給しない職員がいる場合は、その理由を備考欄に記載します。

　加算Ⅲによる賃金改善見込額の項目のうち「基本給及び決まって毎月支払う手当」の欄には、毎月加算Ⅲとして支給する予定額の年額を記載し、「その他」の欄には賞与や一時金などで支給する予定の額を記載します。記載後、「加算による賃金改善のうち、基本給及び決まって毎月支払う手当によるものの割合」の欄が「66.7%」以上になっていることを確認します。

　そして、加算Ⅲによる賃金見込額に対して発生する社保等事業主負担分の額を、「賃金改善に伴い増加する法定福利費等の事業主負担分」の総額欄に記載します。

別紙様式9別添1

| | 施設・事業所名 | | |

賃金改善内訳（職員別内訳）

| No | 職員名 | 職種 | 常勤・非常勤の別※1 | 常勤換算値※2 | 加算Ⅲによる賃金改善見込額※3 | | 賃金改善に伴い増加する法定福利費等の事業主負担分※4 | 備考 |
					基本給及び決まって毎月支払う手当	その他		
1					0円			
2					0円			
3					0円			
4					0円			
5					0円			
6					0円			
7					0円			
8					0円			
9					0円			
10					0円			
11					0円			
12					0円			
13					0円			
14					0円			
15					0円			
16					0円			
17					0円			
18					0円			
19					0円			
20					0円			
21					0円			
22					0円			
23					0円			
24					0円			
25					0円			
26					0円			
27					0円			
28					0円			
29					0円			
30					0円			
	総額				0円	0円	0円	
加算による賃金改善のうち、基本給及び決まって毎月支払う手当によるものの割合※5						0.0%		

（吹き出し）「その他」は賞与や一時金等のことで、「基本給及び決まって毎月支払う手当」以外の方法で支給する額を記載します。

（吹き出し）66.7%以上になっていればOKです。

（吹き出し）支給見込額×社保等事業主負担割合

【記入における留意事項】
施設・事業所に現に勤務している職員全員（職種を問わず、非常勤を含む。）を記入すること。
備考欄には、賃金改善実施期間中の採用や退職がある場合にはその旨、また、賃金改善額が他の職員と比較して高額（低額、賃金改善を実施しない場合も含む）である場合についてはその理由を記入すること。
※1　「常勤」とは、当該施設・事業所の就業規則において定められている常勤の従事者が勤務すべき時間数（教育・保育に従事する者にあっては、1か月に勤務すべき時間数が120時間以上であるものに限る。）に達している者又は当該者以外の者であって1日6時間以上かつ月20日以上勤務するものをいい、「非常勤」とは常勤以外の者をいう。
※2　常勤換算値について、常勤の者については1.0とし、非常勤の者については、以下の算式によって得た値とする。
　　〔算式〕
　　　常勤以外の職員の1か月の勤務時間数の合計÷各施設・事業所の就業規則等で定めた常勤職員の1か月の勤務時間数　＝　常勤換算値
※3　賃金改善に伴い増加する法定福利費等の事業主負担分を除く。
※4　賃金改善に伴い増加する法定福利費等の事業主負担分については以下の算式により算定することを標準とする。
　　〔算式〕
　　　加算前年度における法定福利費等の事業主負担分の総額÷加算前年度における賃金の総額×賃金改善額
※5　「加算Ⅲによる賃金改善見込額」に占める「基本給及び決まって毎月支払う手当による金額」の割合が3分の2以上であることが必要。法定福利費等の事業主負担額を除く。

　そして最後に、別紙様式9「賃金改善計画書（処遇改善等加算Ⅲ）」を作成します。黄色い欄は他のシート等から自動転記される部分ですので、肌色の欄のみ入力します。

❶　(1)の各欄の記載

　①の「加算Ⅲ新規事由」の欄は、プルダウンメニューから「なし」を選択します。
　②の欄には、別紙様式4、または処遇改善等加算Ⅲ加算対象人数計算表から算出した算定対象人数を記載し、加算見込額の欄には、算定対象人数に加算当年度の単価、及び賃金改善実施期間の月数を乗じて算出した額を記載します。他の施設・事業所への拠出や受入がある場合は、拠出の際にはその額を減額、受入の際にはその額を増額する調整をします。

別紙様式9

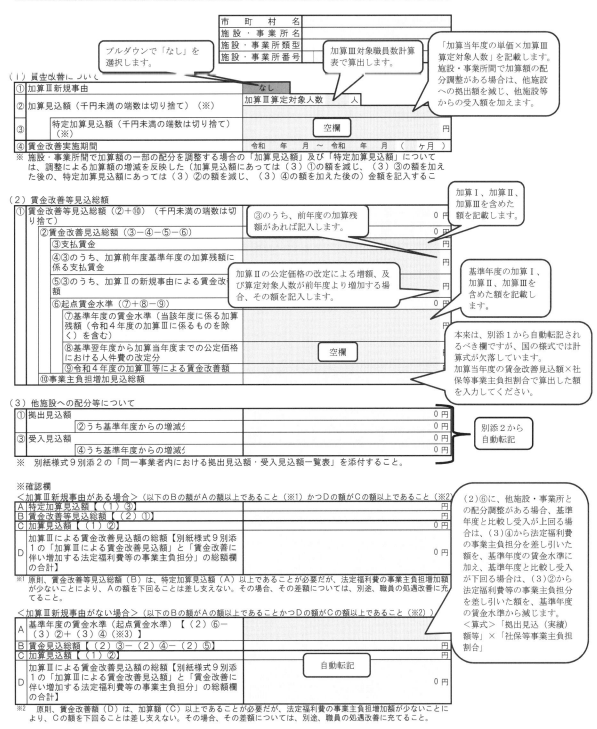

令和　年度賃金改善計画書（処遇改善等加算Ⅲ）

上記の内容について、全ての職員に対し周知をした上で、提出していることを証明いたします。

令和　年　月　日

事　業　者　名

代　表　者　名

③の欄には記載しません。

④の欄は、年度途中での開園などの特殊な事情がなければ、4月から翌年3月までとします。

❷ (2)の各欄の記載

①と②、⑥は自動計算ですので、入力不要です。

③の欄には、加算当年度の賃金改善実施期間に職員に支給する基本給や手当、賞与など含めた賃金の総額（加算Ⅰ・Ⅱ・Ⅲの額を含みます。）を記載します。記載する職員の範囲については、前述の通り、自治体等と共通認識を持つことが必要です。

④の欄には、③のうち前年度の加算残額が含まれている場合に、その額を記載します。

⑤の欄には、加算Ⅱが「新規事由あり」の場合に限り、加算Ⅱの特定加算実績額による賃金改善額を記載します。

⑦の欄には、加算前年度の賃金水準における、③で記載した範囲の職員の賃金を記載します。

⑧の欄の額は、年度当初では人勧が出ていないので「0円」です。

⑨の欄には、もし令和6年度以降の加算Ⅲの様式に項目として残されていれば、前年度の賃金水準における加算Ⅲの額を記載することになるでしょう。

⑩の欄は入力不要です。

❸ (3)の各欄の記載

①から④までの欄は様式9別添2から自動転記されますので、それ以外の欄を記載します。

2．賃金改善実績報告書

(1) 加算実績額の計算

賃金改善計画時と同様にして、加算実績額を計算します。賃金改善計画書の提出後に各種加算状況等の変更に起因する加算Ⅲ対象人数の変更などがない限り、原則として加算実績額は年度当初の計画作成時に算定する加算予定額と同額とすることが妥当と言えそうです。ただし、人勧による遡及改正単価において単価改正があった場合には、改正後の単価を使用して計算し直します。

また第2章でご紹介したように、実際の加算額の算出にあたっては、単価に加算Ⅲ算定対象人数の乗じて求めた額を各月の初日児童数で除して10円未満を切り捨てた額を加算単価とし、これに初日児童数を乗じて求めます。しかし賃金改善計画時の加算見込額を計算行う時点では、年間の児童数は確定していないため、月初日の児童数で除したり乗じたりする計算はできません。そのため初日児童数で除す処理から以降の計算は省略して求めます。児童数がすでに判明している賃金改善実績報告時に加算実績額を求める際にも、実際に加算された加算額ではなく、計画時と同じ算式による概算で算出することが妥当と考えられます。

実はこの点については、処遇改善通知に明確な記述がありません。しかし、加算見込額に関する記述や様式における記載などから類推する限り、以上のように判断することが妥当と考えられるのです。このような事情から、賃金改善実績報告書における加算実績額と実際の加算額とは合致せず、一般に実際に加算された額の方が少額になります。

⑵　支給要件の判定

　賃金改善額として支給する必要がある額の判定基準は、処遇改善通知において次のように定められています。

処遇改善通知 ///

第6　加算Ⅲの要件

⑷　加算Ⅲ新規事由がない場合

　ア　賃金改善実施期間において、次に掲げる要件を満たしていること。また、支払賃金総額が起点賃金水準を下回った場合又は職員の支払賃金のうち加算Ⅲにより改善を行う部分の総額（当該改善に伴い増加する法定福利費等の事業主負担分を含む。）が加算当年度の加算実績額を下回った場合には、生じた加算残額の全額を当該翌年度に速やかに職員の賃金（法定福利費等の事業主負担分を含む。）として支払うこと。

　　ⅰ　職員に係る支払賃金総額が、当該職員に係る起点賃金水準を下回っていないこと。

　　ⅱ　職員の支払賃金のうち加算Ⅲにより改善を行う部分の総額（当該改善に伴い増加する法定福利費等の事業主負担分を含む。）が加算当年度の加算実績額を下回っていないこと。また、加算Ⅲにより改善を行う部分の総額（当該改善に伴い増加する法定福利費等の事業主負担分を含む。）の3分の2以上が、基本給又は決まって毎月支払われる手当の引上げによるものであること。

　賃金改善計画時と同様に、支給しなければならない額が支給されているかどうかの判定基準は3つあります。

　第一は、支払賃金総額が起点賃金水準を下回っていないことです。当該年度に人勧分の増額、または減額があった場合には、この額も加減したうえで判定します。起点賃金水準に含まれる人勧分は、賃金改善計画時には「ゼロ」ですが、賃金改善実績報告時にはすでに率が公表されているはずですので、人勧の内容に応じて当該額を加減算する必要があります。

　第二に、加算Ⅲの加算実績額を全額支給していることです。加算Ⅲによる加算額は全額を使用し切る必要がありますので、加算残額が生じてしまわないように、賞与や一時金を活用して、すべてを支給しなければなりません。実際に加算Ⅲとして支給した額と社保等事業主負担額の合計額が、加算Ⅲ加算実績額以上であることが求められ、基本給又は決まって毎月支払われる手当とその支給分による社保等事業主負担額が、加算実績額以上の額に達していない場合には、支給不足額を職員に追加して支給する必要があります。万一、支給不足額を当年度中に支給できなかった場合には、支給不足額は加算残額となり、翌年度中に支払うことが求められます。

　そして第三に、加算Ⅲによる賃金改善実績額（加算Ⅲによる職員への賃金改善を行った額で、加算Ⅲ支給による社保等事業主負担額は含みません。）の2／3以上の額が、基本給又は決まって毎月支払われる手当によって支給されていることです。職員の急な休業等による影響によって結果的に2／3を下回ったとしても、加算認定が取り消しになるようなことはありませんが、職員の休業や退職があった際には、その職員の支給分をどのように支給するか決めておき、実際に年度末までに支給しておくと報告時の事務処理がより効率的に進められます。

> 【要件1】今年度の支払賃金総額　≧　起点賃金水準（基準年度の賃金水準＋人勧分）
>
> 【要件2】加算Ⅲ加算実績額　≦　加算Ⅲ支給額　＋　法定福利費等事業主負担額
>
> 【要件3】加算Ⅲによる改善総額の2／3以上の額を基本給又は決まって毎月支払われる手当で改善

(3) 実績報告書類の作成

　実績報告時の提出書類は次の3つの書類です。ただし、自治体単独で人件費補助金等を拠出している場合には、自治体が定めた書類を提出する必要がありますので、注意してください。

> 【処遇改善通知に定められた賃金改善実績報告時の提出書類】
>
> 　ア．別紙様式10「賃金改善実績報告書（処遇改善等加算Ⅲ）」
>
> 　イ．別紙様式10別添1「賃金改善内訳（職員別内訳）」
>
> 　ウ．別紙様式10別添2（同一法人内において施設間での加算Ⅲの移動を行った場合にのみ作成）

　賃金改善計画時と同様に、書類は上記のウを必要に応じて作成した後にイを作成し、最後にアを仕上げます。

　ウの別紙様式10別添2は、賃金改善計画時と同様に、加算Ⅲの加算額の一部を他の施設・事業所に移動した場合に、拠出側施設と受入側施設で作成します。記載方法は賃金改善計画時と同じです。

　なお、この様式に必要事項を入力すると別紙様式10の(4)に自動転記されますが、加算実績額には反映されないので、加減調整した後の額を記載する必要があります。

別紙様式10別添2

施設・事業所名	

同一事業者内における拠出実績額・受入実績額一覧表

番号	都道府県名	市町村名	施設・事業所名※1	他事業所への拠出額（円）	うち基準年度からの増減額（円）	他事業所からの受入額（円）	うち基準年度からの増減額（円）
例1	○○県	○○市	○○保育所	200,000円			
		合計		0円	0円	0円	0円

※1　同一事業者が運営する全ての施設・事業所(特定教育・保育施設及び特定地域型保育事業所、特例保育を提供する施設)について記入すること。

　次に別紙様式10別添1を作成します。賃金改善実施期間に施設・事業所に勤務していた職員全員（職種を問わず、非常勤を含みます。）に対し、どの職員にいくら支給したのかを記載します。計画時同様に、他の職員と比較して支給額に差が大きい職員や支給しなかった職員がいる場合は、その理由を備考に記載します。

　加算Ⅲによる賃金改善額の項目のうち「基本給及び決まって毎月支払う手当」の欄には、毎月加算Ⅲとして支給した額の年額を記載します。「その他」の欄には、賞与や一時金などで支給した額を記載します。

　そして、加算Ⅲによる賃金改善額に対して社保等事業主負担額として算出した額を「賃金改善に伴い増加する法定福利費等の事業主負担分」の総額欄に記載します。

別紙様式10別添1

	施設・事業所名	

賃金改善内訳（職員別内訳）

No	職員名	職種	常勤・非常勤の別※1	常勤換算値※2	加算Ⅲによる賃金改善額 ※3 基本給及び決まって毎月支払う手当	その他	賃金改善に伴い増加する法定福利費等の事業主負担分 ※4	賃金改善月額※5	備考
1					0円				
2					0円				
3					0円				
4					0円				
5					0円				
6					0円				
7					0円				
8					0円				
9					0円				
10					0円				
11					0円				
12					0円				
13					0円				
14					0円				
15					0円				
16					0円				
17					0円				
18					0円				
19					0円				
20					0円				
	総額				0円	0円	0円		
加算による賃金改善のうち、基本給及び決まって毎月支払う手当によるものの割合※6					0.0%				

（吹き出し）「その他」は賞与や一時金等のことで、「基本給及び決まって毎月支払う手当」以外の方法で支給する額を記載します。

（吹き出し）賃金改善額÷賃金改善実施期間÷常勤換算値＝賃金改善月額

（吹き出し）支給総額×社保等事業主負担割合

【記入における留意事項】
施設・事業所に現に勤務している職員全員（職種を問わず、非常勤を含む。）を記入すること。
備考欄には、賃金改善実施期間中の採用や退職がある場合にはその旨、また、賃金改善額が他の職員と比較して高額（低額、賃金改善を実施しない場合も含む）である場合についてはその理由を記入すること。
※1　「常勤」とは、当該施設・事業所の就業規則において定められている常勤の従事者が勤務すべき時間数（教育・保育に従事する者にあっては、1か月に勤務すべき時間数が120時間以上であるものに限る。）に達している者又は当該者以外の者であって1日6時間以上かつ月20日以上勤務するものをいい、「非常勤」とは常勤以外の者をいう。
※2　常勤換算値について、常勤の者については1.0とし、非常勤の者については、以下の算式によって得た値を記入すること。
　〔算式〕
　　常勤以外の職員の1か月の勤務時間数の合計÷各施設・事業所の就業規則等で定めた常勤職員の1か月の勤務時間数＝常勤換算値
※3　賃金改善に伴い増加する法定福利費等の事業主負担分を除く。
※4　賃金改善に伴い増加する法定福利費等の事業主負担分については以下の算式により算定することを標準とする。
　〔算式〕
　　加算前年度における法定福利費等の事業主負担分の総額÷加算前年度における賃金の総額×賃金改善額
※5　職員ごとの賃金改善月額について以下の算式によって得た金額を記入すること。
　〔算式〕
　　当該年における賃金改善額÷賃金改善実施期間÷常勤換算値＝賃金改善月額
※6　「加算Ⅲによる賃金改善額」に占める「基本給及び決まって毎月支払う手当による金額」の割合が3分の2以上であることが必要。法定福利費等の事業主負担額を除く。

　最後に、別紙様式10「賃金改善実績報告書」を作成します。黄色い欄は、他の様式等から自動転記される部分ですので、肌色の欄のみ（一部計算式あり）に記載します。

❶　(1)の各欄の記載

　前年度に加算Ⅲの加算残額があった場合に記載します。なければ記載する必要はありません。

　①の欄には、前年度の賃金改善実績報告書に記載した加算残額を記載します。

　②の欄には、①の欄の額に対する社保等事業主負担額を含めた額を記載します。この2つの欄によって、前年度の加算残額をすべて支給できたかを確認します。

別紙様式10

令和　年度賃金改善実績報告書（処遇改善等加算Ⅲ）

市　町　村　名	
施 設・事 業 所 名	
施 設・事 業 所 類 型	
施 設・事 業 所 番 号	

> 前年度の加算残額がある場合に記載します。

（1）前年度の加算残額に対応する賃金改善の状況（前年度の加算残額がある場合のみ記入）

①	加算前年度の加算残額			円
②	加算前年度の加算残額に対応した支払い賃金額（法定福利費等の事業主負担増加額を含む）			円
③	加算前年度の加算残額に対応した賃金の支払い状況	支払いの有無	支払い時期	
④	賃金改善の方法　支払った給与の項目	基本給 手当（　　） 賞与（一時金） その他（　　）		
	具体的な支払い方法			

（2）加算実績額

①	加算実績額（千円未満の端数は切り捨て）（※）		円
	②特定加算実績額（千円未満の端数は切り捨て）（※）		円
③	賃金改善実施期間	令和　年　月 ～ 令和　年　月	

> 「加算当年の単価×加算Ⅲ算定対象人数」を記載します。施設・事業所間で加算額の配分調整がある場合は、他施設への拠出額を減じ、他施設等からの受入額を加えます。

※ 施設・事業所間で加算額の一部の配分を調整する場合の「加算実績額」及び「特定加算実績額」については、調整による加算額の増減を反映した（加算実績額にあっては（4）①の額を減じ、（4）③の額を加えた後の、特定加算実績額にあっては（4）②の額を減じ、（4）④の額を加えた後の）金額を記入すること。

（3）賃金改善等実績総額

①	賃金改善等実績総額（②+⑩）（千円未満の端数は切り捨て）		円
	②賃金改善実績総額（③-④-⑤-⑥）		円
	③支払賃金		円
	④③のうち、加算前年度の加算残額に係る支払賃金		円
	⑤③のうち、加算Ⅱの新規事由による賃金改善額		円
	⑥起点賃金水準（⑦+⑧-⑨）		0 円
	⑦基準年度の賃金水準（当該年度に係る加算残額（令和4年度の加算Ⅲに係るものを除く）を含む）		円
	⑧基準翌年度から加算当年度までの公定価格における人件費の改定分		円
	⑨令和4年度の加算Ⅲ等による賃金改善額		円
	⑩事業主負担増加相当総額		0 円

> 加算Ⅰ、加算Ⅱ、加算Ⅲを含めた額（前年度の加算残額支給分含みます。）を記載します。

> ③のうち、前年度の加算残額があれば記入します。

> 加算Ⅱの公定価格の改定による増額、及び算定対象人数が前年度より増加する場合、その額を記入します。

> 基準年度の加算Ⅰ、加算Ⅱ、加算Ⅲを含めた額を記載します。

> 当年度に人勧による公定価格の改定があれば記入します。

（4）他施設への配分等について

①	拠出額		0 円
	②うち基準年度からの増減分		0 円
③	受入額		0 円
	④うち基準年度からの増減分		0 円

> 別添2から自動転記

※ 別紙様式10別添2の「同一事業者内における拠出見込額・受入見込額一覧表」を添付すること。

（5）加算実績額と賃金改善に要した費用の総額との差額について

	加算実績額に要した費用の総額との差額（千円未満の端数は切り捨て）		
①	（2）①-別紙様式10別添1の「加算Ⅲによる賃金改善額」と「賃金改善に伴い増加する法定福利費等の事業主負担分」の総額欄の合計		0 円
	※加算Ⅲ新規事由ありの場合、以下についても算出すること。 （2）②-（3）①	加算Ⅲ新規事由の有無	加算Ⅲ新規事由なし	円

> 「0」以下であれば、加算残額なしです。

> 加算残額が生じた場合に記載します。

（以下、加算残額が生じた場合のみ記入）

②	加算残額に対応した賃金の支払い状況	支払いの有無	支払い時期
③	支払った給与の項目	基本給 手当（　　） 賞与（一時金） その他（　　）	
④	具体的な支払い方法		

上記の内容について、全ての職員に対し周知をした上で、提出していることを証明いたします。

令和　年　月　日

事 業 者 名 ＿＿＿＿＿＿＿＿＿

代 表 者 名 ＿＿＿＿＿＿＿＿＿

③の欄には、①の額が②の額より多いとき、つまり加算残額が生じているときに、自動で「○」が表示されます。

④の欄は、基本給や手当、賞与（一時金）等から項目を選択したうえで、具体的にどのような方法で支給したのかを具体的に記載します。

❷　(2)の各欄の記載

①の欄には、加算実績額を記載します。当年度の単価（加算当年度に単価改定があった場合は改定後の単価）と加算当年度の算定対象人数、賃金改善実施期間の月数を乗じて得た額を記載します。

また、他の施設・事業所との移動額がある場合は、移動額分を加減算するなどして調整します。

②の欄は、記載不要です。

③の欄には、年度途中の開園などの特殊な事情がなければ、当年4月から翌年3月までとします。

❸　(3)の各欄の記載

①と②、⑥の欄は自動計算されますので、記入の必要はありません。

③の欄には、当年度の賃金改善実施期間に、職員に対して毎月支給された基本給や手当、賞与等の年額（加算Ⅰ・Ⅱ・Ⅲの額を含みます。）の合計額を記載します。この支払賃金に含める職員の範囲については、前述の通り自治体との共通認識を持つことが大切です。

④の欄には、③の欄の額に前年度の加算残額が含まれている場合に、その額を記載します。

⑤の欄には、加算Ⅱが「新規事由あり」の場合の加算Ⅱ特定加算実績額による賃金改善の額を記載します。

⑦の欄には、③の欄と同様の考え方で、加算前年度の賃金水準における基本給や手当、賞与等の年額を算出し記載します。（加算Ⅰ・Ⅱ・Ⅲの額を含みます。）

⑧の欄には、人勧分によって賄われた賃金改善額のうち、⑦の欄の対象となった職員分の合計額を記載します。

⑨の欄は、令和6年度以降の様式でも残された場合には、前年度の賃金水準による加算Ⅲの賃金改善額を記載します。

❹　(4)の各欄の記載

すべての欄の額が、様式10の別添2から自動転記されます。

❺　(5)の各欄の記載

①の「加算Ⅲ新規事由の有無」の欄は、プルダウンメニューから「加算Ⅲ新規事由なし」を選択します。「加算実績額と賃金改善に要した費用の総額との差額」が、0円以下であれば、加算実績額を支給しきれているという判定になります。この欄にプラスの金額が表示されているときは、②の欄の支払の有無は自動的に「○」が表示」されますので、②以下の欄を記入します。

②の欄には、当年度の加算残額の支払い時期の見込みを記載します。

③は「支払った給与の項目」と記載されてはいますが、加算Ⅰの報告書の様式6の同様の箇所にある「支払った（支払う予定の）項目」と同様に考えられ、この点については第5章で説明します。

③の欄では、加算残額を支払う際の予定項目を選択します。

さらに④には、"常勤職員に10,000円、非常勤職員のうち社会保険に加入している職員に5,000円ずつ支給する予定"などのように、支給方法を具体的に記載します。

コラム　　前年度の加算残額はいつまでに支払うのか？

　加算Ⅰ・Ⅱ・Ⅲともに加算額については、当年度内に加算分を支給することが、大前提であり、またもっとも望ましいことです。しかし計算の誤りや対象者の急な退職や休職等が発生することにより、加算額を使い切ることができずに残ってしまうこともあります。これを「加算残額」と言い、処遇改善通知には、次のように記載されています。

処遇改善通知

第3　加算額に係る使途

4　加算残額の取扱い

　　加算Ⅰの賃金改善要件分、加算Ⅱ及び加算Ⅲについて、加算当年度の終了後、第4の2(3)又は(4)、第5の2(3)又は(4)及び第6の2(3)又は(4)による算定の結果、賃金改善等実績総額が特定加算実績額を下回り、又は支払賃金総額が起点賃金水準を下回った場合には、その翌年度内に速やかに、その差額（以下「加算残額」という。）の全額を一時金等により支払い、賃金の改善に充てること。
（以下略）

　この文章からは、すべての加算による加算残額は必ず翌年度中に支給することを求めている、と読み取ることができます。

　加算Ⅱ・加算Ⅲの賃金改善実績報告書では、(1)で前年度の加算残額についての賃金改善の状況を記載します。一方で記載説明書では、当年度に加算残額が生じた場合の(5)②の欄は、前年度の加算残額に対応した賃金の支払状況を記載することとしており、加算残額に対応する賃金を支払った時期及び未払い分の支払予定について記入するよう説明されています。実際に(5)③の欄の表記も「支払った給与の項目」という過去形になっていることから、加算残額の未払分の支給項目について読み取りづらい表記となっているため、記載説明書が示すように、(5)③④でも、前年度分の加算残額の支給と未払い分の加算残額の支給について記載することを求めていると解釈されることもあります。

　この点については、加算残額は翌年度内に速やかに賃金改善に充てるという大原則に基づくならば、前年度の加算残額は(1)(2)の中で支給が終わっているということであり、加算残額が生じているとすれば、それは当年度分の加算残額ということになります。しかし(5)の欄も前年度の加算残額の報告や未払分の支払予定を記載するという主旨であるとすれば、前年度分の加算残額が残っている可能性を示しているようで、疑問が生じるところです。

　以上のような理由により、この第4章の加算Ⅲの実績報告の説明では、当年度の加算残額の支払を想定して説明しました。記載説明書の説明を加味すると(5)②③④の欄の記載の内容として、前年度分の加算残額についても記載を求められる可能性もあります。

　これらの書類の作成方法については、各自治体で異なる解釈がされる可能性が排除できないことをぜひご理解いただいたうえで、施設、自治体双方の認識を統一しておくことが望まれます。

第4節　加算Ⅲ新規事由がある場合（令和6年度以降）

1．賃金改善計画書

⑴　加算見込額（特定加算見込額）の計算

「加算見込額」とは、年度当初の計画作成時に算定する加算予定額で、算定対象人数と加算単価をもとに計算します。また加算Ⅲ新規事由がある場合、その新規事由によって基準年度より増加する額のことを「**特定加算額**」と言い、全額を職員に支給して使用し切る必要があります。加算Ⅲ新規事由がある場合のうち、新たに加算Ⅲの適用を受ける場合（イⅱ）は、特定加算見込額は加算見込額と同額です。

また公定価格の改定により加算単価が加算前年度に比して増加する場合や、単価増加のない施設・事業所が単価増加のある他の施設・事業所に係る特定加算見込額の一部を受け入れる場合（イⅰ）は、加算見込額と特定加算見込額の両方の額を求める必要があります。

それぞれの場合の特定加算見込額は、次の計算式によって求められます。

処遇改善通知

第6　加算Ⅲの要件

2　加算要件

　⑴　加算Ⅲ新規事由がある場合

　　サ　「特定加算見込額」とは、賃金改善実施期間における加算見込額のうち加算Ⅲ新規事由に係る額として、以下により算定した額※をいう。

　　　＜イⅰの場合＞

　　　　{「加算当年度の単価」－「基準年度の単価」}×「加算当年度の加算Ⅲ算定対象人数」
　　　　　　　　　　　　　　　　　　　×「賃金改善実施期間の月数」（千円未満の端数は切り捨て）

　　　＜イⅱ及びⅲの場合＞

　　　　「加算当年度の単価」×「加算当年度の加算Ⅲ算定対象人数」
　　　　　　　　　　　　　　　　　　　×「賃金改善実施期間の月数」（千円未満の端数は切り捨て）

　　　※　施設・事業所間で加算見込額の一部の配分を調整する場合には、それぞれ、その受入（拠出）見込額が基準年度の受入（拠出）実績額を上回る（下回る）ときはその差額を加える（減じる）こと。

では、次の計算例をもとに特定加算見込額を計算してみましょう。

【計算例】

施設種別：認定こども園
単　　価：令和5年度11,310円／令和6年度11,620円（想定）
利用定員：105名（教育認定15名、保育認定90名）
児童数（見込平均年齢別児童数）

年齢	教育認定	保育認定		合計
		標準時間	短時間	
4歳以上児	9	33	3	45
3　歳　児	4	16	2	22
1・2歳児		24	3	27
0　歳　児		5	1	6
合　　計	13	78	9	100

加算内容：
加算Ⅰ・3歳児配置改善加算・学級編成調整加配加算・チーム保育加配加算・給食実施加算・事務職員配置加算・栄養管理加算A

まず「平均年齢別児童数計算表」と「加算Ⅲ算定対象人数計算表」を使って、算定対象人数を算出します。

平均年齢別児童数計算表(認定こども園、保育所等)

施設・事業所名	○○○○こども園

黄緑色セルは入力項目、黄色セルは自動計算。
児童数は、月初日利用児童数を入力すること。
小規模保育所、事業所内保育事業所については、1,2歳児、0歳児欄に記入すること。

(1)令和4年度実績

4年度		4月	5月	6月	7月	8月	9月	10月	11月	12月	1月	2月	3月	平均児童数
		実績												
4歳以上児	児童数	46人	46人	46人	46人	46人	46人	46人	46人	46人	46人	46人	46人	46人
	伸び率		1.00	1.00	1.00	1.00	1.00	1.00	1.00	1.00	1.00	1.00	1.00	
3歳児	児童数	23人	23人	23人	23人	23人	23人	23人	23人	23人	23人	23人	23人	23人
	伸び率		1.00	1.00	1.00	1.00	1.00	1.00	1.00	1.00	1.00	1.00	1.00	
うち満3歳児 [認定こども園のみ]	児童数	0人	0人	0人	0人	0人	0人	0人	0人	0人	0人	0人	0人	0人
	伸び率													
1,2歳児	児童数	27人	27人	27人	27人	27人	27人	27人	27人	27人	27人	27人	27人	27人
	伸び率		1.00	1.00	1.00	1.00	1.00	1.00	1.00	1.00	1.00	1.00	1.00	
0歳児	児童数	4人	5人	5人	5人	5人	6人	6人	6人	6人	6人	6人	6人	6人
	伸び率		1.25	1.25	1.25	1.25	1.50	1.50	1.50	1.50	1.50	1.50	1.50	
合計		100人												102人

(2)前年実績による令和5年度見込み年齢別平均児童数

5年度		4月	5月	6月	7月	8月	9月	10月	11月	12月	1月	2月	3月	平均児童数
		実績	見込み(4月実績×(1)で算出された伸び率)											
4歳以上児	児童数	45人	45人	45人	45人	45人	45人	45人	45人	45人	45人	45人	45人	45人
3歳児	児童数	22人	22人	22人	22人	22人	22人	22人	22人	22人	22人	22人	22人	22人
うち満3歳児 [認定こども園のみ]	児童数	0人												0人
1,2歳児	児童数	27人	27人	27人	27人	27人	27人	27人	27人	27人	27人	27人	27人	27人
0歳児	児童数	4人	5人	5人	5人	5人	6人	6人	6人	6人	6人	6人		6人
合計		98人												100人

※各月の初日人数は各施設の面積基準を下回らないこと

> 上記計算では実態と大きく乖離する場合(面積基準を下回る場合含む)【上記算出結果を使用する場合は以下入力不要】

(3)前年度実績による見込みによりがたい場合の年齢別平均児童数

5年度		4月	5月	6月	7月	8月	9月	10月	11月	12月	1月	2月	3月	平均児童数
		実績	見込み											
4歳以上児	児童数	45人												4人
3歳児	児童数	22人												2人
うち満3歳児 [認定こども園のみ]	児童数	0人												0人
1,2歳児	児童数	27人												2人
0歳児	児童数	4人												0人
合計		98人												8人

※各月の初日人数は各施設の面積基準を下回らないこと

前年度実績による見込みによりがたい場合、その理由 (3)の算出結果を使用する場合は入力必須

> 例:近隣の保育所が、10月に閉所予定であり、その児童数の〇〇人を受け入れる予定であるため。

※令和5年度の様式を引用

処遇改善等加算Ⅲ　加算Ⅲ算定対象人数計算表（認定こども園）

施設・事業所名 [　　　　　　　　　]

0. 基礎情報

	選択項目	入力項目	入力項目
分園の有無	なし	本園分を記入	入力不要
利用定員数		105	0
1号		15	0
2・3号		90	0
年齢別児童数		100	0
1号		13	0
4歳児以上児		9	0
3歳児		4	0
うち満3歳児			0
2・3号		87	0
4歳児以上児		36	0
3歳児		18	0
うち満3歳児			0
1，2歳児		27	0
0歳児		6	0

（吹き出し）分園のあり・なしをプルダウンで選択します。

（吹き出し）平均年齢別児童数計算表で算出した園児数を記載します。

※ 各月平均の年齢別児童数を使用する場合は、別途配布している「年齢別児童数計算表」により計算した児童数を入力すること。
特例給付を受けて利用する児童がいる場合は、該当する年齢区分に含めること。

1. 加算Ⅲの加算算定対象人数（人）

		本園分			選択不要		
		選択項目	入力項目	職員数（自動計算）	選択項目	入力項目	職員数（自動計算）
a 年齢別配置基準による職員数				12.8			0.0
1号	4歳以上児		9	0.3	—		
1号	3歳児（満3歳児含む）		4	-	—		
1号	3歳児配置改善加算	あり	4	0.2	—		
1号	満3歳児対応加配加算	なし	0		—		
1号	小計（小数点第一位四捨五入）			1.0			
2・3号	4歳以上児		36	1.2	0		0.0
2・3号	3歳児		18	-	0		-
2・3号	1，2歳児		27	4.5	0		0.0
2・3号	0歳児		6	2.0	0		0.0
2・3号	3歳児配置改善加算	あり	18	1.2	—		
2・3号	小計（小数点第一位四捨五入）			9.0			0.0
b 休けい保育教諭				1.3			0.0
c 調理員				2.6			0.0
d 保育標準時間認定の児童		あり		1.7			0.0
e 学級編制調整加配加算		あり		1.1	—		
f 講師配置加算		なし		0.0	—		
g チーム保育加配加算		あり	2	2.2	—		
h 通園送迎加算		なし		0.0	—		
i 給食実施加算		あり	自園調理	1.8	—		
j 休日保育加算		なし		0.0	—		
k 夜間保育加算		なし		0.0	—		
l 療育支援加算		なし		0.0	—		
m 事務職員配置加算		あり		0.7	—		
n 指導充実加配加算		なし		0.0	—		
o 事務負担対応加配加算		なし		0.0	—		
p 栄養管理加算		あり		0.6	—		
q 主任保育教諭等の専任化により子育て支援の取組を実施していない場合であって、代替保育教諭等を配置していない場合		非該当	1号及び2・3号	0.0	—		
r 年齢別配置基準を下回る場合		非該当	2	0.0	—		
s 1号認定こどもの利用定員を設定しない場合		非該当		0.0			
t 分園の場合		—					0.0
利用定員数に基づく職員数（1号）				2.0	—		
利用定員数に基づく職員数（2・3号）				2.4			0.0
合計				29.2			0.0
加算Ⅲ算定対象人数（1人未満端数　四捨五入）				29			0

（吹き出し）加算の適用状況は、加算当年度の4月時点の状況によります。

（参考）加算見込額（円）

11,620 円　×　加算Ⅲ算定対象人数	336,980

算出した算定対象職員「29名」を使って、加算見込額と特定加算見込額を計算します。第2節で述べた通り、処遇改善通知では加算見込額や加算実績額の計算式は示されてはいませんが、他の記載内容を勘案して、次のように計算することが妥当と考えられます。

加算見込額と特定加算見込額

令和5年度（基準年度）の加算実績額　11,310円×29人×12か月＝3,935,000円

（千円未満切捨て）

令和6年度の加算見込額　　　　　　11,620円×29人×12か月＝4,043,000円（〃）

加算見込額のうち特定加算見込額　　（11,620円－11,310円）×29人×12か月

＝107,000円（〃）

加算見込額は4,043,000円、この額に含まれる特定加算見込額は基準年度からの増加額を指しますので、107,000円と計算されます。このとき、加算見込額と前年度の加算実績額の差額を求めるのではなく、単価の差額に算定対象人数と月数を乗じることに注意してください。令和6年度は、起点賃金水準（前年度の賃金水準）から107,000円以上の改善（社保等事業主負担額の増加見込額を含みます。）を実施し、かつ加算見込額4,043,000円以上（社保等事業主負担額を含みます。）を支給する必要があります。

この計算例では、基本的には基準年度において3,935,000円の賃金改善を実施しているはずですので、対象職員の人数や職位などに変動がなければ、結局は当年度において4,043,000円の改善を行うことで、自動的に特定加算見込額分の追加改善を行ったことになります。

(2) 支給要件の判定

加算Ⅲとして支給すべき額の判定基準は、処遇改善通知に次のように定められています。

処遇改善通知 ////

第6　加算Ⅲの要件

2　加算要件

(1)　加算Ⅲ新規事由がある場合

ア　賃金改善実施期間において、次に掲げる要件を満たしていること。

ⅰ　職員（法人の役員を兼務している施設長を除く。）に係る賃金改善等見込総額が特定加算見込額を下回っていないこと。

ⅱ　職員の賃金見込総額のうち加算Ⅲにより改善を行う部分の総額（当該改善に伴い増加する法定福利費等の事業主負担分を含む。）が加算当年度の加算見込額を下回っていないこと。また、加算Ⅲにより改善を行う部分の総額（当該改善に伴い増加する法定福利費等の事業主負担分を含む。）の3分の2以上が、基本給又は決まって毎月支払われる手当の引上げによるものであること。

ここでは、加算Ⅲによる支給額について3つの要件が求められていることがわかります。

第一に、賃金改善等見込総額が特定加算見込総額を下回らないことです。先ほどの例で言えば、特定加算見込額が107,000円ですので、賃金改善等見込総額が107,000円以上となるようにする必要が

あります。

　第二に、加算Ⅲの加算見込額を社保等事業主負担額に含めて全額支給することです。

　そして第三に、加算Ⅲによる改善額（加算Ⅲによって職員への賃金改善を見込む額）について、加算Ⅲによる改善額の2／3以上の額を、基本給又は決まって毎月支払われる手当によって支給することです。処遇改善通知にあるように、この額には社保等事業主負担額を含んで判定しますが、実際の支給額の決定にあたっては社保等事業主負担額を含みません。しかし、社保等事業主負担額を含まない額の2／3の額は、実際の支給額と直接比較することになるわけですから、結論としては、加算額から社保等事業主負担額を除いてからその2／3以上の額を毎月支払われる手当によって改善すれば、結果は同じです。

　【要件1】今年度の賃金改善見込総額　≧　特定加算見込額

　【要件2】加算Ⅲ加算見込額　≦　加算Ⅲ支給額　＋　社保等事業主負担額

　【要件3】加算Ⅲによる改善総額の2／3以上の額を基本給又は決まって毎月支払われる手当で改善

---

(3)　職員への配分方法

　新たに加算Ⅲの適用を受ける場合（イⅱ）には、その全額を賃金改善に充てます。

　公定価格の改定により加算単価が加算前年度に比して増加する場合、及び当該単価の増加のない施設・事業所において、当該単価の増加のある他の施設・事業所に係る特定加算見込額の一部を受け入れる場合（イⅰ）は、起点賃金水準（前年度の加算Ⅲによる改善を含む賃金水準）から特定加算見込額以上に賃金改善が行われるように、職員へ配分して支給します。

(4)　申請書類の作成

　年度当初において提出する書類は、処遇改善通知に示されている次の3つの書類です。ただし、自治体単独で人件費補助金等を拠出している場合には、自治体が定めた書類を提出することが求められることがありますので、確認の必要があります。

　【処遇改善通知に定められた賃金改善計画時の提出書類】

　　ア．別紙様式9「賃金改善計画書（処遇改善等加算Ⅲ）」

　　イ．別紙様式9別添1「賃金改善内訳（職員別内訳）」

　　ウ．別紙様式9別添2（同一法人内において施設間での加算Ⅲの移動を行う場合にのみ作成）

　必要に応じてウを作成した後にイを作成し、最後にアを仕上げます。

　別紙様式9別添2は、加算Ⅲの加算額の一部を他の施設・事業所に移動する場合に、拠出側施設及び受入側施設で作成します。法人全体の施設の分をまとめて記載する書式で、拠出額の合計と受入額の合計の額は同じ金額にします。「基準年度からの増減額」の欄には、移動させた額のうち加算前年度からの増減額を記載します。この様式に記載した内容は別紙様式9の(3)に自動転記されますが、加算見込額

には反映されないので、加算調整後の額を記載する必要があります。

　加算Ⅲの「新規事由あり」に該当する施設・事業者から「新規事由なし」の他の施設・事業所に移動する場合は、特定加算見込額にも反映させる必要があります。

別紙様式9別添2

施設・事業所名	○○園

同一事業者内における拠出見込額・受入見込額一覧表

番号	都道府県名	市町村名	施設・事業所名※1	他事業所への拠出額（円）	うち基準年度からの増減額（円）	他事業所からの受入額（円）	うち基準年度からの増減額（円）
例1	○○県	○○市	○○保育所	200,000円			
合計				0円	0円	0円	0円

※1　同一事業者が運営する全ての施設・事業所（特定教育・保育施設及び特定地域型保育事業所、特例保育を提供する施設）について記入すること。

　次に、職員ごとに加算Ⅲとして支給する額を記載する、別紙様式9別添1を作成します。この様式に記載する職員は、施設・事業所に現に勤務している職員全員（職種を問わず、非常勤職員も含みます。）を対象とします。記載した職員のうち、他の職員と比較して支給額の差が大きい場合や、支給実績がない職員などがいる場合は、支給対象外である理由を備考欄に記載します。

　加算Ⅲによる賃金改善見込額の項目のうち、「基本給及び決まって毎月支払う手当」の欄には、毎月、加算Ⅲ分として支給する予定額の年額を記載します。「その他」の欄には、賞与や一時金などで支給する予定額を記載します。

　ここまで記載した後に、「2／3要件」を満たしていることを確認します。「加算に拠る賃金改善のうち、基本給及び決まって毎月支払う手当によるものの割合」の欄に自動計算された割合が66.7%を下回っている場合には、毎月支払う基本給や手当の額を増額して調整し、実際の支給額も変更する必要があります。

　加算Ⅲによる賃金見込額に対し、社保等事業主負担額として算出した額を、「賃金改善に伴い増加する法定福利費等の事業主負担分」の総額欄に記載すれば完成です。

別紙様式9別添1

	施設・事業所名	

賃金改善内訳（職員別内訳）

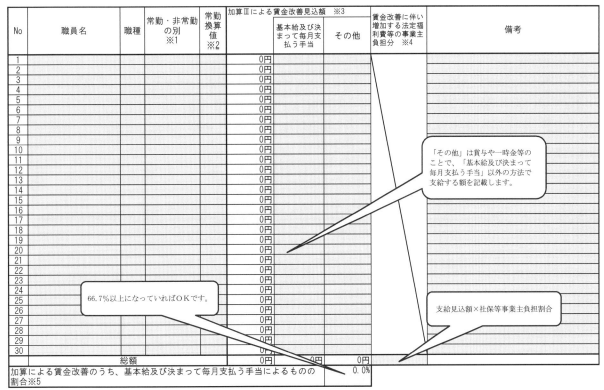

No	職員名	職種	常勤・非常勤の別 ※1	常勤換算値 ※2	加算Ⅲによる賃金改善見込額 ※3 基本給及び決まって毎月支払う手当	その他	賃金改善に伴い増加する法定福利費等の事業主負担分 ※4	備考
1					0円			
2					0円			
3					0円			
4					0円			
5					0円			
6					0円			
7					0円			
8					0円			
9					0円			
10					0円			
11					0円			
12					0円			
13					0円			
14					0円			
15					0円			
16					0円			
17					0円			
18					0円			
19					0円			
20					0円			
21					0円			
22					0円			
23					0円			
24					0円			
25					0円			
26					0円			
27					0円			
28					0円			
29					0円			
30					0円			
	総額				0円	0円	0円	
加算による賃金改善のうち、基本給及び決まって毎月支払う手当によるものの割合※5						0.0%		

吹き出し：「その他」は賞与や一時金等のことで、「基本給及び決まって毎月支払う手当」以外の方法で支給する額を記載します。

吹き出し：66.7%以上になっていればOKです。

吹き出し：支給見込額×社保等事業主負担割合

【記入における留意事項】
施設・事業所に現に勤務している職員全員（職種を問わず、非常勤を含む。）を記入すること。
備考欄には、賃金改善実施期間中の採用や退職がある場合にはその旨、また、賃金改善額が他の職員と比較して高額（低額、賃金改善を実施しない場合も含む）である場合についてはその理由を記入すること。

※1　「常勤」とは、当該施設・事業所の就業規則において定められている常勤の従事者が勤務すべき時間数（教育・保育に従事する者にあっては、1か月に勤務すべき時間数が120時間以上であるものに限る。）に達している者又は当該者以外の者であって1日6時間以上かつ月20日以上勤務するものをいい、「非常勤」とは常勤以外の者をいう。

※2　常勤換算値について、常勤の者については1.0とし、非常勤の者については、以下の算式によって得た値とする。
　　〔算式〕
　　　常勤以外の職員の1か月の勤務時間数の合計÷各施設・事業所の就業規則等で定めた常勤職員の1か月の勤務時間数　＝　常勤換算値

※3　賃金改善に伴い増加する法定福利費等の事業主負担分を除く。

※4　賃金改善に伴い増加する法定福利費等の事業主負担分については以下の算式により算定することを標準とする。
　　〔算式〕
　　　加算前年度における法定福利費等の事業主負担分の総額÷加算前年度における賃金の総額×賃金改善額

※5　「加算Ⅲによる賃金改善見込額」に占める「基本給及び決まって毎月支払う手当による金額」の割合が3分の2以上であることが必要。法定福利費等の事業主負担額を除く。

　最後に「賃金改善計画書（処遇改善等加算Ⅲ）」（別紙様式９）を作成します。黄色い欄は他のシート等から自動転記される部分ですから、肌色の欄のみ手入力します。

❶　⑴の各欄の記載

　①の「加算Ⅲ新規事由」の欄は、プルダウンメニューから「あり」を選択します。

　②の欄には、別紙様式４または「処遇改善等加算Ⅲ加算対象人数計算表」を使って算出した算定対象人数を記載し、加算見込額を記載します。他の施設・事業所との移動がある場合は、拠出施設側ではその額を減額、受入施設側ではその額を増額して調整します。加算見込額の算定方法については、処遇改善通知において明確な記載がありませんが、加算Ⅱに関する計算方法などを勘案すると、次のような計算式で算出することが妥当と考えられます。

加算当年度の単価×加算Ⅲ算定対象人数×賃金改善実施期間の月数（千円未満切り捨て）

　さらに加算見込額のうち、特定加算見込額を③に記載します。単価改定によって新規事由に該当する場合には、次の算式によって算出します。また、新たに加算Ⅲの適用対象となる施設・事業所からの移動額を受け入れる場合は、その額を加算見込額に含めて、特定加算見込額に記載します。

｛「加算当年度の単価」－「基準年度の単価」｝×「加算当年度の加算Ⅲ算定対象人数」

　　　　　　　　　　　　　　　×「賃金改善実施期間の月数」（千円未満切り捨て）

※　「基準年度の単価」は、遡及改正のあったときは、改正後の単価を使用します。

---

　④の欄には、加算Ⅲの実施期間を記載します。年度途中での開園など、特殊な事情がない限りは、その年の４月から翌年３月まで、と記載します。

❷　⑵の各欄の記載

　①と②、⑥の欄は自動計算ですので、入力不要です。

　③の欄には、当年度中に職員に支給する基本給や手当、賞与等を含めた賃金の額（加算Ⅰ・Ⅱ・Ⅲの額を含みます。）を記載しますが、記載する職員の範囲については132、133ページをご参照ください。

　④の欄には、③に前年度の加算残額が含まれている場合に、その額を記載します。

　⑤の欄には、加算Ⅱが「新規事由あり」に該当する場合に、その額による賃金改善額を記載します。

　⑦の欄には、③に記載した職員に対する加算前年度の賃金水準額を記載します。

　⑧の欄は、人勧分は計画時点では０円ですので、入力不要です。

　⑨の欄は、令和６年度以降もこの欄が設けられた場合は、前年度の賃金水準のおける加算Ⅲの賃金改善額を記載することになるでしょう。

　⑩の欄には、②の賃金改善見込総額に対する社保等事業主負担額を記載します。

❸　⑶の各欄の記載

　①から④までの各欄は様式９別添２から自動転記されますので、入力不要です。

別紙様式9

令和　年度賃金改善計画書（処遇改善等加算Ⅲ）

市 町 村 名	
施 設・事 業 所 名	
施 設・事 業 所 類 型	
施 設・事 業 所 番	

加算対象職員数計算

（1）賃金改善について

①	加算Ⅲ新規事由	あり	
②	加算見込額（千円未満の端数は切り捨て）（※）	加算Ⅲ算定対象人数　　　人	円
③	特定加算見込額（千円未満の端数は切り捨て）（※）		円
④	賃金改善実施期間	令和　年　月 ～ 令和　年　月　（　ヶ月）	

※ 施設・事業所間で加算額の一部の配分を調整する場合の「加算見込額」及び「特定加算見込額」については、調整による加算額の増減を反映した（加算見込額にあっては（3）①の額を減じ、（3）③の額を加えた後の、特定加算見込額にあっては（3）②の額を減じ、（3）④の額を加えた後の）金額を記入すること。

（2）賃金改善等見込総額

①	賃金改善等見込総額（②＋⑩）（千円未満の端数は切り捨て）	0 円
	②賃金改善見込総額（③－④－⑤－⑥）	円
	③支払賃金	円
	④③のうち、加算前年度基準年度の加算残額に係る支払賃金	円
	⑤③のうち、加算Ⅱの新規事由による賃金改善額	円
	⑥起点賃金水準（⑦＋⑧－⑨）	0 円
	⑦基準年度の賃金水準（当該年度に係る加算残額（令和4年度の加算Ⅲに係るものを除く）を含む）	円
	⑧基準翌年度から加算当年度までの公定価格における人件費の改定分	空欄
	⑨令和4年度の加算Ⅲ等による賃金改善額	
	⑩事業主負担増加見込総額	

（3）他施設への配分等について

①	拠出見込額	0 円
	②うち基準年度からの増減分	0 円
③	受入見込額	0 円
	④うち基準年度からの増減分	0 円

※ 別紙様式9別添2の「同一事業者内における拠出見込額・受入見込額一覧表」を添付すること。

※確認欄

＜加算Ⅲ新規事由がある場合＞（以下のBの額がAの額以上であること（※1）かつDの額がCの額以上であること（※2））

A	特定加算見込額【（1）③】	0 円
B	賃金改善等見込総額【（2）①】	0 円
C	加算見込額【（1）②】	円
D	加算Ⅲによる賃金改善見込額の総額【別紙様式9別添1の「加算Ⅲによる賃金改善見込額」と「賃金改善に伴い増加する法定福利費等の事業主負担分」の総額欄の合計】	0 円

※1 原則、賃金改善等見込総額（B）は、特定加算見込額（A）以上であることが必要だが、法定福利費の事業主負担増加額が少ないことにより、Aの額を下回ることは差し支えない。その場合、その差額については、別途、職員の処遇改善に充てること。

＜加算Ⅲ新規事由がない場合＞（以下のBの額がAの額以上であることかつDの額がCの額以上であること（※2））

A	基準年度の賃金水準（起点賃金水準）【（2）⑥－（3）②＋（3）④（※3）】	円
B	賃金見込総額【（2）③－（2）④－（2）⑤】	円
C	加算見込額【（1）②】	円
D	加算Ⅲによる賃金改善見込額の総額【別紙様式9別添1の「加算Ⅲによる賃金改善見込額」と「賃金改善に伴い増加する法定福利費等の事業主負担分」の総額欄の合計】	0 円

※2 原則、賃金改善額（D）は、加算額（C）以上であることが必要だが、法定福利費の事業主負担増加額が少ないことにより、Cの額を下回ることは差し支えない。その場合、その差額については、別途、職員の処遇改善に充てること。

※3 （3）②及び（3）④から法定福利費等の事業主負担分を除いたうえで算出すること。

上記の内容について、全ての職員に対し周知をした上で、提出していることを証明いたします。

令和　年　月　日	
事 業 者 名	
代 表 者 名	

処遇改善通知に用意された各種様式は、こども家庭庁のサイトにおいてエクセルファイルが公開されており、一般的には各自治体から施設に配布されているエクセルファイルも、これがもとになっています。

　もともとのファイルを確認すると、別紙様式9別添1の「加算による賃金改善のうち、基本給及び決まって毎月支払う手当によるものの割合」のセルの計算式は「＝IFERROR（I37/H37,0）」と記載されており、要するにこれは、

> **「基本給及び決まって毎月支払う手当」の総額÷「加算Ⅲによる賃金改善見込額」の総額**

を意味しています。例えば次のような数字を入力してみます。

加算Ⅲによる賃金改善見込額　※3		
	基本給及び決まって毎月支払う手当	その他
30,000円	20,000円	10,000円

　この場合、割合は20,000円÷30,000円が計算され、「66.6666・・・％」ですから「66.7％」と表示されます。では、次のように入力するとどうなるか、検証してみます。

加算Ⅲによる賃金改善見込額　※3		
	基本給及び決まって毎月支払う手当	その他
30,001円	20,000円	10,001円

　割合は20,000円÷30,001円が計算され、「66.6644・・・％」となるので、小数第2位が四捨五入されてやはり「66.7％」と表示されます。しかし、20,000円は30,000円の2／3ですが、30,001円の2／3よりは小さい値です。それでもこの欄には「66.7％」が表示されて、判定結果は「問題なし」ということになります。

　これは、エクセルの計算式において、百分率の数値の小数第2位以下の端数処理がなされていないためですが、少し疑問を禁じ得ませんね。

２．賃金改善実績報告書

⑴　加算実績額の計算

　賃金改善計画時と同様にして、特定加算実績額を計算します。遡及改正のあった場合は改正後の単価を使用します。新たに加算Ⅲの適用を受ける場合（イⅱ）の特定加算実績額は加算実績額と同額となりますが、この場合は他施設・事業所間で加算額の受入を行うとその分だけ加算実績額が大きくなります。

　公定価格の改定により加算単価が加算前年度に比して増加する場合や、当該単価の増加のない施設・事業所において、当該単価の増加のある他の施設・事業所に係る特定加算見込額の一部を受け入れる場合（イⅰ）は、加算実績額と特定加算実績額の両方の額を求める必要があります。

処遇改善通知 ////

第6　加算Ⅲの要件

2　加算要件

(3)　加算Ⅲ新規事由がある場合

　　コ　「特定加算実績額」とは、賃金改善実施期間における加算実績額のうち加算Ⅲ新規事由に係る額として、以下により算定した額※をいう。

　　　＜イ i の場合＞

　　　　　{「加算当年度の単価」－「基準年度の単価」} ×「加算当年度の加算Ⅲ算定対象人数」

　　　　　　　　　　　　　　　　　×「賃金改善実施期間の月数」（千円未満の端数は切り捨て）

　　　＜イ ii 及び iii の場合＞

　　　　　「加算当年度の単価」×「加算当年度の加算Ⅲ算定対象人数」

　　　　　　　　　　　　　　　　　×「賃金改善実施期間の月数」（千円未満の端数は切り捨て）

　　　※　施設・事業所間で加算実績額の一部の配分を調整する場合には、それぞれ、その受入（拠出）実績額が基準年度の受入（拠出）実績額を上回る（下回る）ときはその差額を加える（減じる）こと。

---

(2)　支給要件の判定

　　賃金改善額として支給する必要がある額の判定基準は、加算Ⅲ新規事由の内容に応じて、処遇改善通知において次のように定められています。

処遇改善通知 ////

第6　加算Ⅲの要件

(3)　加算Ⅲ新規事由がある場合

　　ア　賃金改善実施期間において、次に掲げる要件を満たしていること。また、賃金改善等実績総額が特定加算実績額を下回った場合又は職員の支払賃金のうち加算Ⅲにより改善を行う部分の総額（当該改善に伴い増加する法定福利費等の事業主負担分を含む。）が加算当年度の加算実績額を下回った場合には、生じた加算残額の全額を当該翌年度に速やかに職員の賃金（法定福利費等の事業主負担分を含む。）として支払うこと。

　　　i　職員に係る賃金改善等実績総額が特定加算実績額を下回っていないこと。

　　　ii　職員の支払賃金のうち加算Ⅲにより改善を行う部分の総額（当該改善に伴い増加する法定福利費等の事業主負担分を含む。）が加算当年度の加算実績額を下回っていないこと。また、加算Ⅲにより改善を行う部分の総額（当該改善に伴い増加する法定福利費等の事業主負担分を含む。）の3分の2以上が、基本給又は決まって毎月支払われる手当の引上げによるものであること。

　　賃金改善計画時と同様に、支給しなければならない額が支給されているかどうかの判定基準は3つあります。

　　第一は、賃金改善等実績総額が特定加算実績額を下回っていないことです。当該年度に人勧分の増額、または減額があった場合には、賃金改善等実績総額にも反映させます。

　　第二に、加算Ⅲの加算実績額を全額支給していることです。加算Ⅲによる加算額は全額を使用し切る必要がありますので、賞与や一時金を活用して、すべてを支給しなければなりません。

　　そして第三に、加算Ⅲによる賃金改善実績額（加算Ⅲによる職員への賃金改善を行った額で、加算Ⅲ

支給による社保等事業主負担額は含みません。）の2／3以上の額を、基本給又は決まって毎月支払われる手当によって支給していることです。

　これまで再三述べてきたように、「令和5年度以降新たに加算Ⅲの適用を受けようとする場合」という加算Ⅲ新規事由に該当する場合（イii）は、加算実績額と特定加算実績額が同額になります（施設・事業所間で加算額の受入がある場合は加算実績額だけ大きくなります。）ので、この額以上に賃金改善をすることが必要です。

　また「加算前年度に加算Ⅲの適用を受けており、加算当年度に適用を受けようとする加算単価が公定価格の改定により加算前年度に比して増加する場合」または「当該単価の増加のない施設・事業所において、当該単価の増加のある他の施設・事業所に係る特定加算見込額の一部を受け入れる場合」に該当する場合（イi）は、賃金改善等実績総額が特定加算実績額以上になり、かつ加算実績額以上に賃金改善を行っていることが必要です。

【要件1】 今年度の賃金改善等実績総額　≧　特定加算実績額

【要件2】 加算Ⅲ加算実績額　≦　加算Ⅲ支給額　＋　社保等事業主負担額

【要件3】 加算Ⅲによる改善総額の2／3以上の額を基本給又は決まって毎月支払われる手当で支給

---

(3) 実績報告書の書類の作成

　実績報告時の提出書類は次の3つの書類です。ただし、自治体単独で人件費補助金等を拠出している場合には、自治体が定めた書類を提出する必要がありますので、注意してください。

【処遇改善通知に定められた賃金改善実績報告時の提出書類】

　ア．別紙様式10「賃金改善実績報告書（処遇改善等加算Ⅲ）」

　イ．別紙様式10別添1「賃金改善内訳（職員別内訳）」

　ウ．別紙様式10別添2（同一法人内において施設間での加算Ⅲの移動を行った場合にのみ作成）

　賃金改善計画時と同様に、書類は上記のウを必要に応じて作成した後にイを作成し、最後にアを仕上げます。

　別紙様式10別添2は、賃金改善計画書の作成時と同様に、加算Ⅲの加算額の一部を他の施設・事業所に移動したときに作成します。法人全体分をまとめて記載し、拠出側施設の合計額と受入側施設の合計額は同額になります。別紙様式10別添2に必要事項を入力すると、別紙様式10に自動的に転記されますが、加算実績額には反映されないので、調整した額を記載する必要があります。

別紙様式10別添2

	施設・事業所名	

同一事業者内における拠出実績額・受入実績額一覧表

番号	都道府県名	市町村名	施設・事業所名※1	他事業所への拠出額 （円）	うち基準年度から の増減額 （円）	他事業所からの受入額 （円）	うち基準年度から の増減額 （円）
例1	○○県	○○市	○○保育所	200,000円			
	合計			0円	0円	0円	0円

※1　同一事業者が運営する全ての施設・事業所(特定教育・保育施設及び特定地域型保育事業所、特例保育を提供する施設)に
　　ついて記入すること。

　次に、別紙様式10別添1を作成します。どの職員にどのようにいくら支給したのかを記載する様式
です。記載を要する対象となる職員は、賃金改善実施期間に施設・事業所に勤務していた職員全員（職
種を問わず、非常勤を含みます。）で、計画時と同様に、他の職員と比較して支給額に差が大きい職員
や支給しない職員についてはその理由を備考欄に記載します。

　加算Ⅲによる賃金改善額のうち、「基本給及び決まって毎月支払う手当」の欄には、毎月、加算Ⅲと
して支給した額の年額を記載します。「その他」の欄には、賞与や一時金などによる支給額を記載します。

　記載後には、「2／3要件」を満たしていることを確認します。「加算による賃金改善のうち、基本給
及び決まって毎月支払う手当によるものの割合」の欄が66.7%を下回っている場合には、後に説明で
きるように支給額を精査しておくことをお勧めします。

　また、加算Ⅲによる賃金改善額に対し、社保等事業主負担額として算出した額を「賃金改善に伴い増
加する法定福利費等の事業主負担分」の欄に記載します。

別紙様式10別添1

	施設・事業所名	

賃金改善内訳（職員別内訳）

No	職員名	職種	常勤・非常勤の別 ※1	常勤換算値 ※2	加算Ⅲによる賃金改善額 ※3		賃金改善に伴い増加する法定福利費等の事業主負担分 ※4	賃金改善月額 ※5	備考
					基本給及び決まって毎月支払う手当	その他			
1					0円				
2					0円				
3					0円				
4					0円				
5					0円				
6					0円				
7					0円				
8					0円				
9					0円				
10					0円				
11					0円				
12					0円				
13					0円				
14					0円				
15					0円				
16					0円				
17					0円				
18					0円				
19					0円				
20					0円				
	総額				0円	0円	0円		
加算による賃金改善のうち、基本給及び決まって毎月支払う手当によるものの割合※6						0.0%			

（吹き出し）賞与や一時金等のことで、「基本給及び決まって毎月支払う手当」以外の方法で支給する額を記載します。

（吹き出し）賃金改善額÷賃金改善実施期間÷常勤換算値＝賃金改善月額

（吹き出し）支給総額×社保等事業主負担割合

【記入における留意事項】
施設・事業所に現に勤務している職員全員（職種を問わず、非常勤を含む。）を記入すること。
備考欄には、賃金改善実施期間中の採用や退職がある場合にはその旨、また、賃金改善額が他の職員と比較して高額（低額、賃金改善を実施しない場合も含む）である場合についてはその理由を記入すること。
※1　「常勤」とは、当該施設・事業所の就業規則において定められている常勤の従事者が勤務すべき時間数（教育・保育に従事する者にあっては、1か月に勤務すべき時間数が120時間以上であるものに限る。）に達している者又は当該者以外の者であって1日6時間以上かつ月20日以上勤務するものをいい、「非常勤」とは常勤以外の者をいう。
※2　常勤換算値について、常勤の者については1.0とし、非常勤の者については、以下の算式によって得た値を記入すること。
　〔算式〕
　　常勤以外の職員の1か月の勤務時間数の合計÷各施設・事業所の就業規則等で定めた常勤職員の1か月の勤務時間数＝常勤換算値
※3　賃金改善に伴い増加する法定福利費等の事業主負担分を除く。
※4　賃金改善に伴い増加する法定福利費等の事業主負担分については以下の算式により算定することを標準とする。
　〔算式〕
　　加算前年度における法定福利費等の事業主負担分の総額÷加算前年度における賃金の総額×賃金改善額
※5　職員ごとの賃金改善月額について以下の算式によって得た金額を記入すること。
　〔算式〕
　　当該年における賃金改善額÷賃金改善実施期間÷常勤換算値＝賃金改善月額
※6　「加算Ⅲによる賃金改善額」に占める「基本給及び決まって毎月支払う手当による金額」の割合が3分の2以上であることが必要。法定福利費等の事業主負担額を除く。

　最後に別紙様式10「賃金改善実績報告書（処遇改善等加算Ⅲ）」を作成します。黄色い欄は、他の様式等から自動転記されるので、肌色の欄のみ（一部計算式あり）記載します。

❶　⑴の各欄の記載

　⑴の欄には、前年度に加算Ⅲに加算残額が生じていた場合に記載します。加算残額が生じていた場合には、①の欄に前年度の賃金改善実績報告書に記載した加算残額を記載します。

　②の欄には、①による支給額を、社保等事業主負担額を含めて記載します。①と②の2つの欄の対比によって、前年度の加算残額をすべて支給できたかどうかを確認します。

　③の欄には、①の額が②の額より多いとき、つまり加算残額がまだ残ってしまっているときに、自動で「○」と表示されます。逆に言えば、ここに「○」が表示されないように支給する必要があります。

　④の欄には、基本給か手当、賞与（一時金）などの支払った項目を選択し、具体的にどのような方法で支給をしたかを記載します。

❷　⑵の各欄の記載

　①の欄には、加算Ⅲの加算実績額を記載します。ただしこれまでも再三述べてきた通り、処遇改善通知には、特定加算実績額の算定方法は記載されているものの、加算実績額の算定方法については明確な記載がありません。そのため加算Ⅲ新規事由の主旨や、他の加算に関する記載方法などから推測すると、2つの方法が考えられます。

別紙様式10

令和　　年度賃金改善実績報告書（処遇改善等加算Ⅲ）

> 前年度の加算残額がある場合に記載します。

市　町　村　名	
施設・事業所名	
施設・事業所類型	
施設・事業所番号	

（1）前年度の加算残額に対応する賃金改善の状況（前年度の加算残額がある場合のみ記入）

①	加算前年度の加算残額			円
②	加算前年度の加算残額に対応した支払い賃金額（法定福利費等の事業主負担増加額を含む）			円
③	加算前年度の加算残額に対応した賃金の支払い状況	支払いの有無	支払い時期	
④	賃金改善の方法	基本給		
	支払った給与の項目	手当（　　　）		
		賞与（一時金）		
		その他（　　　）		
	具体的な支払い方法			

> 加算Ⅲ算定人数×加算当年の単価
> 施設・事業所間で加算額の配分調整がある場合は、他施設への拠出額を減じ、他施設等からの受入額を加えます。

（2）加算実績額

①	加算実績額（千円未満の端数は切り捨て）（※）			円
	②特定加算実績額（千円未満の端数は切り捨て）（※）			円
③	賃金改善実施期間	令和　年　月　～　令和　年　月		

> 新たに加算Ⅲの適用を受ける施設は②と同額です。施設・事業所間で調整する場合はその分だけ金額が異なります。
> 公定価格の改定が行われた場合や他施設の特定加算額の一部を受け入れる場合は、算定額を記載します。

※ 施設・事業所間で加算額の一部の配分を調整する場合の「加算実績額」及び「特定加算実績額」については、調整による加算額の増減を反映した（加算実績額にあっては（4）①の額を減じ、（4）③の額を加えた後の、特定加算実績額にあっては（4）②の額を減じ、（4）④の額を加えた後の）金額を記入すること。

（3）賃金改善等実績総額

①	賃金改善等実績総額（②+⑩）（千円未満の端数は切り捨て）		0 円
	②賃金改善実績総額（③-④-⑤-⑥）		0 円
	③支払賃金		円
	④③のうち、加算前年度の加算残額に係る支払賃金		円
	⑤③のうち、加算Ⅱの新規事由による賃金改善額		円
	⑥起点賃金水準（⑦+⑧-⑨）		0 円
	⑦基準年度の賃金水準（当該年度に係る加算残額（令和4年度の加算Ⅲに係るものを除く）を含む）		円
	⑧基準翌年度から加算当年度までの公定価格における人件費の改定分		円
	⑨令和4年度の加算Ⅲ等による賃金改善額		円
	⑩事業主負担増加相当総額		0 円

> 加算Ⅰ、加算Ⅱ、加算Ⅲを含めた額（前年度の加算残額支給分を含みます。）を記載します。
> ③のうち、前年度の加算残額があれば記入します。
> 加算Ⅱの公定価格の改定による増額、及び算定対象人数が前年度より増加する場合、その額を記入します。
> 基準年度の加算Ⅰ、加算Ⅱ、加算Ⅲを含めた額を記載します。
> 当年度の人勧分を記入します。

（4）他施設への配分等について

①	拠出額		0 円
	②うち基準年度からの増減分		0 円
③	受入額		0 円
	④うち基準年度からの増減分		0 円

> 別添2から自動転記

※ 別紙様式10別添2の「同一事業者内における拠出見込額・受入見込額一覧表」を添付すること。

（5）加算実績額と賃金改善に要した費用の総額との差額について

①	加算実績額に要した費用の総額との差額（千円未満の端数は切り捨て） （2）①－別紙様式10別添1の「加算Ⅲによる賃金改善額」と「賃金改善に伴い増加する法定福利費等の事業主負担分」の総額欄の合計			0 円
	※加算Ⅲ新規事由ありの場合、以下についても算出すること。 （2）②－（3）①	加算Ⅲ新規事由の有無	加算Ⅲ新規事由あり	
				0 円

> 「0」以下であれば、加算残額なしです。
> 加算残額が生じた場合に記載します。

（以下、加算残額が生じた場合のみ記入）

②	加算残額に対応した賃金の支払い状況	支払いの有無	支払い時期
③	支払った給与の項目	基本給	
		手当（　　　）	
		賞与（一時金）	
		その他（　　　）	
④	具体的な支払い方法		

上記の内容について、全ての職員に対し周知をした上で、提出していることを証明いたします。

令和　　年　　月　　日
事　業　者　名　_____
代　表　者　名　_____

＜考え方1＞

　委託費や施設型給付費における実際の加算額を記載する方法が考えられます。ただしこの方法で算定すると賃金改善計画書に記載した金額との差異が生じることから、計画時点では満たしていた2／3要件を満たさなくなることも考えられ、その点を容認することが必要になります。

＜考え方2＞

　実際に加算された額ではなく、賃金改善計画書に記載した加算見込額と同様の計算式で算出した額を記載する方法が考えられます。賃金改善計画書において予定した額の支給を行ったことの確認を行う、という観点で言えば、選択できる一つの方法と言えます。

　なお、他の施設・事業所との移動額がある場合は、移動額分を加減算するなどして調整します。

　「特定加算実績額」の欄には、次の算式で求めた額を記載します。また、新たに加算Ⅲの適用を受けた他の施設・事業所からの受入により新規事由ありとなる場合は、受入額を記載します。

処遇改善通知 ////

第6　加算Ⅲの要件

2　加算要件

　(3)　加算Ⅲ新規事由がある場合

　　コ　「特定加算実績額」とは、賃金改善実施期間における加算実績額のうち加算Ⅲ新規事由に係る額として、以下により算定した額[※]をいう。

　　　＜イⅰの場合＞

　　　　｛「加算当年度の単価」－「基準年度の単価」｝×「加算当年度の加算Ⅲ算定対象人数」

　　　　　　　　　　　　　　　　　×「賃金改善実施期間の月数」（千円未満の端数は切り捨て）

　　　＜イⅱ及びⅲの場合＞

　　　　「加算当年度の単価」×「加算当年度の加算Ⅲ算定対象人数」

　　　　　　　　　　　　　　　　　×「賃金改善実施期間の月数」（千円未満の端数は切り捨て）

　　[※]　施設・事業所間で加算実績額の一部の配分を調整する場合には、それぞれ、その受入（拠出）実績額が基準年度の受入（拠出）実績額を上回る（下回る）ときはその差額を加える（減じる）こと。

　③の欄には、加算Ⅲによる賃金改善の実施期間を記載します。

❸ ⑶の各欄の記載

　①と②、⑥は自動計算されますので、記入の必要はありません。

　③の欄には、当年度の賃金改善実施期間に各職員に対して毎月支給された基本給や手当、賞与等の年額（加算Ⅰ・Ⅱ・Ⅲの額を含みます。）の合計額を記載します。この職員の合計額について、職員全員、または加算Ⅲ対象職員とするのか、という点については98ページでご紹介した通り、各自治体との認識の共有が必要です。

　④の欄には、③に記載した額に前年度に生じた加算残額が含まれている場合に限り、その額を記載し

ます。

　⑤の欄には、加算Ⅱが「新規事由あり」に該当する場合の、加算Ⅱの特定加算額に拠る支給額を記載します。

　⑦の欄には、③と同様にして職員の前年度の賃金水準における基本給や手当、賞与等の年額を算出して記載します。（加算Ⅰ・Ⅱ・Ⅲの額を含みます。）

　⑧の欄は、人勧分によって行われた賃金改善額のうち、⑦の対象となった職員の分を合算した額を記載します。

　⑨の欄は、令和6年度以降の様式でも設けられた場合には、前年度の加算Ⅲによる賃金改善額を記載することになるでしょう。

❹　(4)の各欄の記載

　すべての欄が様式10の別添2から自動転記されますので、入力不要です。

❺　(5)の各欄の記載

　①の「加算Ⅲ新規事由の有無」の欄は、プルダウンメニューからで「加算Ⅲ新規事由あり」を選択します。「加算実績額に要した費用の総額との差額の金額」の欄は、0円以下が表示されていれば、加算実績額を使い切れているという判定を意味します。

　また、「加算Ⅲ新規事由の有無」の下の欄は特定実績額の使用状況の判定欄ですが、この欄も0円以下が表示されていれば、特定加算実績額も使い切っているという判定を表します。しかし、もしこの欄にプラスの金額が表示されているときは、特定加算額が使い切れていないことになり、②の支払の有無は自動的に「○」が表示」されるため、②以下の欄を記入します。

　②の欄には、加算Ⅲの加算残額について、次年度における支給予定時期を記載します。

　③の欄には、加算Ⅲの加算残額について、次年度において支給を予定している方法を記載します。

　また「支払った給与の項目」の欄がありますが、加算Ⅰの報告書の様式6の同様の箇所にある「支払った（支払う予定の）項目」と同様に考えられるため、その点については第5章で説明します。

　さらに④の欄には、"職員全員に一時金で7,000円ずつ支給する予定"というように、支給方法についてより具体的な内容を記載します。

第5章 処遇改善等加算Ⅰと人勧分

第1節　制度の概要

1．基本的な考え方

　加算Ⅰは、職員の勤務年数の上昇に応じた昇給費用に対応するための「基礎分」と、職員の賃金改善やキャリアパス構築の取組に要する費用に充当するための「賃金改善要件分」で構成されています。（以下この第5章に限り、処遇改善等加算Ⅰの基礎分を単に「基礎分」と、賃金改善要件分を単に「賃金改善分」と表記します。）賃金改善分の中に設けられている「キャリアパス要件分」を受けるためには、役職や職務内容等に応じた勤務条件や・賃金体系の設定、資質向上の具体的な計画策定、計画に沿った研修の実施又は研修機会の確保、職員への周知等の条件を満たすことが必要で、要件を満たさないときは減額されることになります。ただし一般にキャリアパス要件は、加算Ⅱの適用を受けていることによって要件を充足しているとみなされるので、減額される例はほとんど見られません。

処遇改善通知 ////

第4　加算Ⅰの要件
3　キャリアパス要件
　　当該施設・事業所の取組が次の(1)及び(2)のいずれにも適合すること又は加算Ⅱの適用を受けていること。
（以下略）

　基礎分は、子ども・子育て支援制度開始前の保育所制度において民間施設給与等改善費として運営費に加算されていたものを継続させたもので、職員（非常勤職員及び法人の役員等を兼務している職員を含む）の賃金（退職金及び法人の役員等としての報酬を除く）の昇給等に適切に充てることとされています。また賃金改善分は、その全額を賃金の改善に確実に充てるため、公定価格上で加算し、職員の賃金改善を図るための仕組みです。

2．すべての施設に共通する基本事項

(1)　支給対象職員

　施設職員であれば、職種や勤務形態に関わらず、どの職員に対しても支給することができます。経営に携わる法人役員等を兼務している職員も対象に含めることができますが、役員報酬や退職金及び将来の退職金の支給に備えた資金留保などには使用することはできません。あくまで職員としての給与を改善する目的に対してのみ、使用することができます。

(2)　職員の平均経験年数

　加算額を決定する重要な要素は、在籍する職員の平均経験年数です。平均経験年数の算定方法は、4月1日時点の状況で判定し、年度の途中で変更することはありません。また非常勤職員であっても、常勤職員以上の勤務時間（月120時間以上の場合に限ります。）がある職員や、1日6時間以上かつ月

20日以上勤務している職員は、雇用形態に関係なく算入します。

処遇改善通知 ////

(下線は筆者。以下同じ)

第4　加算Ⅰの要件

1　加算率

　加算額の算定に用いる加算率は、職員1人当たりの平均経験年数の区分に応じ、基礎分の割合に、賃金改善要件分の割合（キャリアパス要件に適合しない場合は、当該割合からキャリアパス要件分の割合を減じた割合。賃金改善要件分の要件に適合しない場合は、0％。）を加えて得た割合とする。【（加算率区分表）省略】

　「職員1人当たりの平均経験年数」は、その職種にかかわらず、当該施設・事業所に勤務する全ての常勤職員（当該施設・事業所の就業規則において定められている常勤の従事者が勤務すべき時間数（教育・保育に従事する者にあっては、1か月に勤務すべき時間数が120時間以上であるものに限る。）に達している者又は当該者以外の者であって<u>1日6時間以上かつ月20日以上勤務するもの</u>）について、当該施設・事業所又は他の施設・事業所（次に掲げるものに限る。）における勤続年月数を通算した年月数を合算した総年月数を当該職員の総数で除して得た年数（6月以上の端数は1年とし、6月未満の端数は切り捨てとする。）とする（居宅訪問型保育事業においても、当該事業を行う事業所を単位として職員1人当たりの平均経験年数を算定すること。）。なお、勤続年月数の確認に当たっては、施設・事業所による職歴証明書のほか、年金加入記録等から推認する取扱いも可能である。

⑴　子ども・子育て支援法第7条第4項に定める教育・保育施設、同条第5項に定める地域型保育事業を行う事業所及び同法第30条第1項第4号に定める特例保育を行う施設・事業所

⑵　学校教育法第1条に定める学校及び同法第124条に定める専修学校

⑶　社会福祉法第2条に定める社会福祉事業を行う施設・事業所

⑷　児童福祉法第12条の4に定める施設

⑸　認可外保育施設（児童福祉法第59条の2第1項に定める施設をいう。以下同じ。）で以下に掲げるもの

　ア　地方公共団体における単独保育施策による施設

　イ　認可外保育施設指導監督基準を満たす旨の証明書を交付された施設

　ウ　企業主導型保育施設

　エ　幼稚園を設置する者が当該幼稚園と併せて設置している施設

　オ　アからエまでに掲げる施設以外の認可外保育施設が⑴の施設・事業所に移行した場合における移行前の認可外保育施設

⑹　医療法に定める病院、診療所、介護老人保健施設、介護医療院及び助産所（保健師、看護師又は准看護師に限る。）

　また、「職員1人当たりの平均経験年数」の算定は、<u>加算当年度の4月1日</u>（当該年度の途中において支援法第27条第1項又は第29条第1項の確認を受けた施設・事業所にあっては、支援法による確認を受けた日）時点で行うこと。

また派遣職員についても算定対象とすべきことが、公定価格FAQの中に記載されています。

公定価格FAQ ///

No.134（処遇改善等加算Ⅰ）　　　　　　　　　　（ver.23 令和5年9月15日時点版）

Q）　平均経験年数の算定にあたり、派遣労働者や、育児休業・産前産後休業を取得している職員は算定対象になるのか。

A）　派遣労働者については、算定対象となります。
　　一方、育児休業・産前産後休業を取得している職員（以下、「育休等取得者」）については、当該休業期間の有給・無給を問わず、算定対象となります。また、育休等取得者本人が算定対象となるため、育休等取得者の代替職員は算定対象となりません。

⑶　加算額

　加算Ⅰの単価と在籍児童数から、加算額を算出して支給します。加算率は、職員の平均経験年数をもとに計算します。平均経験年数が10年以下の場合は6%、11年以上の場合は7%の加算率ですが、それぞれそのうち2%は前述のキャリアパス要件分で、キャリアパス要件を満たさない場合には2%分が減額されますが、加算Ⅱを受けていれば自動的にキャリアパス要件を満たすものとされます。

　加算率の全体像については、第2章にもお示ししていますが、ここで再掲しておきましょう。

■加算Ⅰ全体（基礎分と賃金改善要件分）の加算率一覧（キャリアパス要件を満たす場合）

職員一人当たりの平均経験年数	基礎分	賃金改善要件分	うちキャリアパス要件分	加算Ⅰ合計
11年以上	12%	7%		19%
10年以上11年未満	12%			18%
9年以上10年未満	11%			17%
8年以上9年未満	10%			16%
7年以上8年未満	9%			15%
6年以上7年未満	8%			14%
5年以上6年未満	7%	6%	2%	13%
4年以上5年未満	6%			12%
3年以上4年未満	5%			11%
2年以上3年未満	4%			10%
1年以上2年未満	3%			9%
1年未満	2%			8%

⑷　支給方法

　可能な限り月額の手当や基本給のアップ等を行うことが求められていますが、賞与の増額や年度末の一時金で支給することも許容されています。

３．加算Ⅰ新規事由

「**加算Ⅰ新規事由**」とは、後述する加算Ⅰの「**特定加算額**」を生ずる原因となる"事由"のことを指します。処遇改善通知に定められた加算Ⅰ新規事由には、次のようなものがあります。

処遇改善通知

第４　加算Ⅰの要件

２　賃金改善要件（加算認定に係る要件）

（1）加算Ⅰ新規事由がある場合

ア　加算当年度における次に掲げる事由に応じ、賃金改善実施期間において、賃金改善等見込総額（賃金改善見込総額＋事業主負担増加見込総額）が特定加算見込額を下回っていないこと。また、加算当年度の途中において増額改定が生じた場合には、それに応じた賃金の追加的な支払を行うものとすること。

i　加算前年度に加算Ⅰの賃金改善要件分の適用を受けており、加算当年度に適用を受けようとする賃金改善要件分に係る加算率が公定価格の改定やキャリアパス要件の充足等により基準年度に比して増加する場合（当該加算率の増加のない施設・事業所において、当該加算率の増加のある他の施設・事業所に係る特定加算見込額の一部を受け入れる場合を含む。）

ii　新たに加算Ⅰの適用を受けようとする場合

---

　iに書かれているのは、賃金改善分の加算率が前年度から増加している場合です。また、加算Ⅰ新規事由のない施設が、加算Ⅰ新規事由のある施設から資金の移動を受けた場合も該当します。賃金改善分の加算率が増加するケースとして考えられるのは、職員の平均経験年数の伸長によって加算率が６％から７％になった場合のほか、キャリアパス要件を満たさないことによる２％分の減額がなくなった場合や、制度上加算率が改正された場合（例えば、７％の加算率が８％に変更された場合など）などが考えられます。

　なお基礎分の増加は処遇改善に関係がないので、加算率が増加したとしても加算Ⅰ新規事由の対象外です。また、加算率が７％から６％に減少した場合も対象外で、その場合の取扱いについては、公定価格FAQ（ver.23）に次のように記載されています。

公定価格FAQ

（ver.23 令和５年９月15日時点版）

No.180（処遇改善等加算Ⅰ）

Q）賃金改善要件分の加算率が７％から６％に下がった場合、どのように取り扱えばよろしいでしょうか。

A）職員の平均経験年数が変動し、加算Ⅰ賃金改善要件分の加算率が<u>７％から６％に下がった場合</u>は「加算Ⅰ新規事由なし」に該当します。

　この場合の起点賃金水準の算定に当たっては、「加算前年度の賃金水準」から「加算当年度の加算Ⅰ賃金改善要件分１％に相当する加算額（※１）」（法定福利費等の事業主負担分（※２）を除く）を減じてください。その際、様式の欄外等にその旨を記載いただくようお願いします。その上で、「賃金見込（支払賃金）総額」が「起点賃金水準」を下回っていないか確認してください。

※１　利用子どもの認定区分及び年齢区分ごとに、次の＜算式１＞により算定した額を合算して得た額（千円未満の端数は切り捨て）

＜算式１＞

「加算当年度の加算Ⅰの単価の合計額」×「（見込）平均利用子ども数」×「賃金改善実施期間の月数」

※2 以下の＜算式2＞を標準として算出

＜算式2＞

「基準年度における法定福利費等の事業主負担分の総額」÷「基準年度における賃金の総額」

×「加算当年度の加算Ⅰ賃金改善要件分1％に相当する加算額」

また、新たに賃金改善分の適用を受ける場合も、加算Ⅰ新規事由に該当します。

＜加算Ⅰ新規事由＞

　ア．前年度から賃金改善分の加算率が上昇した場合

　イ．アに該当しない施設がアに該当する他の施設からの特定加算額の資金移動を受ける場合

　ウ．新たに加算Ⅰの適用を受けようとする場合

このことについては、「公定価格FAQ（ver.23）」の中にも次のような記載があります。

公定価格FAQ

No.166（処遇改善等加算Ⅰ）　　　　　　　　　　　　（ver.23 令和5年9月15日時点版）

Q）　処遇改善等加算Ⅰの新規事由はどういう場合に該当するのでしょうか。

A）　派処遇改善等加算Ⅰについて、「加算新規事由がある」とは、加算額が増加することを意味するものではなく、施設・事業所に適用される「賃金改善要件分」自体が制度的に拡充される（＝加算率が引き上がる）ことを意味し、新たに賃金改善要件分を適用する場合を含め、次の①〜④が該当します。

①賃金改善要件分に係る加算率が公定価格の改定により増加する場合

②キャリアパス要件を新たに満たした場合（「賃金改善要件分からの2％減」が解除）

③平均勤続年数の増加（加算前年度：10年以下→加算当年度：11年以上）により、賃金改善要件分の加算率が増加（6％→7％）する場合

④加算当年度から新たに加算Ⅰの賃金改善要件分の適用を受ける場合（加算前年度に加算Ⅰの賃金改善要件分の適用を受けていないが、それ以前に適用を受けたことがある場合も含む）

　また、加算率の増加のない施設・事業所において、他の施設・事業所の特定加算見込額の一部を受け入れる場合についても、新規事由に該当します。

　なお、以下の場合は、新規事由には該当しません。

　・利用児童の増加により加算Ⅰの加算額が増加する場合

　・加算Ⅰ以外の加算（例：3歳児配置改善加算）の新規取得等により加算Ⅰの加算額が増加する場合

　・「基礎分」の加算率が増加する場合

4．基準年度

　当年度の賃金水準と比較する対象となる年度のことを「基準年度」と言い、加算Ⅰ新規事由の有無によって定められています。加算Ⅰ新規事由がある場合は、その事由に応じて基準年度が異なります。また加算Ⅰ新規事由がない場合は、基準年度を「前年度」とすることが原則ですが、例外として「３年度前の年度」を選択することもできます。

処遇改善通知

第４　加算Ⅰの要件

２　賃金改善要件（加算認定に係る要件）

　⑴　加算Ⅰ新規事由がある場合

　　キ　「起点賃金水準」とは、次に掲げる場合に応じ、それぞれに定める基準年度の賃金水準（当該年度に係る加算額（令和４年度の加算Ⅲに係るものを除く。）を含み、基準年度の前年度に係る加算残額の支払並びに令和４年度の加算Ⅲ、「保育士・幼稚園教諭等処遇改善臨時特例事業の実施について」に定める保育士・幼稚園教諭等処遇改善臨時特例事業による賃金改善額、教育支援体制整備事業費交付金（幼稚園の教育体制支援事業）実施要領に定める事業及び私立高等学校等経常費助成費補助金（一般補助）交付要綱の別表第２中の３に定める都道府県補助金の増額分を活用した賃金改善額を除く。）に、基準年度の翌年度から加算当年度までの公定価格における人件費の改定分を合算した水準をいう。

　　　a　アⅰの場合又は私立高等学校等経常費助成費補助金（以下「私学助成」という。）を受けていた幼稚園が初めて加算Ⅰの賃金改善要件分の適用を受ける場合　加算前年度の賃金水準。ただし、施設・事業所において基準年度を加算前年度とすることが難しい事情があると認められる場合には、加算当年度の３年前の年度の賃金水準とすることができる。

　　　b　アⅱの場合（私学助成を受けていた幼稚園が初めて加算Ⅰの賃金改善要件分の適用を受ける場合を除く。）

　　　　次に掲げる場合に応じ、それぞれに定める基準年度の賃金水準。

　　　　b－１　加算前年度に加算Ⅰの賃金改善要件分の適用を受けておらず、それ以前に適用を受けたことがある場合　加算Ⅰの賃金改善要件分の適用を受けた直近の年度。

　　　　b－２　加算当年度に初めて加算Ⅰの賃金改善要件分の適用を受けようとする場合　支援法による確認の効力が発生する年度の前年度（平成26年度以前に運営を開始した保育所にあっては、平成24年度。）。

　⑵　加算Ⅰ新規事由がない場合

　　オ　「起点賃金水準」とは、基準年度の賃金水準（加算前年度の賃金水準。ただし、施設・事業所において基準年度を加算前年度とすることが難しい事情があると認められる場合には、加算当年度の３年前の年度の賃金水準とすることができる。（以下略）に、基準翌年度から加算当年度までの公定価格における人件費の改定分を合算した水準（千円未満の端数は切り捨て）をいう。

　なお「３年度前の年度」を選択することができる場合については、加算Ⅱの場合と同じです。

　また、賃金改善分に係る基準年度は下図の通りです。

【加算Ⅰ基準年度】

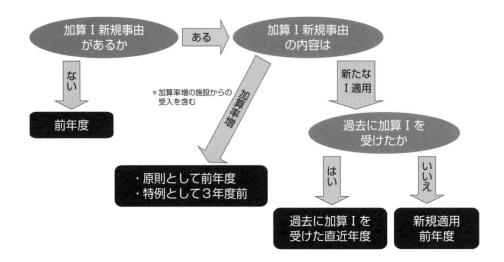

　基準年度が、原則前年度になったということは、前年度までの人勧分は既に支払われていることが前提となっているということです。平成31年度までは、基準年度が平成24年度であった施設がほとんどであったために、人勧分を毎年積み上げて支給額を計算していましたが、現在では、比較対象はあくまでも前年度であり、例えば、令和５年度において過去の積み上げである14.2%相当額を計算する必要はなく、当年度分の5.2%相当額を前年度分に加えるという考え方に立つ必要があります。

　なお、賃金改善分と加算Ⅱ・Ⅲでは必ずしも基準年度が一致せず、異なる基準年度となることがあり得ます。

第2節　加算Ⅰ新規事由がない場合

それでは、第2節より加算Ⅰについて説明を行っていきましょう。「加算Ⅰ新規事由のない場合」を先に解説し、その後「加算Ⅰ新規事由のある場合」について解説することにします。

1．賃金改善計画書

(1)　加算見込額の計算

「加算Ⅰ新規事由がない場合」とは、具体的には、前年度も今年度も賃金改善分の加算率が6%のまま、または7%のままで変化がない場合のことです。

在職する全職員に対して基準年度の給与表等を適用した場合の、処遇改善に係る支給額を除く賃金総額に人勧分を加算した額をベースとしたとき、さらに上乗せして支給すべき額が賃金改善分です。賃金改善分の額の計算方法については、第2章をご参照ください。

処遇改善通知

第4　加算Ⅰの要件

2　賃金改善要件（加算認定に係る要件）

(2)　加算Ⅰ新規事由がない場合

オ　「起点賃金水準」とは、基準年度の賃金水準（加算前年度の賃金水準。ただし、施設・事業所において基準年度を加算前年度とすることが難しい事情があると認められる場合には、加算当年度の3年前の年度の賃金水準とすることができる。また、基準年度に係る加算残額を含み、基準年度の前年度に係る加算残額の支払を除く。）に、基準翌年度から加算当年度までの公定価格における人件費の改定分[※1]を合算した水準[※2・※3]（千円未満の端数は切り捨て）をいう。

※1　「基準翌年度から加算当年度までの公定価格における人件費の改定分」の額については、(1)キに準じる。

---
(1)　加算Ⅰ新規事由がある場合

キ　「起点賃金水準」とは、次に掲げる場合に応じ、それぞれに定める基準年度の賃金水準（中略）に、基準年度の翌年度から加算当年度までの公定価格における人件費の改定分[※2]を合算した水準をいう。

※2　「基準翌年度から加算当年度までの公定価格における人件費の改定分」の額は、国家公務員の給与改定に伴う公定価格における人件費の改定分（法定福利費等の事業主負担分を除く。）による賃金の改善（賃金改善実施期間におけるものに限る。）のうち、加算Ⅱによる賃金改善対象となる各職員の役職手当、職務手当など職位、職責又は職務内容等に応じて、決まって毎月支払われる手当及び基本給に係る部分を合算して得た額とする。

＜算式1＞

「加算当年度の加算Ⅰの単価の合計額」×｛「基準翌年度から加算当年度までの人件費の改定分に係る改定率」×100｝×「見込平均利用子ども数」×「賃金改善実施期間の月数」

＜算式2＞

「加算前年度における法定福利費等の事業主負担分の総額」÷「加算前年度における賃金の総額及び法定福利費等の事業主負担分の総額の合計額」×「＜算式1＞により算定した金額」

※2　キャリアパス要件を満たさなくなる場合等、賃金改善要件分に係る加算率が減少する場合において、基準年度の賃金水準を算定するに当たっては、減少する賃金改善要件分の加算率に相当する加算見込額[(注1)]（法定福利費等の事業主負担分[(注2)]を除く。）を控除すること。

※3　施設・事業所間で加算額の一部の配分を調整する場合には、それぞれ、その受入（拠出）見込額が基準年度の受入（拠出）実績額を上回る（下回る）ときはその差額から法定福利費等の事業主負担分を控除した額^{（注3）}を加える（減じる）こと。

（注1）利用子どもの認定区分及び年齢区分ごとに、次の＜算式1＞により算定した額を合算して得た額とする。

＜算式1＞

「加算当年度の加算Ⅰの単価の合計額」×「見込平均利用子ども数」×「賃金改善実施期間の月数」

×｛「減少する賃金改善要件分の加算率」×100｝

（注2）次の＜算式2＞により算定することを標準とする。

＜算式2＞

「基準年度における法定福利費等の事業主負担分の総額」÷「基準年度における賃金の総額」

×「減少する賃金改善要件分の加算率に相当する加算見込額」

（注3）次の＜算式3＞を標準として算定した法定福利費等の事業主負担分を控除すること。

＜算式3＞

「加算前年度における法定福利費等の事業主負担分の総額」÷「加算前年度における賃金の総額」

×「受入（拠出）見込額と基準年度の受入（拠出）実績額との差額」

⑵　支給要件の判定

　賃金改善分として支給しなければならない額の判定基準については、処遇改善通知において次のように定められています。

処遇改善通知////

第4　加算Ⅰの要件

2　賃金改善要件（加算認定に係る要件）

⑵　加算Ⅰ新規事由がない場合

ア　賃金改善実施期間において、賃金見込総額が起点賃金水準を下回っていないこと。また、加算当年度の途中において増額改定が生じた場合には、それに応じた賃金の追加的な支払を行うものとすること。

　賃金改善分として支給しなければならない額の判定基準としては、"賃金見込総額が起点賃金水準を下回らないこと"のみが求められています。ここでの判定対象は、賃金改善見込総額ではなく、賃金見込総額であることがポイントです。賃金見込総額は、当年度に支払うであろう賃金の総額を指し、その額が起点賃金水準よりも多くなることを求めています。

【要　件】今年度の賃金見込総額　≧　起点賃金水準（基準年度の賃金水準＋人勧分）

　賃金改善計画書の作成時には、当年度の人勧分は発表されていませんので「ゼロ（0）」です。

⑶　職員への配分方法

　賃金改善分の支給については、加算Ⅱのような金額や支給方法のルールや制限はありません。対象職員についても施設職員であれば制限はありませんが、役員報酬のほか退職金や将来の退職金支払いに備えた資金留保には充てることができません。

　賃金改善分は、本来は加算額をそのまま支給することを求められていたもので、その点では加算Ⅱや加算Ⅲと同じ考え方でした。しかし、令和2年度に変更された後の現在の制度では⑵でご紹介した要件

のみが課されており、そのため基準年度における水準での賃金額に人勧分を加えた額を支給することのみが求められているため、加算額が全額支給されることにはなりません。

⑷　申請書類の作成

　年度当初に提出する申請書類は、原則として処遇改善通知に用意されている次の3つの書類です。ただし、自治体単独で人件費補助金等を拠出している場合には、自治体が定めた書類を提出する必要がありますので、注意してください。

> 【処遇改善通知に定められた申請時に提出すべき書類】
> 　ア．別紙様式5「賃金改善計画書（処遇改善等加算Ⅰ）」
> 　イ．別紙様式5別添1「賃金改善明細（職員別表）」
> 　ウ．別紙様式5別添2（同一法人内において施設間での加算Ⅰの移動を行う場合にのみ作成）

　書類は上記のウを必要に応じて作成した後にイを作成し、最後にアを仕上げます。

　同一法人内の他の施設・事業所に賃金改善分の一部を拠出する場合には、拠出する側と受け入れる側で、ウの別紙様式5別添2を作成します。事業所全体分をまとめて記載する書式となっていますので、拠出側・受入側の両方で同じ書類を作成します。また、拠出合計額と受入合計額は同じです。この書式の項目のうち「基準年度からの増減額」とは、加算前年度からの増減額のことを指します。拠出額と受入額は、別紙様式5の⑶に自動転記されますが、⑴④の「加算見込額」には自動では反映されないので、調整した額を記載する必要があります。

別紙様式5別添2

施設・事業所名	

同一事業者内における拠出見込額・受入見込額一覧表

番号	都道府県名	市町村名	施設・事業所名[※1]	他事業所への拠出額（円）	うち基準年度からの増減額（円）	他事業所からの受入額（円）	うち基準年度からの増減額（円）
例1	○○県	○○市	○○保育所	200,000	0		
		合計		0	0	0	0

※1　同一事業者が運営する全ての施設・事業所（特定教育・保育施設及び特定地域型保育事業所）について記入すること。

　別紙様式5別添1は、個々の職員の給与について記載します。この表には、職種や勤務形態を問わず、在籍する職員すべてについて記載します。また記載する金額は、「⑮の合計欄」の下にある2つの欄を除き、すべて社保等事業主負担額を除いた、実際の支給額を記載します。下に示したのは、同表のうちで金額を記載する欄のみを抜き出したものです。

別紙様式5別添1

起点賃金水準							加算当年度内の賃金改善実施期間における支払賃金				⑪のうち加算前年度の加算残額に係る支払賃金※6	⑪のうち加算Ⅱの新規事由による賃金改善額※7	⑪のうち加算Ⅲによる賃金改善額※8	賃金改善見込額
基準年度における賃金水準を適用した場合の賃金※4				人件費の改定状況部分※5	令和4年度の加算Ⅲ等による賃金改善額※6	計	賃金改善を行う場合の支払賃金※6							
基本給①	手当②	賞与(一時金)③	小計④(①+②+③)	⑤	⑥	⑦(④+⑤-⑥)	基本給⑧	手当⑨	賞与(一時金)⑩	計⑪(⑧+⑨+⑩)	⑫	⑬	⑭	⑮(⑪-⑦-⑫-⑬-⑭)

　まずこの表の構成について確認しておきましょう。表の左側（①から⑦）には起点賃金水準（基準年度の賃金水準と当年度の人勧分）を記入し、右側（⑧から⑪）には今年度の賃金見込総額を記載します。⑥と⑫、⑬、⑭は両者を比較するために調整する必要がある項目が並んでいます。例えば、前年度に加算残額が発生していなければ⑫は空欄です。加算残額が発生しないように当該年度中に支払いを完了していれば、このような欄に注意を払う必要がなくなるため、できるだけ当該年度中に支払うことが望ましい、ということは、これまで既に述べてきました。また⑬は加算Ⅱ新規事由による額を記載する欄ですが、新たに加算Ⅱを受ける施設等以外では空欄であることが一般的です。

　以上に加えて令和5年度に限り、⑥に令和4年度の加算Ⅲ及び保育士・幼稚園教諭等処遇改善臨時特例事業等による賃金改善額、⑭には当該年度の加算Ⅲの賃金改善額を記載しますが、⑥は④から差し引かれ、⑭は⑪から差し引かれることで加算Ⅲ等に係る賃金改善額の影響を取り除く調整が施されています。

　以上の結果、左側の合計欄⑦と右側の合計欄⑪の差額が⑮に自動計算されることになります。⑫と⑬が空欄であることを前提とすれば、賃金改善計画時においては今年度の賃金見込総額（⑪）から⑭を控除した額が起点賃金水準（⑦）以上であることが求められますので、⑮が「ゼロ（0）」以上であることが要件となります。

　以上のことから、この書類の作成にあたっては、①〜⑦の起点賃金水準に関する情報と、⑧以降の今年度の支払賃金に関する情報が、必ず同額になる、つまり⑮の欄を「ゼロ（0）」にすることを絶対に崩すことのないようにすることが重要です。もちろん、⑮の欄がプラスになっている場合には、起点賃金水準よりも多く支払っていることになりますので、それでも問題はありません。あくまで支給額を最小限に抑えるのであれば、⑮は「ゼロ（0）」になるようにすることが必要です。それは逆に言うと、⑮が「ゼロ（0）」になるように、支給不足額等に関する一時金額を決定することに他なりません。

> 　基準年度から給与制度に変更がなく（給与表や手当の内容、賞与の月数などに変更がなく）、支給すべき最小限度の額を支給することを前提にすれば、
> ・⑮が「ゼロ（0）」になるように一時金を支給して調整する
> ということを決して崩さないようにする

ということが大切なことです。

　賃金改善分の賃金改善計画書の作成作業では、この表を作成することが業務のすべてと言って過言ではないほど、この表が重要な役割を持っていますが、一方でこの表の作成方法は記載説明書にも記載がないので、現場で困惑することが多いのも事実です。

　さて、この表の作成にあたりまず基本的なことを具体的に説明するために、基準年度は前年度とし、

前年度と今年度では給与表や手当などはまったく同じ制度である（つまり、賃金規程に変更がない）という前提で、作成方法を確認してみましょう。

　なお、関連通知やQ&Aの記載によれば、起点賃金水準の算定にあたっては簡便法を使用することができることとされていますが、ここではこれを適用せず、通常の計算方法によることとします。

　この表には、今年度の在籍職員全員について、次の手順で記入します。

　ア．今年度の基本給の年額（⑧の欄）

　　　今年度の基本給月額に12か月を乗じて算出します。採用日が要因となって年度途中で基本給が改定される職員の場合には、それも勘案します。

　　　　日給者や時給者については、労働契約書等をもとに、時給と月間の標準的な勤務予定時間を乗じて月給を算出し、12か月を乗じることが妥当でしょう。この表や計画書の最大の目的は、実際の支給額を把握することではなく、賃金が減少していないことを確認することにあると考えられるからです。

　イ．今年度の手当の年額（⑨の欄）

　　　今年度の手当の月額に12か月を乗じて算出しますが、算入すべき手当の範囲を明確にしなければ、計算ができません。加算Ⅱにおいて賃金見込額や起点賃金水準を計算する際には、その対象は“役職手当、職務手当など職位、職責又は職務内容等に応じて、決まって毎月支払われる手当及び基本給に限る”との記述がありましたが、賃金改善分についてはこのような記述は一切見られません。つまりこの欄に算入する手当は、今年度支給されるすべての手当を対象とするという意図なのかもしれません。

　　　　特殊業務手当や加算Ⅱなど、業務や職務に関連する毎月定額で支払われる手当が算入対象となることは当然です。一方で、扶養手当や住宅手当、通勤手当はどうでしょうか。これらは毎年一定のものではなく、状況が変われば金額も変わります。ですが、給与規程上の規定を変更していなければ、今年度の状況を前年度にあてはめても同じことなので、算入しても問題はありませんが、算入しなくとも差額に影響はありません。超勤手当も同様に、今年度の超勤時間数で前年度の計算をすることは可能ですが、膨大な事務量が必要となりますし、給与規程における規定に変更がなければ、起点賃金水準と賃金見込額の差額には影響がありません。

　　　このように考えると、業務に関連しない手当や超勤手当のようなものは算入対象としなくとも書類上の影響はなく、少しでも業務省力化につながると考えられます。

　　　また、前年度と今年度で加算Ⅱの支給額が変更されている職員の手当の記載方法については、加算Ⅱの項でも説明しましたとおり、自治体によって判断が分かれています。私の個人的な意見では、書類の主旨が起点賃金水準と賃金見込総額の差額を把握することにある以上、前年度の支給実績額ではなく、今年度の支給額に合わせることが妥当と考えています。

　　　いずれにしても、各自治体の指示を必ず確認してください。

　ウ．今年度の賞与・一時金の年額（⑩の欄）

　　　給与規程等に定められた夏季賞与・冬季賞与の額を合計して記載します。ほかにも期末賞与など

があれば、それも記入します。また前年度における起点賃金水準を確保するため、支給額を最小限度額にすることを前提にするならば、前年度に支給した賃金改善分と人勧分の一時金での支給額についても、⑩に含めます。もし施設に余力があって、制度が求める基準以上に支給する場合には、その額も含めて記載します。

　　　　産休などの理由で1年間を通じて勤務しない職員に対する賃金改善分や人勧分については、年間を通じて勤務する職員に対する額と同額にすることは、抵抗がある方も多いと思います。処遇改善通知で求められているのは、賃金水準を低下させないことですから、勤務期間に応じて月数按分することなどには合理性が認められると考えられます。その場合には、⑩の欄にも③の欄にも月数按分した同額を記載することが妥当と考えています。

　また、今年入職した1年目の職員に対する加算Ⅰ賃金改善分・人勧分の支給額については、注意が必要です。確かに比較対象は起点賃金水準と賃金見込額ですから、1年目の職員についても前年度に1年目であった場合の賃金水準とすればよいことになります。しかし前年度に1年目だった職員は、1年目の職員として加算Ⅰ賃金改善分・人勧分が支給されており、その職員は2年目になった今年度も前年度と同額の加算Ⅰ賃金改善分・人勧分が支給されることになります。その結果、今年1年目の職員と2年目の職員の加算Ⅰ賃金改善分・人勧分は同額になってしまうという、おかしな現象が生じます。このような場合には、今年度の基本給の比率などの数値から、適切な額を設定する必要があります。

エ．起点賃金水準における基本給、手当、賞与・一時金の年額（①②③の欄）

　　①②③の欄には、⑧⑨⑩の欄をそのままコピーします。その結果、⑮はすべて「0」となり、基準年度以上の額が確保されたことになります。

　　ここでよく受けるのが、"なぜ①②③が⑧⑨⑩と同額なのか" "前年度の支給額は、実際の支給額ではないのか" といった質問です。しかし思い出してください。起点賃金水準による支給額は、基準年度に実際に支払った額ではなく、基準年度にその職員がいたとしたらいくら支給していたか、という額です。（自信のない方は、第1章第2節をもう一度読み返してください。）今年30歳の職員の今年の賃金総額と比較するのは、前年度に30歳であった職員の賃金水準であって、29歳の職員の実支給額ではないのです。

処遇改善通知

（再掲）

第4　加算Ⅰの要件

2　賃金改善要件（加算認定に係る要件）

（1）**加算Ⅰ新規事由がある場合**

　サ　特定の年度における「賃金水準」とは、加算当年度の職員について、雇用形態、職種、勤続年数、職責等が加算当年度と同等の条件の下で、当該特定の年度に適用されていた賃金の算定方法により算定される賃金の水準をいう。

　　したがって、例えば、基準年度から継続して勤務する職員に係る水準は、単に基準年度に支払った賃金を指すものではなく、短時間勤務から常勤への変更、補助者から保育士への変更、勤続年数の伸び、役職の昇格、職務分担の増加（重点的に改善していた職員の退職に伴うものなど）等を考慮し、加算当年度における条件と同等の条件の下で算定されたものとする必要がある。

今年度途中で産休に入ることがわかっている職員や、逆に復帰することが明らかな職員についての記載はどうすればいいのでしょうか。繰り返しになりますが、計画時の記載内容の主旨は、起点賃金水準と賃金見込総額を比較することにあります。したがって、今年度の⑧⑨⑩に関する記載は実態に合わせ、前年度の①②③に関する記載も同様に考えればよく、前年度において産休することを前提として計算すればよいわけですから、⑧⑨⑩と同様に記載することが妥当と考えられます。

　　今年新たに入職した職員についても、前年度に同じ条件で入職していた場合を想定すればよいことになります。

　　このようにして別紙様式5別添1「賃金改善明細（職員別表）」を作成しますが、ここにはもう一つ重大な論点があります。それは、個々の職員の⑮の欄はマイナスでもよいか、という点です。前述のとおり、処遇改善通知には次のように記載されています。

処遇改善通知 ///

第4　加算Ⅰの要件

2　賃金改善要件

⑵　加算Ⅰ新規事由がない場合

　ア　賃金改善実施期間において、賃金見込総額が起点賃金水準を下回っていないこと。

　　つまり、比較されているのは施設における総額であって、個々の職員の水準ではないと言えます。しかし一方で、次のようにも書かれています。

処遇改善通知 ///

第3　加算額に係る使途

2　賃金の改善の方法

⑵　加算Ⅰ新規事由がない場合

　処遇改善等加算による賃金の改善に当たっては、（略）改善を行う賃金の項目以外の賃金の項目の水準を低下させないことを前提に行うとともに、対象者や賃金改善額が恣意的に偏ることなく、改善が必要な職種の職員に対して重点的に講じられるよう留意すること。

　　この文章は、個々の職員レベルでの賃金水準を低下させないことを連想させます。そもそも総額のみを比較対象とするのであれば、ある職員の⑮の欄がマイナスになれば、他の職員の⑮の欄をプラスにせねばならず、それはまさに恣意的な配分を誘発することにつながるだけでなく、次年度の処遇改善においても比較対象となる前年度の額に影響を与える結果になります。

　　この点についても、現状では自治体による判断の差異があるようですので、確認していただくことが必要でしょう。

　　以上のような考え方に基づいて別紙様式5別添1を作成しますが、この書類上の入力値は自動的に別紙様式5の計画書に転記されます。計画書の⑴④には加算見込額が記載されますが、当該額は他の欄に影響しない様式になっています。これはすなわち、加算額と賃金額に直接的な関連を持たないことを意味しています。

別紙様式5

令和　　年度賃金改善計画書（処遇改善等加算Ⅰ）

市　町　村　名							0
施設・事業所名							0
施設・事業所類型							0
施設・事業所番号	0	0	0				0	0

様式1記載により自動転記されます。

「新規事由なし」の場合は0%になります。

（1）加算見込額

①	加算Ⅰ新規事由		なし	
②	加算率			％
	③加算Ⅰ新規事由に係る加算率（※1）		0	％
④	加算見込額（千円未満の端数は切り捨て）（※2）			円
	⑤特定加算見込額（千円未満の端数は切り捨て）（※2）			円
⑥	賃金改善実施期間		令和　年　月　〜　令和　年　月	

新規事由なしの場合は、記載不要

※1　第4の2(1)ケ参照のこと。
※2　施設・事業所間で加算額の一部の配分を調整する場合の「加算見込額」及び「特定加算見込額」については、調整による加算額の増減を反映した（加算見込額にあっては（3）①の額を減じ、（3）③の額を加えた後の、特定加算見込額にあっては（3）②の額を減じ、（3）④の額を加えた後の）金額を記入すること。

（2）賃金改善等見込総額

①	賃金改善等見込総額（②＋⑪）（千円未満の端数は切り捨て）		0	円
	②賃金改善見込総額（③−④−⑤−⑥−⑦）		0	円
	③支払賃金		0	円
	④③のうち、加算前年度の加算残額に係る支払賃金		0	円
	⑤③のうち、加算Ⅱの新規事由による賃金改善額		0	円
	⑥③のうち、加算Ⅲによる賃金改善額		0	円
	⑦起点賃金水準（⑧＋⑨−⑩）	自動計算	0	円
	⑧基準年度の賃金水準（当該年度に係る加算残額（令和4年度の加算Ⅲに係るものを除く）を含む）		0	円
	⑨基準翌年度から加算当年度までの公定価格における人件費の改定分		0	円
	⑩令和4年度の加算Ⅲ等による賃金改善額		0	円
	⑪事業主負担増加見込総額			円

新規事由なしの場合は、記載不要

（3）他施設・事業所への配分等について

①	拠出見込額	0	円
	②うち基準年度からの増減分	0	円
③	受入見込額	0	円
	④うち基準年度からの増減分	0	円

別添2から自動転記

※　別紙様式5別添2の「同一事業者内における拠出見込額・受入見込額一覧表」を添付すること。

※確認欄（千円未満の端数は切り捨て）
　　＜加算Ⅰ新規事由がある場合＞（以下のBの額がAの額以上であること）

A	特定加算見込額【（1）⑤】		円
B	賃金改善等見込総額【（2）①】	自動計算	円

（3）②と（3）④を（1＋事業主負担割合）で除して事業主負担分を控除した額を求めます。その後その額を使って、（2）⑦−（3）②（事業主負担分控除後）＋（3）④（事業主負担分控除後）

　　＜加算Ⅰ新規事由がない場合＞（以下のBの額がAの額以上であること）

A	加算前年度の賃金水準（起点賃金水準）【（2）⑦−（3）②＋（3）④（※）】		円
B	賃金見込総額【（2）③−（2）④−（2）⑤−（2）⑥】	自動計算	0	円

※　（3）②及び（3）④から法定福利費等の事業主負担分を除いたうえで算出すること。

上記について、すべての職員に対し、周知をした上で、提出していることを証明いたします。

令和　年　月　日
事　業　者　名　＿＿＿＿＿＿＿＿＿
代　表　者　名　＿＿＿＿＿＿＿＿＿

２．賃金改善実績報告書

⑴　加算実績額の計算

　賃金改善計画時と同様に、在職する全職員に対して基準年度の給与表等を適用した場合の賃金総額に人勧分を加算した額をベースとし、さらに上乗せして支給すべき額が、賃金改善分です。この額の算定にあたっては、計画時と同様に単価表や児童数から算出しますが、毎月の実際の児童数を適用して実際の加算額を計算します。計算方法は第２章を参照してください。

処遇改善通知

第４　加算Ⅰの要件

２　賃金改善要件（加算認定に係る要件）

　⑷　加算Ⅰ新規事由がない場合

　　エ　「起点賃金水準」とは、基準年度の賃金水準（加算前年度の賃金水準。ただし、施設・事業所において基準年度を加算前年度とすることが難しい事情があると認められる場合には、加算当年度の３年前の年度の賃金水準とすることができる。また、基準年度に係る加算残額（令和４年度の加算Ⅲに係るものを除く。）を含み、基準年度の前年度に係る加算残額の支払並びに令和４年度の加算Ⅲ等による賃金改善額を除く。）に、基準翌年度から加算当年度までの公定価格における人件費の改定分[※1・※2]を合算した水準[※3・※4]（千円未満の端数は切り捨て）をいう。

　　　※１　「基準翌年度から加算当年度までの公定価格における人件費の改定分」の額については⑶カに準じる。

　　⑶　加算Ⅰ新規事由がある場合

　　　カ　「起点賃金水準」とは、次に掲げる場合に応じ、それぞれに定める基準年度の賃金水準（中略）に、基準翌年度から加算当年度までの公定価格における人件費の改定分[※2]を合算した水準をいう。

　　　　※２　「基準翌年度から加算当年度までの公定価格における人件費の改定分」の額は、次の＜算式１＞により算定した額から＜算式２＞を標準として算定した法定福利費等の事業主負担分を控除した額とする。

　　　　　＜算式１＞

　　　　　　「加算当年度の加算Ⅰの加算額総額（増額改定又は減額改定を反映させた額）」×「基準翌年度から加算当年度までの人件費の改定分に係る改定率」÷「加算当年度に適用を受けた基礎分及び賃金改善要件分に係る加算率」

　　　　　＜算式２＞

　　　　　　「加算前年度における法定福利費等の事業主負担分の総額」÷「加算前年度における賃金の総額及び法定福利費等の事業主負担分の総額の合計額」×「＜算式１＞により算定した金額」

　　　※２　増額改定があった場合の、各職員の増額改定分の合算額（法定福利費等の事業主負担分の増額分を含む。）は、次の＜算式１＞により算定した額以上となっていることを要する。

　　　　＜算式１＞

　　　　　「加算当年度の加算Ⅰの加算額総額（増額改定を反映させた額）」×「増額改定に係る改定率」

　　　　　　　　　　　　÷「加算当年度に適用を受けた基礎分及び賃金改善要件分に係る加算率」

　　　　また、減額改定があった場合の、各職員の減額改定分の合算額（法定福利費等の事業主負担分の減額分を含む。）は、以下の＜算式２＞により算定した額を超えない減額となっていることを要する。

　　　　＜算式２＞

　　　　　「加算当年度の加算Ⅰの加算額総額（減額改定を反映させた額）」×「減額改定に係る改定率」

　　　　　　　　　　　　÷「加算当年度に適用を受けた基礎分及び賃金改善要件分に係る加算率」

※3　キャリアパス要件を満たさなくなった場合等、賃金改善要件分に係る加算率が減少した場合において、基準年度の賃金水準を算定するに当たっては、減少した賃金改善要件分の加算率に相当する加算実績額[注1]（法定福利費等の事業主負担分[注2]を除く。）を控除すること。

（注1）次の＜算式1＞により算定した額とする。

＜算式1＞

「加算当年度の加算Ⅰの加算額総額（増額改定又は減額改定を反映させた額)」

×「減少した賃金改善要件分の加算率」

÷「加算当年度に適用を受けた基礎分及び賃金改善要件分に係る加算率」

（注2）次の＜算式2＞により算定することを標準とする。

＜算式2＞

「基準年度における法定福利費等の事業主負担分の総額」÷「基準年度における賃金の総額」

×「減少した賃金改善要件分の加算率に相当する加算実績額」

※4　施設・事業所間で加算の一部の配分を調整した場合には、それぞれ、受入（拠出）実績額が基準年度の受入（拠出）実績額を上回った（下回った）ときはその差額から法定福利費等の事業主負担分を控除した額[注3]を加える（減じる）こと。

（注3）次の＜算式3＞を標準として算定した法定福利費等の事業主負担分を控除すること。

＜算式3＞

「加算前年度における法定福利費等の事業主負担分の総額」÷「加算前年度における賃金の総額」

×「受入（拠出）実績額と基準年度の受入（拠出）実績額との差額」

⑵　支給要件の判定

賃金改善分として支給しなければならない額の判定基準は、処遇改善通知に次のように定められています。

処遇改善通知

第4　加算Ⅰの要件

2　賃金改善要件（加算認定に係る要件）

⑷　加算Ⅰ新規事由がない場合

ア　賃金改善実施期間において、支払賃金総額が起点賃金水準を下回っていないこと。また、支払賃金総額が起点賃金水準を下回った場合には、生じた加算残額の全額を当該翌年度に速やかに職員の賃金（法定福利費等の事業主負担分を含む。）として支払うこと。

賃金改善分として支給しなければならない額の判定基準としては、支払賃金総額が起点賃金水準を下回らないことのみが求められています。支払賃金総額は当年度に実際に支払った賃金の総額を指し、その額が起点賃金水準以上になることを求めています。

【要　件】今年度の支払賃金総額　≧　起点賃金水準（基準年度の賃金水準＋人勧分）

人勧分の計算方法については、P57、P58を参照して下さい。人勧がマイナス勧告であった場合には、起点賃金水準から当該額だけ減額することになります。

⑶　実績報告書類の作成

　実績報告時の提出書類は、原則として処遇改善通知に用意されている次の３つの書類です。ただし、自治体単独で人件費補助金等を拠出している場合には、自治体が定めた書類を提出する必要がありますので、注意してください。

> **【処遇改善通知に定められた賃金改善実績報告時に提出すべき書類】**
> 　ア．別紙様式６「賃金改善実績報告書（処遇改善等加算Ⅰ）」
> 　イ．別紙様式６別添１「賃金改善明細（職員別表）」
> 　ウ．別紙様式６別添２（同一法人内において施設間での加算Ⅰの移動を行った場合にのみ作成）

　書類は上記のウを必要に応じて作成した後にイを作成し、最後にアを仕上げます。

　同一法人内の他の施設・事業所に賃金改善分の一部を拠出した場合には、拠出した側と受け入れた側で、ウの別紙様式６別添２を作成します。事業所全体分をまとめて記載する書式となっていますので、拠出側・受入側の両方で同じ書類を作成します。また、拠出合計額と受入合計額は同じです。この書式の項目のうち「基準年度からの増減額」とは、加算前年度からの増減額のことを指します。拠出額と受入額は、別紙様式５の⑶に自動転記されますが、⑵①の「加算実績額」には自動では反映されないので、調整した額を記載する必要があります。

別紙様式６別添２

施設・事業所名	

同一事業者内における拠出実績額・受入実績額一覧表

番号	都道府県名	市町村名	施設・事業所名※1	他事業所への拠出額（円）	うち基準年度からの増減額（円）	他事業所からの受入額（円）	うち基準年度からの増減額（円）
例1	○○県	○○市	○○保育所	200,000			
合計				0	0	0	0

※1　同一事業者が運営する全ての施設・事業所（特定教育・保育施設及び特定地域型保育事業所）について記入すること。

　別紙様式６別添１は、個々の職員の給与について記載します。記載方法は基本的には賃金改善計画時に作成する別紙様式５別添１と同じです。

　ただし、人勧前の賃金改善計画時には空欄であった⑤の欄には、当年度の人勧分を財源として配分した額を記載します。P57、P58で説明した計算方法によって人勧分を計算し、その額を（１＋社保等事業主負担割合）で除した額を各職員に配分して⑤に記載します。⑮が「ゼロ（０）」の状態から⑤の

記入額だけ変化しますので、その分だけ⑮に差額が表示されます。人勧分が増額改定された場合には⑮がマイナスに、減額改定の場合には⑮がプラスになります。したがって、支給額を最低額とすることを前提とすれば、この差額を追加して支給することになり、その額を⑨⑩などの欄で調整することにより、⑮の欄の「ゼロ（０）」以上の表示を確保します。

　さらに、特定加算実績額（社保等事業主負担額を除きます。）を配分して、⑧～⑩のいずれかの欄に加算することにより、⑮欄にはその額だけ表示されます。

別紙様式６別添１

法人役員との兼務	起点賃金水準				人件費の改定状況部分※5 ⑤	令和4年度の加算Ⅲ等による賃金改善額※6 ⑥	計 ⑦ (④+⑤-⑥)	加算当年度内の賃金改善実施期間における支払賃金				⑪のうち加算前年度の加算残額に係る支払賃金※6 ⑩	⑪のうち加算Ⅱの新規事由による賃金改善額※7 ⑪	⑪のうち加算Ⅲによる賃金改善額※8 ⑫	賃金改善実績額 ⑬ (⑪-⑦-⑫-⑪-⑩)	施設・事業所名
	基準年度における賃金水準を適用した場合の賃金※4							賃金改善を行った場合の支払賃金※6								
	基本給 ①	手当 ②	賞与（一時金） ③	小計 ④ (①+②+③)				基本給 ⑧	手当 ⑨	賞与（一時金） ⑩	計 ⑪ (⑧+⑨+⑩)					
				0			0				0				0	
				0			0				0				0	
				0			0				0				0	

　最後に別紙様式６「賃金改善実績報告書（処遇改善等加算Ⅰ）」を作成します。

❶　(1)の各欄の記載

　(1)の欄は、前年度に加算Ⅰに加算残額が生じていた場合に記載します。①の欄に前年度の賃金改善実績報告書で加算残額となった額を記載します。

　②の欄には、①による支給額を、社保等事業主負担額を含めて記載します。①と②の２つの欄の対比によって、前年度の加算残額をすべて支給できたかどうかを確認します。

　③の欄には、①の額が②の額より多いとき、つまり加算残額がまだ残ってしまっているときに、自動で「○」が表示されます。逆に言えば、ここに「○」が表示されないように支給する必要があります。

　④の欄には、基本給か手当、賞与（一時金）などの支払った項目を選択し、具体的にどのような方法で支給したかを記載します。

❷　(2)の各欄の記載

　(2)の①②の欄は、入力不要です。

　③の欄には、加算Ⅰによる賃金改善期間を記載します。

❸　(3)の各欄の記載

　①から⑩まで、自動計算されますので、入力する必要はありません。

　⑪の欄は、入力不要です。

❹　(4)の各欄の記載

　すべての欄が、様式６別添２から自動転記されますので、入力不要です。

❺　(5)の各欄の記載

　①の「加算Ⅰ新規事由の有無」の欄は、プルダウンメニューから「加算Ⅰ新規事由なし」を選択します。さらにその下の欄に入力するために、次の額を計算します。

---

(3)　⑦「起点賃金水準」－（(3)③「支払賃金」－(3)「加算前年度の加算残額の係る支払賃金」
　　　　－(3)⑤「加算Ⅱの新規事由による賃金改善額」－⑥「加算Ⅲによる賃金改善額」）
　　　　　　－(4)②「他施設・事業所へ拠出実績額のうち、基準年度からの増減分」
　　　　　　　　　＋(4)④「他施設・拠出実績額のうち、基準年度からの増額分」

　計算の結果が0円以下であれば、賃金改善ができていることになります。なお(4)の他の施設・事業所への拠出、または受入がある場合は(4)②、及び(4)④の額は次の算式による社保等事業主負担額を控除した額とすることに留意することが必要です。

　計算の結果がプラスのときは、賃金改善をし切れていないこととなり、②の支払の有無は自動的に「○」が表示されるため、②以下の欄を記入します。

　②の欄には、加算Ⅰの加算残額について、次年度における支給予定の時期を記載します。

　③の欄には、加算残額について次年度における支給予定の項目を選択します。具体的な支払方法の欄には“職員全員に一時金として5,000円ずつ支給する予定”などのように、支給方法について具体的な内容を記載します。

　別紙様式6の③の項目は、「支払った（支払う予定の）給与項目」という項目になっています。第3章のコラムでも述べた通り、記載説明書ではこの項目には、前年度の加算残額に対応した賃金の支払状況を記載することとされており、具体的に②の欄では支払時期にはこの前年度の加算残額を支給した時期と未払分の支払予定について記載することになっています。処遇改善通知では、加算残額はあくまでも翌年度内に速やかに支給するよう求めていることから、ここでの加算残額は、当年度の未払分を支払うという前提で記載していることに注意してください。

別紙様式6

令和　　年度賃金改善実績報告書（処遇改善等加算Ⅰ）

市　町　村　名		0
施設・事業所名		0
施設・事業所類型		0
施設・事業所番号	0 0 0 0 0 0 0 0 0 0 0 0 0	

（1）前年度の加算残額に対応する賃金改善の状況（前年度の加算残額がある場合のみ記入）

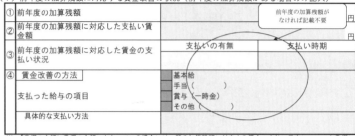

①	前年度の加算残額		円
②	前年度の加算残額に対応した支払い賃金額		円
③	前年度の加算残額に対応した賃金の支払い状況	支払いの有無 ／ 支払い時期	
④	賃金改善の方法　支払った給与の項目	基本給／手当（　　）／賞与（一時金）／その他（　　）	
	具体的な支払い方法		

※ 「①欄の金額>②欄の金額」となっている場合には、残る加算残額に対応する賃金の支払い予定についても③欄に記入し、当該賃金について速やかに支払うとともに、支払い後に改めて本様式による実績報告書を提出すること。

（2）加算実績額

①	加算実績額（千円未満の端数は切り捨て）（※）	新規事由なしの場合は、記載不要	円
	②特定加算実績額（千円未満の端数は切り捨て）（※）		円
③	賃金改善実施期間	令和　年　月 ～ 令和　年　月	

※ 施設・事業所間で加算額の一部の配分を調整する場合の「加算実績額」及び「特定加算実績額」については、調整による加算額の増減を反映した（加算実績額にあっては（4）①の額を減じ、（4）③の額を加えた後の、特定加算実績額にあっては（4）②の額を減じ、（4）④の額を加えた後）金額を記入すること。

（3）賃金改善等実績総額

①	賃金改善等実績総額（②+⑪）（千円未満の端数は切り捨て）		0 円
	②賃金改善実績総額（③-④-⑤-⑥-⑦）		0 円
	③支払賃金		0 円
	④③のうち、加算前年度の加算残額に係る支払賃金		0 円
	⑤③のうち、加算Ⅱの新規事由による賃金改善額	自動計算	0 円
	⑥③のうち、加算Ⅲによる賃金改善額		0 円
	⑦起点賃金水準（⑧+⑨-⑩）		0 円
	⑧基準年度の賃金水準（当該年度に係る加算残額（令和4年度の加算Ⅲに係るものを除く）を含む）		0 円
	⑨基準翌年度から加算当年度までの公定価格における人件費の改定分		0 円
	⑩令和4年度の加算Ⅲ等による賃金改善額		0 円
	⑪事業主負担増加相当総額	新規事由なしの場合は、記載不要	円

（4）他施設・事業所への配分等について

①	拠出実績額	0 円
	②うち基準年度からの増減分	0 円
③	受入実績額	0 円
	④うち基準年度からの増減分	0 円

別添2から自動転記

※ 別紙様式6別添2の「同一事業者内における拠出実績額・受入実績額一覧表」を添付すること。

（5）加算実績額と賃金改善に要した費用の総額との差額について

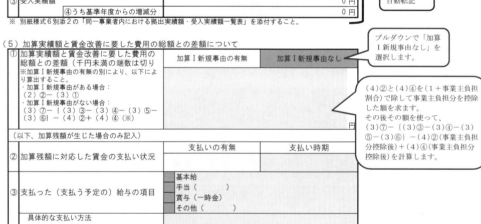

①	加算実績額と賃金改善に要した費用の総額との差額（千円未満の端数は切り捨て）※加算Ⅰ新規事由の有無の別により、以下により算出すること。・加算Ⅰ新規事由がある場合：（2）②-（3）①・加算Ⅰ新規事由がない場合：（3）⑦-｛（3）③-（3）④-（3）⑤-（3）⑥｝-（4）②+（4）④（※）	加算Ⅰ新規事由の有無 ／ 加算Ⅰ新規事由なし	円

プルダウンで「加算Ⅰ新規事由なし」を選択します。

（4）②と（4）④を（1+事業主負担割合）で除して事業主負担分を控除した額を求めます。その後その額を使って、（3）⑦-｛（3）③-（3）④-（3）⑤-（3）⑥｝-（4）②（事業主負担分控除後）+（4）④（事業主負担分控除後）を計算します。

（以下、加算残額が生じた場合のみ記入）

②	加算残額に対応した賃金の支払い状況	支払いの有無 ／ 支払い時期	
③	支払った（支払う予定の）給与の項目	基本給／手当（　　）／賞与（一時金）／その他（　　）	
	具体的な支払い方法		

※ （4）②及び（4）④から法定福利費等の事業主負担分を除いたうえで算出すること。

上記について相違ないことを証明いたします。

令和　　年　　月　　日
事　業　者　名　　　　　　　
代　表　者　名

第3節　加算Ⅰ新規事由がある場合

1．賃金改善計画書

⑴　加算見込額の計算

　加算見込額の算定方法は加算Ⅰ新規事由がない場合と同じですが、加算見込額に加えて特定加算見込額を求める必要があります。

　第2章で挙げた計算例では賃金改善分の加算額は1,006,500円が1か月分と計算されましたが、この額は15%相当額です。加算Ⅰ新規事由が「加算率の1%増加」であったとすれば、この額を15で除した67,100円が1%相当額であり、1年間児童数が変化しないとすれば、12か月分にあたる805,200円が特定加算見込額として算出されます。

処遇改善通知

第4　加算Ⅰの要件

2　賃金改善要件（加算認定に係る要件）

⑴　加算Ⅰ新規事由がある場合

ク　「特定加算見込額」とは、賃金改善実施期間における加算見込額のうち加算Ⅰ新規事由に係る額として、利用子どもの認定区分及び年齢区分ごとに、次の＜算式＞により算定した額を合算して得た額※（千円未満の端数は切り捨て）をいう。

＜算式＞

「加算当年度の加算Ⅰの単価の合計額」×｛「加算Ⅰ新規事由に係る加算率」×100｝

×「見込平均利用子ども数」×「賃金改善実施期間の月数」

※　施設・事業所間で加算の一部の配分を調整する場合には、それぞれ、その受入（拠出）見込額が基準年度の受入（拠出）実績額を上回る（下回る）ときはその差額を加える（減じる）こと。

⑵　支給要件の判定

　賃金改善分として支給しなければならない額の判定基準については、加算Ⅰ新規事由の内容に応じ、処遇改善通知に次のように定められています。

処遇改善通知

第4　加算Ⅰの要件

2　賃金改善要件（加算認定に係る要件）

⑴　加算Ⅰ新規事由がある場合

ア　加算当年度における次に掲げる事由に応じ、賃金改善実施期間において、賃金改善等見込総額が特定加算見込額を下回っていないこと。また、加算当年度の途中において増額改定が生じた場合には、それに応じた賃金の追加的な支払を行うものとすること。

i　加算前年度に加算Ⅰの賃金改善要件分の適用を受けており、加算当年度に適用を受けようとする賃金改善要件分に係る加算率が公定価格の改定やキャリアパス要件の充足等により基準年度に比して増加する場合（当該加算率の増加のない施設・事業所において、当該加算率の増加のある他の施設・事業所に係る特定加算見込額の一部を受け入れる場合を含む。）	ii　新たに加算Ⅰの賃金改善要件分の適用を受けようとする場合

<table>
<tbody>
<tr><td colspan="2">

カ　「賃金改善見込額」とは、加算当年度内の賃金改善実施期間における見込賃金（当該年度に係る第5の2⑴アに定める加算Ⅱ新規事由及び第6の2⑴イに定める加算Ⅲ新規事由による賃金の改善見込額並びに加算前年度に係る加算残額の支払を除く。）のうち、その水準が「起点賃金水準」を超えると認められる部分に相当する額をいう。

キ　「起点賃金水準」とは、次に掲げる場合に応じ、それぞれに定める基準年度の賃金水準※1（当該年度に係る加算残額（令和4年度の加算Ⅲに係るものを除く。）を含み、基準年度の前年度に係る加算残額の支払並びに令和4年度の加算Ⅲ、「保育士・幼稚園教諭等処遇改善臨時特例事業の実施について」に定める保育士・幼稚園教諭等処遇改善臨時特例事業により賃金改善額、教育支援体制整備事業費交付金（幼稚園の教育体制支援事業）実施要項に定める事業及び私立高等学校等経常費助成費補助金（一般補助）交付要綱の別表第2中の3に定める都道府県補助金の増額分を活用した賃金改善額を除く。）に、基準年度の翌年度（以下「基準翌年度」という。）から加算当年度までの公定価格における人件費の改定分※2を合算した水準をいう。

※1　基準年度に施設・事業所がない場合は、地域又は同一の設置者・事業者における当該年度の賃金水準との均衡が図られていると認められる賃金水準。

※2　「基準翌年度から加算当年度までの公定価格における人件費の改定分」の額は、利用子どもの認定区分及び年齢区分ごとに、次の＜算式1＞により算定した額を合算して得た額から＜算式2＞を標準として算定した法定福利費等の事業主負担分を控除した額とする。

＜算式1＞
「加算当年度の加算Ⅰの単価の合計額」×｛「基準翌年度から加算当年度までの人件費の改定分に係る改定率」×100｝×「見込平均利用子ども数」×「賃金改善実施期間の月数」

＜算式2＞
「加算前年度における法定福利費等の事業主負担分の総額」÷「加算前年度における賃金の総額の総額及び法定福利費等の事業主負担分の総額の合計額」×「＜算定1＞により算出した金額」
</td></tr>
<tr><td>

a　アⅰの場合又は私立高等学校等経常費助成費補助金（以下「私学助成」という。）を受けていた幼稚園が初めて加算Ⅰの賃金改善要件分の適用を受ける場合
　加算前年度の賃金水準。ただし、施設・事業所において基準年度を加算前年度とすることが難しい事情があると認められる場合には、加算当年度の3年前の年度の賃金水準とすることができる。
</td><td>

b　アⅱの場合（私学助成を受けていた幼稚園が初めて加算Ⅰの賃金改善要件分の適用を受ける場合を除く。）
　次に掲げる場合に応じ、それぞれに定める基準年度の賃金水準※3。
b-1　加算前年度に加算Ⅰの賃金改善要件分の適用を受けておらず、それ以前に適用を受けたことがある場合　加算Ⅰの賃金改善要件分の適用を受けた直近の年度。
b-2　加算当年度に初めて加算Ⅰの賃金改善要件分の適用を受けようとする場合　支援法による確認の効力が発生する年度の前年度（平成26年度以前に運営を開始した保育所にあっては、平成24年度。）。
※3　b-1の場合は、基準年度における加算Ⅰの賃金改善要件分による賃金改善額を控除すること。
</td></tr>
<tr><td colspan="2">

ケ　「加算Ⅰ新規事由に係る加算率」とは、次に掲げる場合に応じ、それぞれに定める割合をいう。
</td></tr>
<tr><td>

a　アⅰの場合
　賃金改善要件分に係る加算率について、加算当年度の割合から基準年度の割合を減じて得た割合
※　例えば、賃金改善要件分を加算当年度から加算前年度に比して1％引き上げる公定価格の改定が行われた場合は0.01、キャリアパス要件を新たに充足した場合は0.02、両事例に該当する場合はその合算値の0.03となる。
</td><td>

b　アⅱの場合
　適用を受けようとする賃金改善要件分に係る加算率
</td></tr>
</tbody>
</table>

　賃金改善分として支給しなければならない額の判定基準は、賃金改善等見込総額が特定加算見込額を下回らないことが求められています。ここでの判定対象は、賃金見込総額ではなく、賃金改善見込総額であること、そして賃金見込総額ではなく特定加算見込額であることが加算Ⅰ新規事由のない場合との大きな違いです。加算Ⅰ新規事由がない場合には、今年度の賃金見込総額（支払予定総額）が基準年度の起点賃金水準を上回ればよいこととされていました。しかし加算Ⅰ新規事由がある場合には、比較対

象が賃金の総額ではなく、処遇を改善した額であることに留意する必要があります。

> 【要　件】今年度の賃金改善等見込総額　≧　特定加算見込額＋人勧分

なお、賃金改善計画時には当年度の人勧分は発表されていないので「ゼロ（0）」です。

⑶　職員への配分方法

賃金改善分がない場合と同じです（152ページ参照）。

⑷　申請書類の作成

年度当初において提出する申請書類は、原則として処遇改善通知に示されている次の3つの書類です。自治体単独で人件費補助金等を拠出している場合には、自治休が定めた書類を提出する必要があり場合がありますので、注意してください。

> 【処遇改善通知に定められた申請時に提出すべき書類】
> 　ア．別紙様式5「賃金改善計画書（処遇改善等加算Ⅰ）」
> 　イ．別紙様式5別添1「賃金改善明細（職員別表）」
> 　ウ．別紙様式5別添2（同一法人内において施設間での加算Ⅰの移動を行う場合にのみ作成）

書類は上記のウを必要に応じて作成した後にイを作成し、最後にアを仕上げます。

同一法人内の他の施設・事業所に賃金改善分の一部を拠出する場合には、拠出する側と受け入れる側で、ウの別紙様式5別添2を作成します。事業所全体分をまとめて記載する書式となっていますので、拠出側・受入側の両方で同じ書類を作成します。また、拠出合計額と受入合計額は同じです。この書式の項目のうち「基準年度からの増減額」とは、加算前年度からの増減額のことを指します。拠出額と受入額は、別紙様式5の⑶に自動転記されますが、⑴④の「加算見込額」には自動では反映されないので、調整した額を記載する必要があります。

別紙様式5別添2

	施設・事業所名	

同一事業者内における拠出見込額・受入見込額一覧表

番号	都道府県名	市町村名	施設・事業所名※1	他事業所への拠出額（円）	うち基準年度からの増減額（円）	他事業所からの受入額（円）	うち基準年度からの増減額（円）
例1	○○県	○○市	○○保育所	200,000	0		
		合計		0	0	0	0

※1　同一事業者が運営する全ての施設・事業所（特定教育・保育施設及び特定地域型保育事業所）について記入すること。

別紙様式5別添1は、個々の職員の給与について記載します。この表には、職種や勤務形態を問わず、在籍する職員すべてについて記載します。記載する金額は⑮の合計欄の下にある2つの欄を除き、すべて社保等事業主負担額を除いた、実際の支給額を記載します。

加算Ⅰ新規事由がない場合には、⑮の額を「0以上」とすることを基本として作成しました。しかし加算Ⅰ新規事由がある場合には、賃金改善等実績額が特定加算額を超えていることを把握することが必要となるため、⑮の合計額が特定加算額以上になるようにします。

別紙様式5別添1

起点賃金水準							加算当年度内の賃金改善実施期間における支払賃金				①のうち加算前年度の加算残額に係る支払賃金※6 ⑫	①のうち加算Ⅱの新規事由による賃金改善額※7 ⑬	①のうち加算Ⅲによる賃金改善額※8 ⑭	賃金改善見込額 ⑮ (⑪-⑦-⑫-⑬-⑭)
基準年度における賃金水準を適用した場合の賃金※4				人件費の改定状況部分※5 ⑤	令和4年度の加算Ⅱ等による賃金改善額※6 ⑥	計 ⑦ (④+⑤-⑥)	賃金改善を行う場合の支払賃金※6			計 ⑪ (⑧+⑨+⑩)				
基本給 ①	手当 ②	賞与(一時金) ③	小計 ④ (①+②+③)				基本給 ⑧	手当 ⑨	賞与(一時金) ⑩					

この表の作成にあたっては、今年度の在籍職員全員について、次の手順で作成します。

ア．加算見込額と特定加算見込額の計算

加算Ⅰ新規事由ない場合と同様にして、賃金改善分の加算見込額を算出します。加算Ⅰ新規事由が、加算Ⅰ賃金改善分の加算率が6%から7%への増加であった場合には、加算見込額を7で除した額が1%相当額ですので、その額が特定加算見込額となります。

イ．特定加算見込額に含まれる社保等事業主負担額の計算

次の【算式】を用いて、特定加算見込額の中から社保等事業主負担額を除外した、職員に支給すべき額（基準年度から増額して支給すべき額）を算出します。

> 【算式】基準年度から増額して支給すべき総額
>
> ＝特定加算見込額÷（1＋社保等事業主負担割合）

ウ．⑧⑨⑩の欄と①②③の欄の記入

加算Ⅰ新規事由がないときと同様に、今年度の基本給・手当などをもとに⑧⑨⑩に記入します。さらに基準年度から法人における給与制度等に変更がなければ、同額を①②③にコピーします。この時点で⑮の欄は、全職員とも「0」を示しています。

エ．特定加算見込額の配分

イで求めた、特定加算見込額に含まれる社保等事業主負担額を除いた額（特定加算額のうち、職員に対して基準年度から増額して支給すべき額）を各職員に配分し、その額を⑧⑨⑩のうちの該当欄の額に加算します。この時点で、⑮の欄の合計額は、増額して配分した総額を示します。

オ．社保等事業主負担額

最後に⑮の合計欄の下の欄の額を記入しますが、この欄の額は賃金改善計画書の(2)⑪に記入することで自動転記されます。

このようにして別紙様式5別添1を作成しますが、この書類上の入力値は自動的に別紙様式5の計画書に転記されます。賃金改善計画書の(1)⑤には特定加算見込額を記載し、この額が比較対象となって判定される様式となっています。

最後に、別紙様式5「賃金改善計画書（処遇改善等加算Ⅰ）」を作成します。黄色い欄は、他の様式等から自動転記されますので、肌色の欄のみ記載します。

別紙様式5

令和　　年度賃金改善計画書（処遇改善等加算Ⅰ）

市　町　村　名	
施設・事業所名	
施設・事業所類型	
施設・事業所番号	0 0 0

> ①新たに加算Ⅰの適用を受ける場合、または再度適用を受けることとなった場合：4～7％
> ②キャリアパス要件が「なし」から「あり」になったことによる加算率の上昇：2％
> ③平均勤続年数が10年から11年に上昇したことによる加算率の上昇：1％
> ④加算率増加のある他の施設・事業所の特定加算見込額の一部を受け入れる場合：0％

（1）加算見込額

①	加算Ⅰ新規事由	あり
②	加算率	％
	③加算Ⅰ新規事由に係る加算率（※1）	％
④	加算見込額（千円未満の端数は切り捨て）（※2）	円
	⑤特定加算見込額（千円未満の端数は切り捨て）（※2）	
⑥	賃金改善実施期間	令和　　年　　月　～　令和　　年　　月

> 様式1記載により自動転記

> 加算見込額のうち、（1）③の加算率に係る額を記載

※1　第4の2（1）ケ参照のこと。
※2　施設・事業所間で加算額の一部の配分を調整する場合の「加算見込額」及び「特定加算見込額」については、調整による加算額の増減を反映した（加算見込額にあっては（3）①の額を減じ、（3）③の額を加えた後の、特定加算見込額にあっては（3）②の額を減じ、（3）④の額を加えた後の）金額を記入すること。

> 利用子どもの認定区分及び年齢区分ごとに、下記の算式により算出した額を合算した額（千円未満の端数は切り捨て）
> 「加算Ⅰの単価の合計額」×（「賃金改善要件分の加算率」×100）×「見込み平均利用子ども数」×「賃金改善実施期間の月数」…①
> ※施設・事業所間で加算額の一部の配分を調整する場合は、下記の算式による調整を加えます。
> （①－（「他施設・事業所への」拠出見込額（3）①」＋（他施設・事業所からの）受入見込額（3）③」）
> ※加算率増加のある他の施設・事業所の特定加算見込額の一部を受け入れる場合は、その額を記載します。

（2）賃金改善等見込総額

①	賃金改善等見込総額（②＋⑪）（千円未満の端数は切り捨て）	0 円
	②賃金改善見込額（③－④－⑤－⑥－⑦）	0 円
	③支払賃金	0 円
	④③のうち、加算前年度の加算残額に係る支払賃金	0 円
	⑤③のうち、加算Ⅱの新規事由による賃金改善額	0 円
	⑥③のうち、加算Ⅲによる賃金改善額	0 円
	⑦起点賃金水準（⑧＋⑨－⑩）	0 円
	⑧基準年度の賃金水準（当該年度に係る加算残額（令和4年度の加算Ⅲに係るものを除く）を含む）	0 円
	⑨基準翌年度から加算当年度までの公定価格における人件費の改定分	0 円
	⑩令和4年度の加算Ⅲ等による賃金改善額	0 円
	⑪事業主負担増見込総額	

> 自動転記

> 「加算前年度における法定福利費等の事業主負担分の総額」÷「加算前年度における賃金の総額」×「加算当年度の賃金改善実績額」で算出します。
> ただし、他の算出方法も可能となっています。

（3）他施設・事業所への配分等について

①	拠出見込額	0 円
	②うち基準年度からの増減分	0 円
③	受入見込額	0 円
	④うち基準年度からの増減分	0 円

※　別紙様式5別添2の「同一事業者内における拠出見込額・受入見込額一覧表」を添付すること。

> 別添2から自動転記

※確認欄（千円未満の端数は切り捨て）

＜加算Ⅰ新規事由がある場合＞（以下のBの額がAの額以上であること）

A	特定加算見込額【（1）⑤】	0 円
B	賃金改善等見込総額【（2）①】	0 円

> 自動転記

> （3）②と（3）④を（1＋事業主負担割合）で除して、事業主負担分を控除した額を求めます。
> その後、その額を使って、（2）⑦-（3）②（事業主負担分控除後）＋（3）②＋（3）④（事業主負担分控除後）を計算します。

＜加算Ⅰ新規事由がない場合＞（以下のBの額がAの額以上であること）

A	加算前年度の賃金水準（起点賃金水準）【（2）⑦－（3）②＋（3）④（※）】	円
B	賃金見込総額【（2）③－（2）④－（2）⑤－（2）⑥】	円

※　（3）②及び（3）④から法定福利費等の事業主負担分を除いたうえで算出すること。

上記について、すべての職員に対し、周知をした上で、提出していることを証明いたします。

令和　　年　　月　　日
事　業　者　名　＿＿＿＿＿＿＿＿＿
代　表　者　名　＿＿＿＿＿＿＿＿＿

❶ ⑴の各欄の記載

①②の欄は、様式１から自動転記されます。

③の欄には、次の新規事由ごとに該当する加算率を記載します。

新規事由の要件	加算率
ア．新たに加算Ⅰの適用を受ける場合、または再度適用を受けることとなった場合	4～7%
イ．キャリアパス要件が「なし」から「あり」になったことによる加算率の上昇	2%
ウ．平均経験年数が10年から11年に上昇したことによる加算率の上昇	1%
エ．新規事由ありの他の施設・事業所の特定加算見込額の一部を受け入れる場合	0%

④の欄は、次の算式により算出します。

「加算Ⅰの単価の合計額」×｛「賃金改善要件分」の加算率｝×100｝
　　　　　　　　　　　　　　　　　×「見込平均利用子ども数」×賃金改善実施期間の月数

※「見込平均利用子ども数」は、「賃金改善実施期間における各月初日の利用子ども数（広域児童含む）の見込数の総数」÷賃金改善実施期間の月数」

※施設・事業所間で加算額の一部の配分を調整する場合は、以下の算式による調整を加える。
　上記計算式－「（他施設・事業所への）拠出見込額⑶①」＋「（他施設・事業所からの）受入見込額⑶③」

ただし、エによって新規事由に該当する場合は、その額を記載します。

⑤の欄には、④に記載した加算見込額のうち、新規事由に係る額を記載します。他の施設・事業所間で加算の一部の配分を調整する場合には、その分を調整した額を記載します。

⑥の欄には、加算Ⅰの実施期間を記載します。年度途中での開園などの特殊な事情がない限りは、その年の４月から翌年３月まで、とします。

❷ ⑵の各欄の記載

②から⑩の欄は、自動転記されます。

⑪の欄には、②の賃金改善見込総額に応じて増加することが見込まれる社保等事業主負担額を記載します。社保等事業主負担額は、今まで述べてきた算出方法と同様に、次の計算式で算出します。

加算前年度における法定福利費等の事業主負担分の総額÷加算前年度における賃金の総額
　　　　　　　　　　　　　　　　　　　　　　　　×加算当年度の賃金改善見込額

※この算出方法は、標準的な算出方法であり、他の算出方法によることも可能です。

---

❸ ⑶の各欄の記載

①から④までの欄には、別紙様式５別添２から自動転記されます。

２．賃金改善実績報告書

⑴　加算実績額の計算

　賃金改善計画時と同様にして、加算実績額を計算します。次に賃金改善分から特定加算実績額を計算します。

処遇改善通知

第4　加算Ⅰの要件
2　賃金改善要件（加算認定に係る要件）
　⑶　加算Ⅰ新規事由がある場合
　　キ　「特定加算実績額」とは、賃金改善実施期間における加算実績額のうち加算Ⅰ新規事由に係る額（加算当年度に増額改定があった場合には、当該増額改定における加算Ⅰの単価増に伴う増加額を、減額改定があった場合には、当該減額改定における加算Ⅰの単価減に伴う減少額を反映させた額。）として次の＜算式＞により算定した額※（千円未満の端数は切り捨て）をいう。
　　　＜算式＞
　　　「加算当年度の加算Ⅰの加算額総額（増額改定又は減額改定を反映させた額）」
　　　×「加算Ⅰ新規事由に係る加算率」÷「加算当年度に適用を受けた基礎分及び賃金改善要件分に係る加算率
　　　※　施設・事業所間で加算実績額の一部の配分を調整した場合には、それぞれ、受入（拠出）実績額が基準年度の受入（拠出）実績額を上回った（下回った）ときはその差額を加える（減じる）こと。

⑵　支給要件の判定

　賃金改善分として支給しなければならない額の判定基準については、加算Ⅰ新規事由の内容に応じ、処遇改善通知に次のように定められています。

処遇改善通知

第4　加算Ⅰの要件
2　賃金改善要件（加算認定に係る要件）
　⑶　加算Ⅰ新規事由がある場合
　　ア　加算Ⅰ新規事由に応じ、賃金改善実施期間において、賃金改善等実績総額が特定加算実績額を下回っていないこと。また、賃金改善等実績総額が特定加算実績額を下回った場合には、生じた加算残額の全額を当該翌年度に速やかに職員の賃金（法定福利費等の事業主負担分を含む。）として支払うこと。
　　オ　「賃金改善実績額」とは、加算当年度内の賃金改善実施期間における支払賃金（当該年度に係る加算残額を含む。また、当該年度に係る第5の2⑴アに定める加算Ⅱ新規事由及び第6の2⑴イに定める加算Ⅲ新規事由による賃金の改善額並びに加算前年度に係る加算残額の支払を除く。）のうち、その水準が「起点賃金水準」（加算当年度に国家公務員の給与改定に伴う公定価格における人件費の改定があった場合には、当該改定分※を反映させた賃金水準）を超えると認められる部分に相当する額をいう。
　　　※　増額改定があった場合の、各職員の増額改定分の合算額（法定福利費等の事業主負担分の増額分を含む。）は、次の＜算式１＞により算定した額以上となっていることを要する。
　　　＜算式１＞
　　　「加算当年度の加算Ⅰの加算額総額（増額改定を反映させた額）」×「増額改定に係る改定率」
　　　　　　　　　　　÷「加算当年度に適用を受けた基礎分及び賃金改善要件分に係る加算率」
　　　また、国家公務員の給与改定に伴う公定価格における人件費の減額改定（以下「減額改定」という。）があった場合の、各職員の減額改定分の合算額（法定福利費等の事業主負担分の減額分を含む。）は、以下の＜算式２＞により算定した額を超えない減額となっていることを要する。
　　　＜算式２＞
　　　「加算当年度の加算Ⅰの加算額総額（減額改定を反映させた額）」×「減額改定に係る改定率」
　　　　　　　　　　　÷「加算当年度に適用を受けた基礎分及び賃金改善要件分に係る加算率」

カ　「起点賃金水準」とは、次に掲げる場合に応じ、それぞれに定める基準年度の賃金水準※1（当該年度に係る加算残額（令和4年度の加算Ⅲに係るものを除く。）を含み、基準年度の前年度に係る加算残額の支払並びに令和4年度の加算Ⅲ等による賃金改善額を除く。）に、基準翌年度から加算当年度までの公定価格における人件費の改定分※2を合算した水準をいう。

※1　基準年度に施設・事業所がない場合は、地域又は同一の設置者・事業者における当該年度の賃金水準との均衡が図られていると認められる賃金水準。

※2　「基準翌年度から加算当年度までの公定価格における人件費の改定分」の額は、次の＜算式1＞により算定した額から＜算式2＞を標準として算定した法定福利費等の事業主負担分を控除した額とする。

＜算式1＞

「加算当年度の加算Ⅰの加算額総額（増額改定又は減額改定を反映させた額）」

×「基準翌年度から加算当年度までの人件費の改定分に係る改定率」

÷「加算当年度に適用を受けた基礎分及び賃金改善要件分に係る加算率」

＜算式2＞

「加算前年度における法定福利費等の事業主負担分の総額」

÷「加算前年度における賃金の総額及び法定福利費等の事業主負担分の総額の合計額」

×「＜算式1＞により算定した金額」

a　⑴アⅰの場合又は私学助成を受けていた幼稚園が初めて加算Ⅰの賃金改善要件分の適用を受ける場合	b　⑴アⅱの場合（私学助成を受けていた幼稚園が初めて加算Ⅰの賃金改善要件分の適用を受ける場合を除く。）次に掲げる場合に応じ、それぞれに定める基準年度の賃金水準※3。
加算前年度の賃金水準。ただし、施設・事業所において基準年度を加算前年度とすることが難しい事情があると認められる場合には、加算当年度の3年前の年度の賃金水準とすることができる。	b−1　加算前年度に加算Ⅰの賃金改善要件分の適用を受けておらず、それ以前に適用を受けたことがある場合　加算Ⅰの賃金改善要件分の適用を受けた直近の年度。 b−2　加算当年度に初めて加算Ⅰの賃金改善要件分の適用を受けようとする場合　支援法による確認の効力が発生する年度の前年度（平成26年度以前に運営を開始した保育所にあっては、平成24年度。）。 ※3　b−1の場合は、基準年度における加算Ⅰの賃金改善要件分による賃金改善額を控除すること。

　賃金改善分として支給しなければならない額の判定基準としては、賃金改善等実績総額が特定加算実績額を下回らないことが求められており、計画時と同様の考え方です。

【要　件】今年度の賃金改善等実績総額　≧　特定加算実績額＋人勧分

　人勧分の計算方法については、P57、P58を参照して下さい。当年度の人勧分については、基準年度の賃金水準に加算・減算して調整します。

⑶　実績報告書類の作成

　実績報告時の提出書類は、原則として処遇改善通知に示されている次の3つの書類です。ただし、自治体単独で人件費補助金等を拠出している場合には、自治体が定めた書類を提出する必要がありますので、注意してください。

【処遇改善通知に定められた賃金改善実績報告時に提出すべき書類】

ア．別紙様式6「賃金改善実績報告書（処遇改善等加算Ⅰ）」

イ．別紙様式6別添1「賃金改善明細（職員別表）」

ウ．別紙様式6別添2（同一法人内において施設間での加算Ⅰの移動を行った場合にのみ作成）

書類は上記のウを必要に応じて作成した後にイを作成し、最後にアを仕上げます。

　同一法人内の他の施設・事業所に賃金改善分の一部を拠出した場合には、拠出した側と受け入れた側で、ウの別紙様式６別添２を作成します。事業所全体分をまとめて記載する書式となっていますので、拠出側・受入側の両方で同じ書類を作成します。また、拠出合計額と受入合計額は同じです。この書式の項目のうち「基準年度からの増減額」とは、加算前年度からの増減額のことを指します。拠出額と受入額は、別紙様式６の(3)に自動転記されますが、(2)①の「加算実績額」には自動では反映されないので、調整した額を記載する必要があります。

別紙様式６別添２

施設・事業所名	

同一事業者内における拠出実績額・受入実績額一覧表

番号	都道府県名	市町村名	施設・事業所名※1	他事業所への拠出額（円）	うち基準年度からの増減額（円）	他事業所からの受入額（円）	うち基準年度からの増減額（円）
例1	○○県	○○市	○○保育所	200,000			
合計				0	0	0	0

※1　同一事業者が運営する全ての施設・事業所（特定教育・保育施設及び特定地域型保育事業所）について記入すること。

　別紙様式６別添１は、個々の職員の給与について記載します。記載方法は基本的には賃金改善計画時に作成する別紙様式５別添１と同じです。

　ただし、人勧前の賃金改善計画時には空欄であった⑤の欄には、当年度の人勧分を財源として配分した額を記載します。P57、P58で説明した計算方法によって人勧分を計算し、その額を（１＋社保等事業主負担割合）で除した額を各職員に配分して⑤に記載します。⑮が「ゼロ（０）」の状態から⑤の記入額だけ変化しますので、その分だけ⑮に差額が表示されます。人勧分が増額改定された場合には⑮がマイナスに、減額改定の場合には⑮がプラスになります。したがって、支給額を最低額とすることを前提とすれば、この差額を追加して支給することになり、その額を⑨⑩などの欄で調整することにより、⑮の欄の「ゼロ（０）」以上の表示を確保します。

　さらに、特定加算実績額（社保等事業主負担額を除きます。）を配分して、⑧〜⑩のいずれかの欄に加算することにより、⑮欄にはその額だけ表示されます。

別紙様式6別添1

起点賃金水準							加算当年度内の賃金改善実施期間における支払賃金				⑪のうち加算前年度の加算残額に係る支払賃金※6	⑪のうち加算Ⅱの新規事由による賃金改善額※7	⑪のうち加算Ⅲによる賃金改善額※8	賃金改善見込額⑮(⑪-⑦-⑫-⑬-⑭)
基準年度における賃金水準を適用した場合の賃金※4				人件費の改定状況部分※5 ⑤	令和4年度の加算Ⅲ等による賃金改善額※6 ⑥	計⑦(④+⑤-⑥)	賃金改善を行う場合の支払賃金※6			計⑪(⑧+⑨+⑩)				
基本給①	手当②	賞与(一時金)③	小計④(①+②+③)				基本給⑧	手当⑨	賞与(一時金)⑩					

　最後に次ページの別紙様式6「賃金改善実績報告書(処遇改善等加算Ⅰ)」を作成します。黄色い欄は、他の様式等から自動転記されますので、肌色の欄のみ記載します。

別紙様式6

令和　　　年度賃金改善実績報告書（処遇改善等加算Ⅰ）

市　町　村　名		0
施設・事業所名		0
施設・事業所類型		0
施設・事業所番号	0 0 0 0 0 0 0 0 0 0 0 0 0	

（1）前年度の加算残額に対応する賃金改善の状況（前年度の加算残額がある場合のみ記入）

①	前年度の加算残額		前年度の加算残額がなければ記載不要	円
②	前年度の加算残額に対応した支払い賃金額			円
③	前年度の加算残額に対応した賃金の支払い状況	支払いの有無	支払い時期	
④	賃金改善の方法 支払った給与の項目	基本給　手当（　　　）　賞与（一時金）　その他（　　　）		
	具体的な支払い方法			

※　「①欄の金額＞②欄の金額」となっている場合には、残る加算残額に対応する賃金の支払い予定についても③欄に記入し、当該賃金について速やかに支払うとともに、支払い後に改めて本様式による実績報告書を提出すること。

「加算当年度の加算Ⅰの加算額総額（単価が増額した場合その額も含む）×「加算当年度に適用を受けた賃金改善要件分に係る加算率」÷当年度に適用を受けた加算Ⅰの基礎分及び賃金改善要件分に係る加算率」で算出します。
※施設・事業所間で加算額の一部の配分を調整する場合は、下記の算式による調整を加えます。
（①－（「他施設・事業所への」拠出実績額（4）①）＋（他施設・事業所からの）受入実績額（4）③）
※加算率増加のある他の施設・事業所の特定加算実績額の一部を受け入れる場合は、その額を記載します。

（2）加算実績額

①	加算実績額（千円未満の端数は切り捨て）（※）		円
	②特定加算実績額（千円未満の端数は切り捨て）（※）		円
③	賃金改善実施期間	令和　年　月　～　令和　年　月	

※　施設・事業所間で加算額の一部の配分を調整する場合の「加算実績額」及び「特定加算実績額」については、（4）による加算額の増減を反映した（加算実績額にあっては（4）①の額を減じ、（4）③の額を加えた後の、特定加算実績額にあっては（4）②の額を減じ、（4）④の額を加えた後の）金額を記入すること。

「加算当年度の加算Ⅰの加算額総額（単価が増額した場合その額も含む）×「加算当年度の加算Ⅰ新規事由に係る加算率」÷当年度に適用を受けた加算Ⅰの基礎分及び賃金改善要件分に係る加算率」で算出します。
※施設・事業所間で加算額の一部の配分を調整する場合は、下記の算式による調整を加えます。
（②－（「他施設・事業所への拠出実績額（4）②」＋（他施設・事業所からの）受入実績額（4）④）
※加算率増加のある他の施設・事業所の特定加算実績額の一部を受け入れる場合は、その額を記載します。

（3）賃金改善等実績総額

①	賃金改善等実績総額（②＋⑪）（千円未満の端数は切り捨て）		0 円
	②賃金改善実績総額（③－④－⑤－⑥－⑦）		0 円
	③支払賃金		0 円
	④③のうち、加算前年度の加算残額に係る支払賃金		円
	⑤③のうち、加算Ⅱの新規事由による賃金改善額	自動転記	0 円
	⑥③のうち、加算Ⅲによる賃金改善額		円
	⑦起点賃金水準（⑧＋⑨－⑩）		0 円
	⑧基準年度の賃金水準（当該年度に係る加算残額（令和4年度の加算Ⅲに係るものを除く）を含む）		円
	⑨基準翌年度から加算当年度までの公定価格における人件費の改定分		0 円
	⑩令和4年度の加算Ⅲ等による賃金改善額		円
	⑪事業主負担増加相当総額		0 円

「加算前年度における法定福利費等の事業主負担分の総額」÷「加算前年度における賃金の総額」×「加算当年度の賃金改善実績額」で算出します。
ただし、他の算出方法も可能となっています。

（4）他施設・事業所への配分等について

①	拠出実績額		0 円
	②うち基準年度からの増減分		0 円
③	受入実績額		0 円
	④うち基準年度からの増減分		0 円

別添2から自動転記

※　別紙様式6別添2の「同一事業者内における拠出実績額・受入実績額一覧表」を添付すること。

（5）加算実績額と賃金改善に要した費用の総額との差額について

①	加算実績額と賃金改善に要した費用の総額との差額（千円未満の端数は切り捨て）※加算Ⅰ新規事由の有無の別により、以下により算出すること。・加算Ⅰ新規事由がある場合：（2）②－（3）①・加算Ⅰ新規事由がない場合：（3）⑦－[（3）③－（3）④－（3）⑤－（3）⑥]－（4）②＋（4）④（※）	加算Ⅰ新規事由の有無	加算Ⅰ新規事由あり	
				円

プルダウンで「加算Ⅰ新規事由あり」を選択します。

（2）②-（3）①を計算します。

（以下、加算残額が生じた場合のみ記入）

②	加算残額に対応した賃金の支払い状況	支払いの有無	支払い時期	
③	支払った（支払う予定の）給与の項目	基本給　手当（　　　）　賞与（一時金）　その他（　　　）		
	具体的な支払い方法			

※　（4）②及び（4）④から法定福利費等の事業主負担分を除いたうえで算出すること。

上記について相違ないことを証明いたします。

令和　　年　　月　　日
事　業　者　名
代　表　者　名

❶ (1)の各欄の記載

(1)の欄は、前年度に加算Ⅰに加算残額が生じていた場合に記載します。①の欄には、前年度の賃金改善実績報告書で加算残額となっていた額を記載します。

②の欄には、①による当年度支給した額を、社保等事業主負担額を含めて記載します。①と②の2つの欄の対比によって、前年度の加算残額をすべて支給できたかどうかを確認します。

③の欄には、①の額が②の額より多いとき、つまり加算残額がまだ残ってしまっているときに、自動で「○」と表示されます。逆に言えば、ここに「○」が表示されないように支給する必要があります。

④の欄には、基本給、手当、賞与（一時金）などの支払った項目を選択し、具体的にどのような方法で支給をしたかを記載します。

❷ (2)の各欄の記載

①の欄は、下記の算式で算出します。

「加算当年度の加算Ⅰの加算額総額（単価改正があった場合には遡及改正単価による）」

÷「加算当年度に適用を受けた基礎分及び賃金改善要件分に係る加算率」

×「加算当年度に適用を受けた賃金改善要件分に係る加算率」

※施設・事業所間で加算額の一部の配分を調整する場合は、以下の算式による調整を加える。

上記計算式−「（他施設・事業所への）拠出見込額(4)①」＋「（他施設・事業所からの）受入見込額(4)③」

ただし、新規事由ありの他の施設・事業所から特定加算実績額のうち、一部の受入した場合は、その額を記載します。また②の欄には、下記の計算式により算出した額を入力します。

「加算当年度の加算Ⅰの加算額総額（単価改正があった場合には遡及改正単価による）」

÷「加算当年度に適用を受けた基礎分及び賃金改善要件分に係る加算率」

×「加算Ⅰ新規事由に係る加算率」

※施設・事業所間で加算額の一部の配分を調整する場合は、以下の算式による調整を加える。

上記計算式−「（他施設・事業所への）拠出見込額(4)①」＋「（他施設・事業所からの）受入見込額(4)③」

---

③の欄には、加算Ⅰによる賃金改善期間を記載します。

❸ (3)の各欄の記載

①から⑩までの欄は自動計算されますので、入力する必要はありません。

⑪の欄には、②の賃金改善実績総額に係る社保等事業主負担分の額を記載します。金額は、計画時とおおむね同様の計算になりますが、正確には下記の計算式により算出します。

加算前年度における法定福利費等の事業主負担分の総額÷加算前年度における賃金の総額

×加算当年度の賃金改善実績額

※この算出方法は標準的な算出方法で、他の算出方法によることも可能とされています。

---

❹ (4)の各欄の記載

すべての欄が、様式6別添2から自動転記されますので、入力は不要です。

❺ (5)の各欄の記載

①の「加算Ⅰ新規事由の有無」の欄は、プルダウンメニューから「加算Ⅰ新規事由あり」を選択します。さらにその下の欄に入力するために、次の額を計算します。

> (2)②特定加算実績額－(3)①賃金改善実績総額

を計算した結果が0円以下であれば、賃金改善が出来ていることになります。

計算の結果がプラスのときは、賃金改善をし切れていないこととなり、②の支払の有無は自動的に「○」が表示されるため、②以下の欄を記入します。

②の欄には、加算残額について次年度における支給予定の時期を選択して記載します。

③の欄には、加算残額の次年度における支給予定の項目を選択します。具体的な支払い方法の欄には"前年度、在籍した常勤職員に一時金として3,000円ずつ支給する予定"などのように、未払い分の支給方法について具体的な内容を記載します。

「加算」の「新規事由がない場合」と「新規事由がある場合」の考え方の違い

　賃金改善分も加算Ⅱと同様に、施設間で移動することが可能です。しかしここまで述べてきたように、加算Ⅰ新規事由がない場合には、賃金改善分の支給額には加算（見込・実績）額との関連がまったくありません。例えば加算Ⅰ新規事由のないＡ園の加算額が500万円、Ｂ園の加算額が350万円で、Ａ園からＢ園へ50万円移動させたとします。その場合、実績報告書には加算実績額を記載する必要はありません。賃金改善分の支給要件は、支払賃金総額が起点水準賃金以上であることであり、加算実績額は比較対象ではありません。つまり、Ａ園の加算実績額が500万円であろうと450万円であろうと、支給額には影響がないのです。

　ただ、Ｂ園における支給額を確保するためには、50万円を移動しなければ不足する、という事態は起こり得ます。しかし、移動する50万円は賃金改善分の移動である必要はなく、単に施設運営を目的とした委託費や施設型給付費を用いた移動と理解することもできます。処遇改善に関係なく、他施設の運営を支えるために資金を移動することはできるわけですから、そのような場合と同じだと考えれば矛盾は生じません。

　よって、敢えて賃金改善分の資金を移動するのではなく、単に委託費や施設型給付費を移動すると考えることで、実績報告書で別添2の作成や、それに付随する各欄に注意を払う必要はなくなると言えます。

　ただし、加算Ⅰ新規事由がある場合にはそうはいきません。例えば、賃金改善分の加算率が増加した特定加算額をＡ園からＢ園に移動させる場合には、特定加算額分とそこから生ずる移動額が比較対象となります。したがって、実績報告書や別添書類においても当該額を記載しなければなりません。

コラム　処遇改善が保育士不足を助長する？

　保育士を始めとする保育所職員の処遇改善は、もともと介護保険事業から派生したものであり、その意味では保育所等の職員のみならず、社会福祉に携わる方々全体に関わるものであったと言えます。新型コロナウイルス感染症の影響とも相まって少子高齢化の加速する現代において、子どもや高齢者を支えるこれらの職にある方々に対する処遇改善に力点を置くことは大変重要なことでしょう。しかし一方で、保育所等におけるパート職員は税法上配偶者の扶養家族となっている場合が多く、給与が103万円を超えることに大きな抵抗感があります。法人が常勤職員と非常勤職員に差を設けることを望まず、パート職員にも一定の処遇改善をしてあげたいと考えても、103万円を超えたくない職員にとっては勤務時間を短縮せざるを得ず、逆にこれが保育士不足に拍車をかけてしまうため、非常勤職員には処遇改善が行えない、という声もよく聞きます。

　ならば逆に、保育士資格を保有して実際に保育士として勤務している職員については、時限的に103万円の枠を取り払うか、または拡大するなどの措置をとる方が、実は即効性があるのではないかとも考えられます。

　「処遇改善」の名のもとで支給額を増やすだけでなく、働きたい有資格者が収入感覚として働きやすくすることも、また重要なのではなのかも知れませんね。

あ　と　が　き

　処遇改善制度はとても難解で、委託費や施設型給付費の公定価格に関する正確な理解が不可欠です。さらに現在の処遇改善制度には矛盾点や不明点も多く、それらの点については本文の中で「筆者の推測」として私見を述べさせていただきました。このような疑問点について考えるときに大切なことは、制度の主旨を見失わないことです。通知に記載された文言の挙げ足を取って都合の良いように解釈するのではなく、疑問に思ったときには必ず制度の理念に立ち返ることが重要なことだと思います。

　最後に、私たちが処遇改善の現場に関わる中で、望む制度の姿についていくつか提言して締めくくろうと思います。以下の点もあくまで私見であり、諸氏におかれては異なるご意見を持ちの方もおありでしょう。一つの意見として考えていただければ、望外の喜びです。

⑴　加算Ⅰ賃金改善分についても加算Ⅱ・Ⅲについても、支弁額を全額拠出する制度に戻すことが望ましいのではないか。加算額をすべて執行することさえ確実にできれば、「新規事由」という概念が不要となって、制度の理解が進むことが期待できるのではないか。

⑵　加算Ⅰ基礎分は職員の平均経験年数をもとに算定されるが、平均経験年数は10年で頭打ち（11年のランクがあるのは加算Ⅰ賃金改善分だけ）であり、それ以上の場合の財源は確保されていない。チーム保育推進加算の適用によって充当される部分はあるが、平均経験年数以外の要件が付されており、単に平均経験年数が11年を超過することのみによって加算されるものではない。また人勧分は子ども・子育て支援制度施行以前から、現在または将来の昇給財源として利用されてきた。このような歴史に鑑み、施設に対して人勧分の支給を強制するのではなく、将来の定期昇給や人材確保のための財源とする（例えば積立金に留保するなど）、という裁量を施設に認めるべきではないか。

⑶　健康保険料の事業主負担割合が都道府県によって異なる一方で、そのことを理由とした公定価格の相違はない。そうであるならば、例えば一般的な事業主負担割合をこども家庭庁が示し、一律に加算額を（1＋社保等事業主負担割合）で除した額を要支給額とすることで、施設における事務負担を軽減することができるのではないか。

⑷　加算Ⅱでは、毎月の定額での支給額と社保等事業主負担額を合計しても、ほぼ例外なく加算額に不足するため、追加支給が発生する制度になっている。しかし研修受講費用や旅費、それに付随する超勤手当などの実績報告書では見えない支出があり、これらの支出を加算Ⅱから充当できる制度にはなっていない。制度は40,000円と5,000円が人数分支給されていることが本旨であり、そのことが確保されていれば、残余分については付随する諸経費等に充てられたものという前提に立つことが可能ではないか。

⑸　処遇改善の計算は、施設における担当者が行っても外部に委託しても、相応の事務的コストが発生し、それは決して無視できる程度のものではない。適正な処遇改善を行った後に、例えば加算残額の活用などにより、処遇改善の事務的コストを担保すべきではないか。

著者プロフィール

松 本 和 也（まつもと かずや）

【出　身】愛媛県 【生　年】昭和39年 【最終学歴】慶應義塾大学経済学部　中退

【現　職】株式会社福祉総研　代表取締役・上席研究員

川崎市社会福祉協議会「川崎市社会福祉法人経営改善支援事業」相談員

【関連職歴】元（一財）総合福祉研究会本部事務局長

元（特非）福祉総合評価機構認定試験普及部長

元東京都福祉サービス第三者評価者　など

【著　書】「保育所・認定こども園のための会計基準省令と資金運用ルールの実務ガイド」（実務出版）

「新しい保育所会計と資金運用ルールの実務ガイド」（実務出版）

「これでわかる！会計基準と299号通知」（筒井書房）

「これでわかる！新しい人事制度のすすめ」（筒井書房・共著）

「よくわかる　社会福祉法人の決算実務」（清文社・共著）

「社会福祉法人のための外部監査の受け方・進め方」（清文社・共著）ほか

風 見 洋 平（かざみ ようへい）【執筆補助者】

【出　身】神奈川県 【生　年】昭和52年 【最終学歴】武蔵大学人文学部　卒業

【経　歴】児童福祉施設の指導員や事務職員として、実際に現場業務に従事した後、株式会社福祉総研に
入社。現在は、社会福祉法人を中心とした法人運営支援、及び会計業務等に従事。

【関連職歴】東京都福祉サービス第三者評価評価者

◇㈱福祉総研　会計、人事、労務、施設運営、法人設立など、社会福祉法人の経営にかかわるすべてのサポートを行う株式会社。
東京都新宿区所在。

（保育所・認定こども園のための）　**処遇改善マニュアル**
～保育士等の処遇改善制度のすべてがわかる本～

令和6年2月5日　初　版　第1刷発行　　　　著　者　松本　和也　　©2024
　　　　　　　　　　　　　　　　　　　発行者　池内　淳夫

発行所　実務出版株式会社
〒542-0012　大阪市中央区谷町9丁目2番27号　谷九ビル6F
電話 06(4304)0320 ／ FAX 06(4304)0321 ／ 振替　00920-4-139542
https://www.zitsumu.jp

＊落丁・乱丁本はお取り替えします。　　　　　　　印刷製本　大村印刷㈱

ISBN978-4-910316-28-4